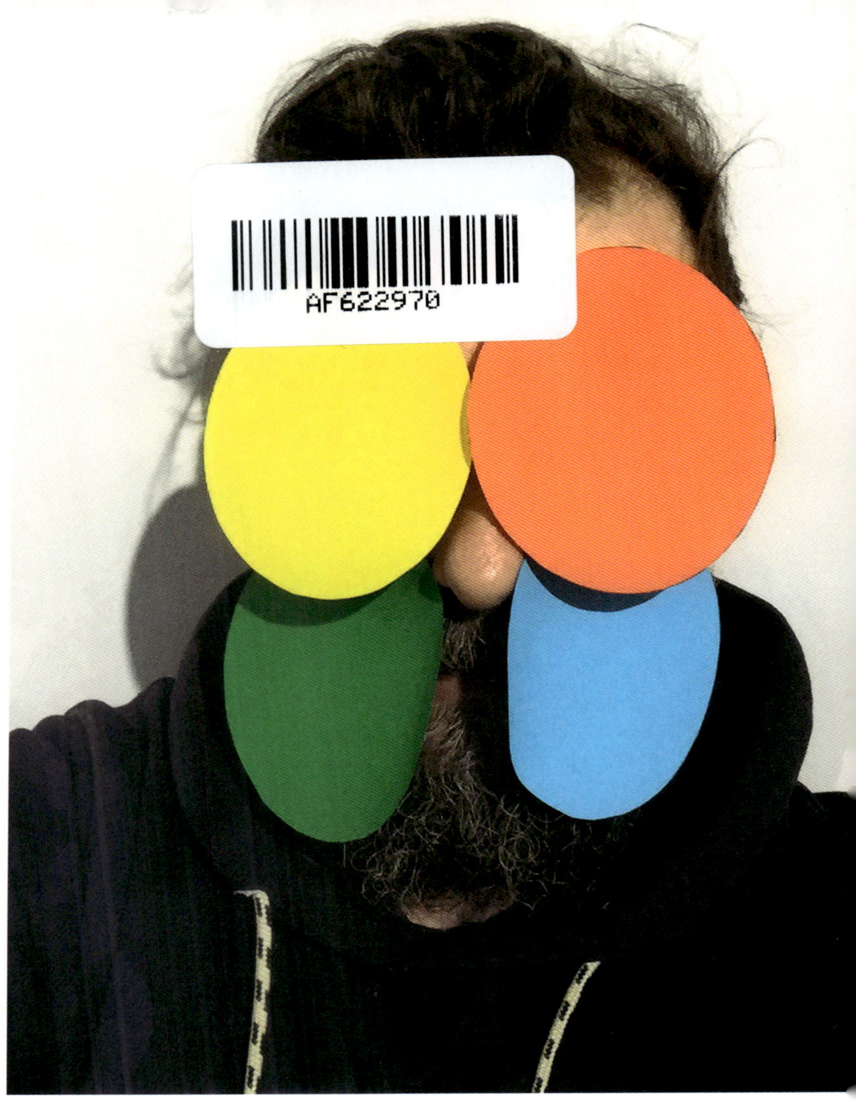

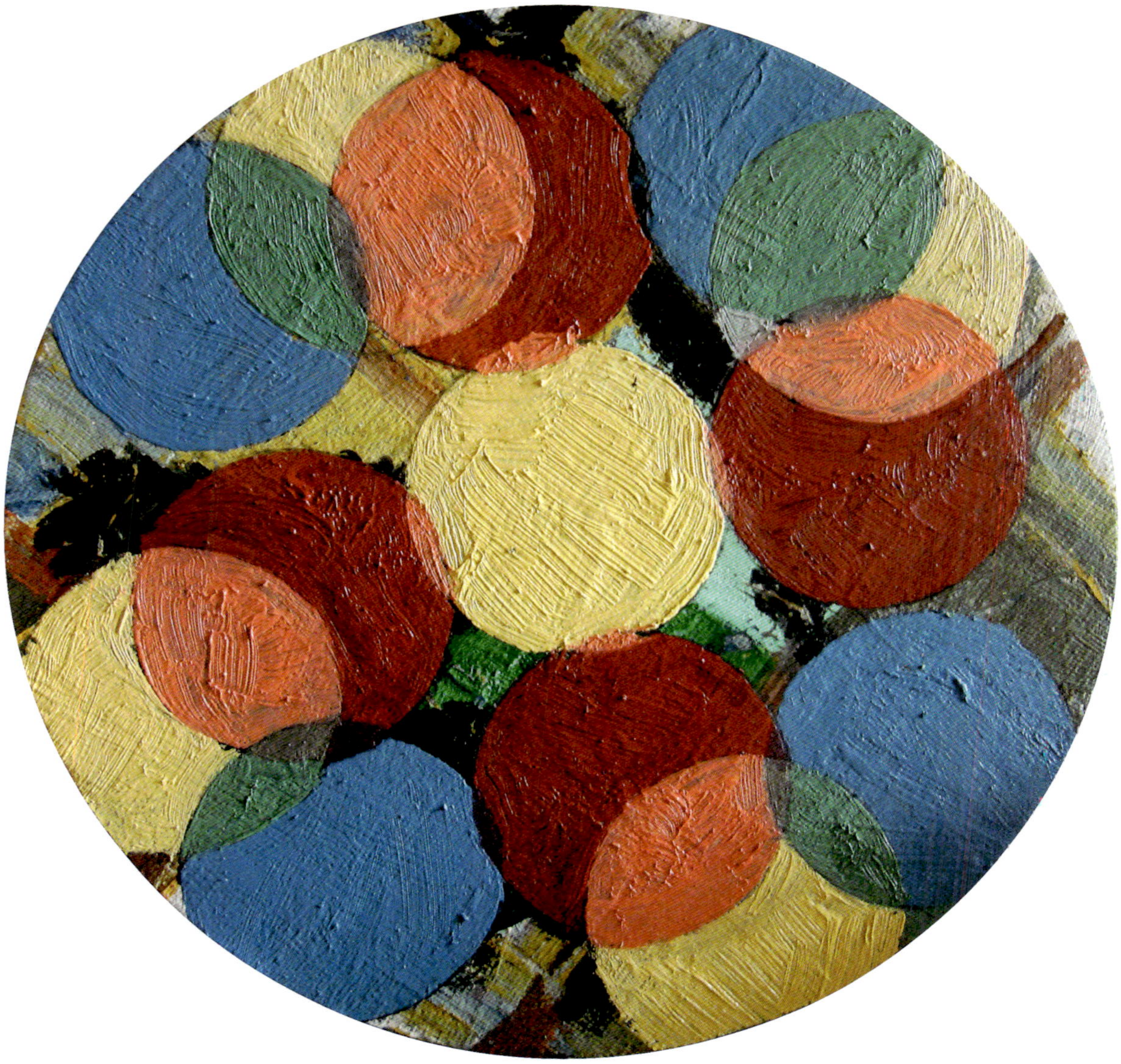

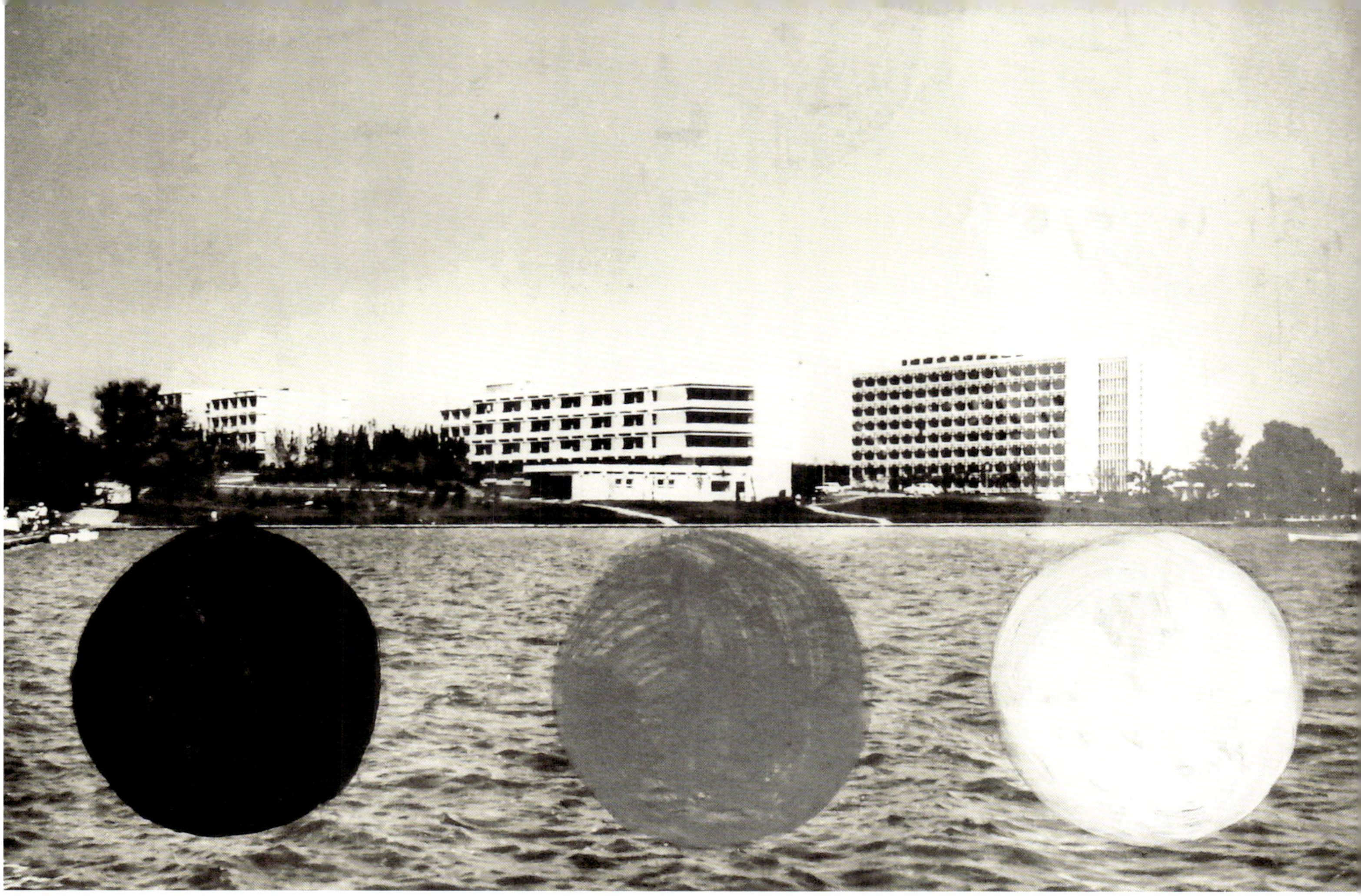

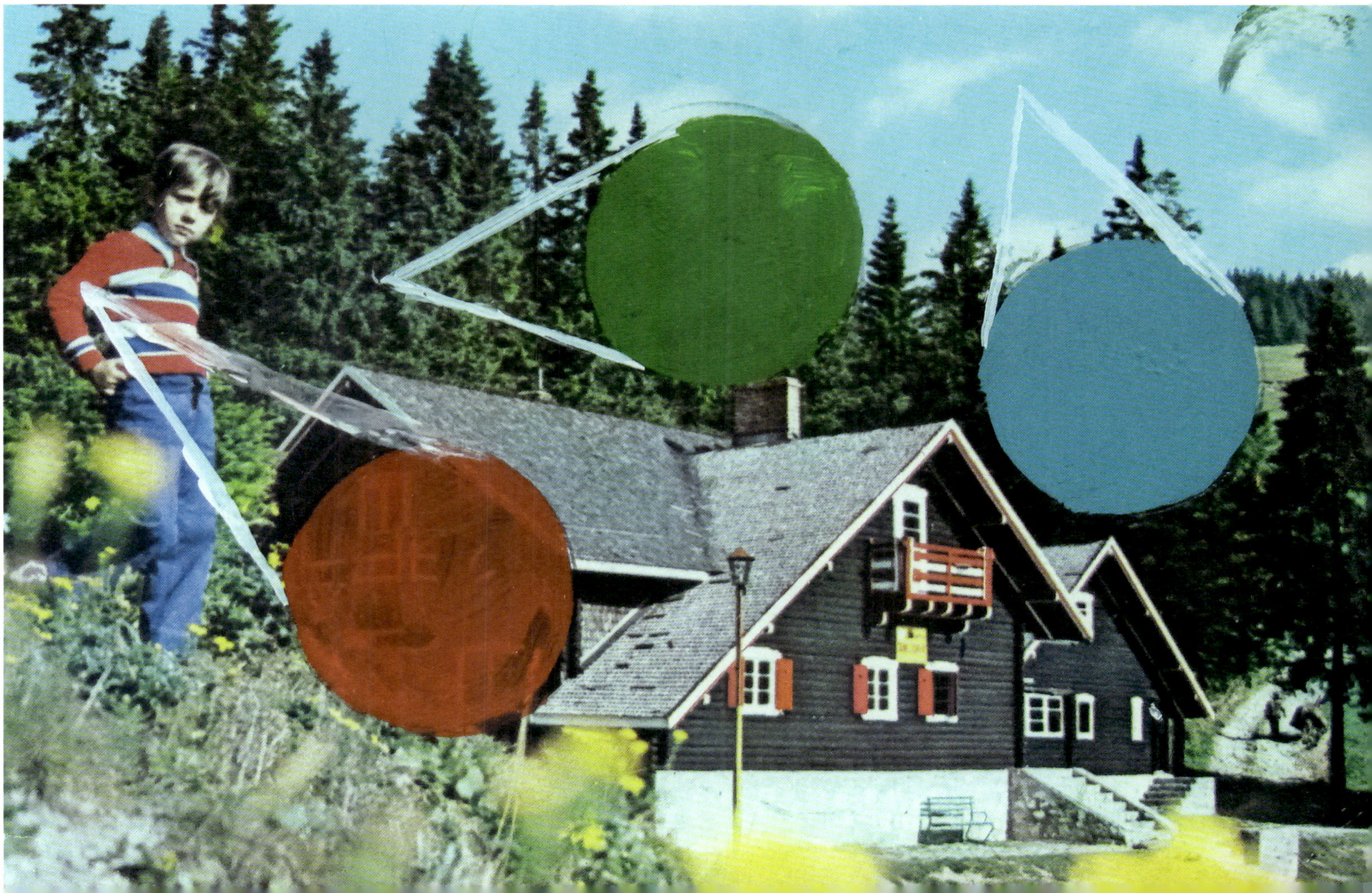

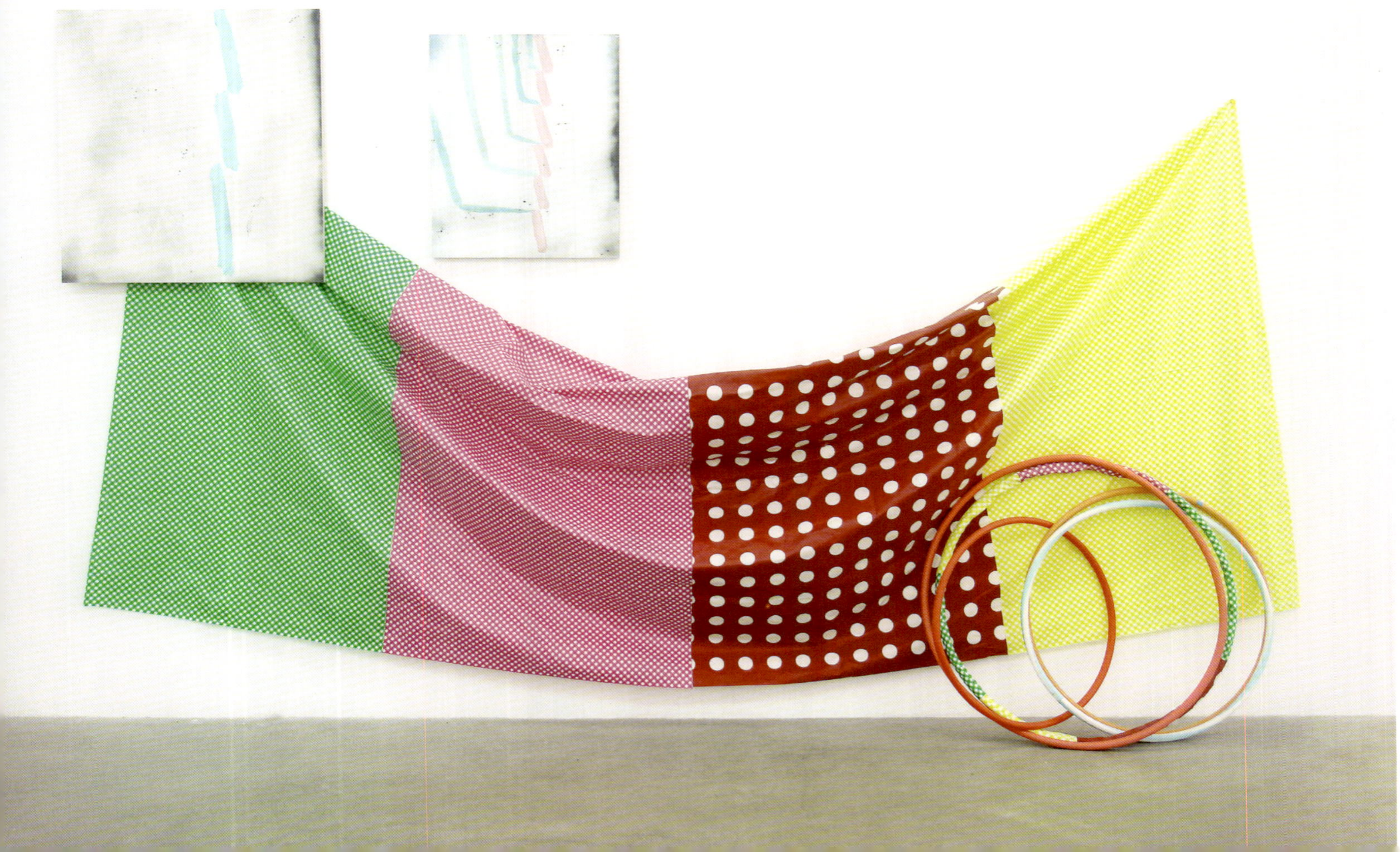

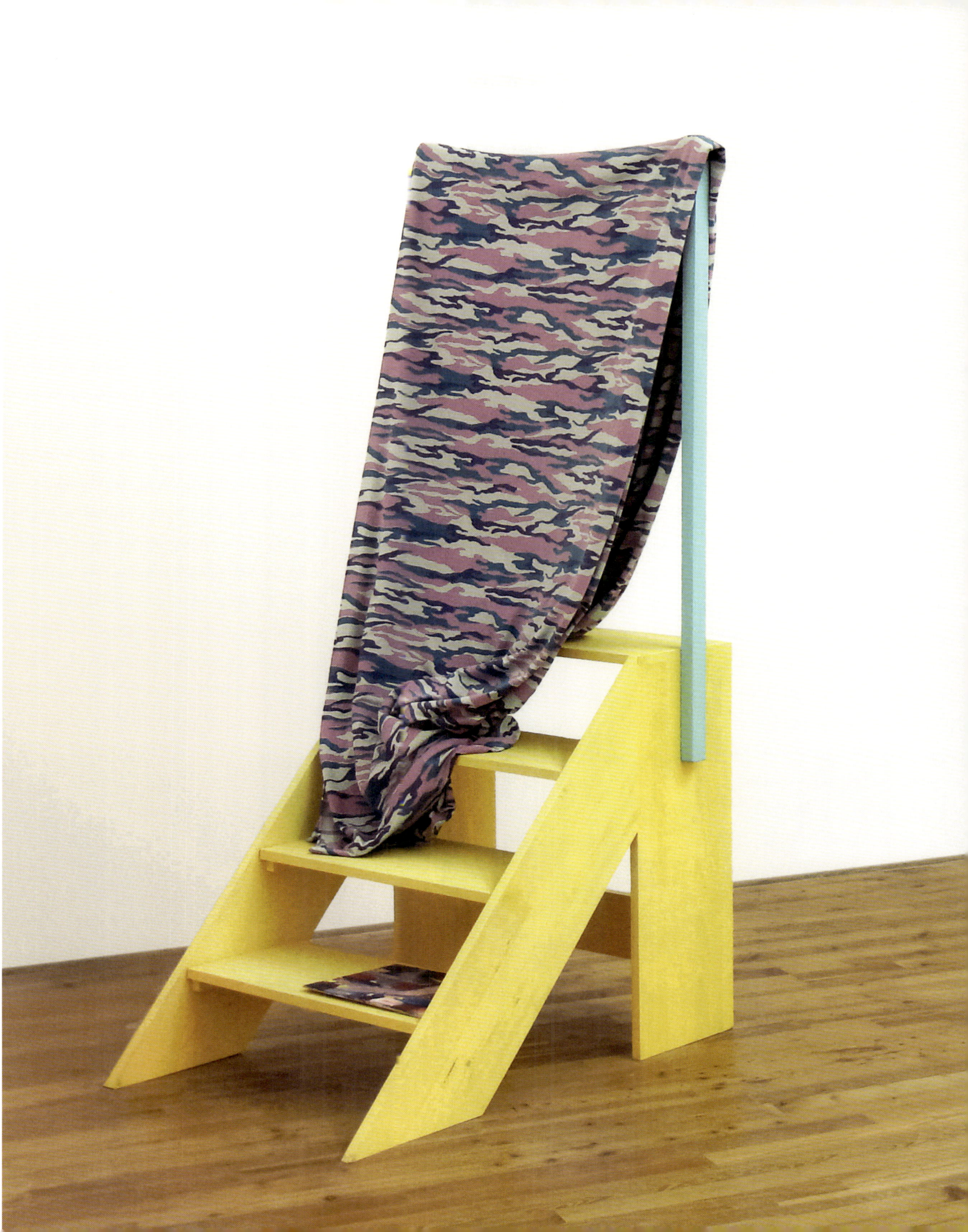

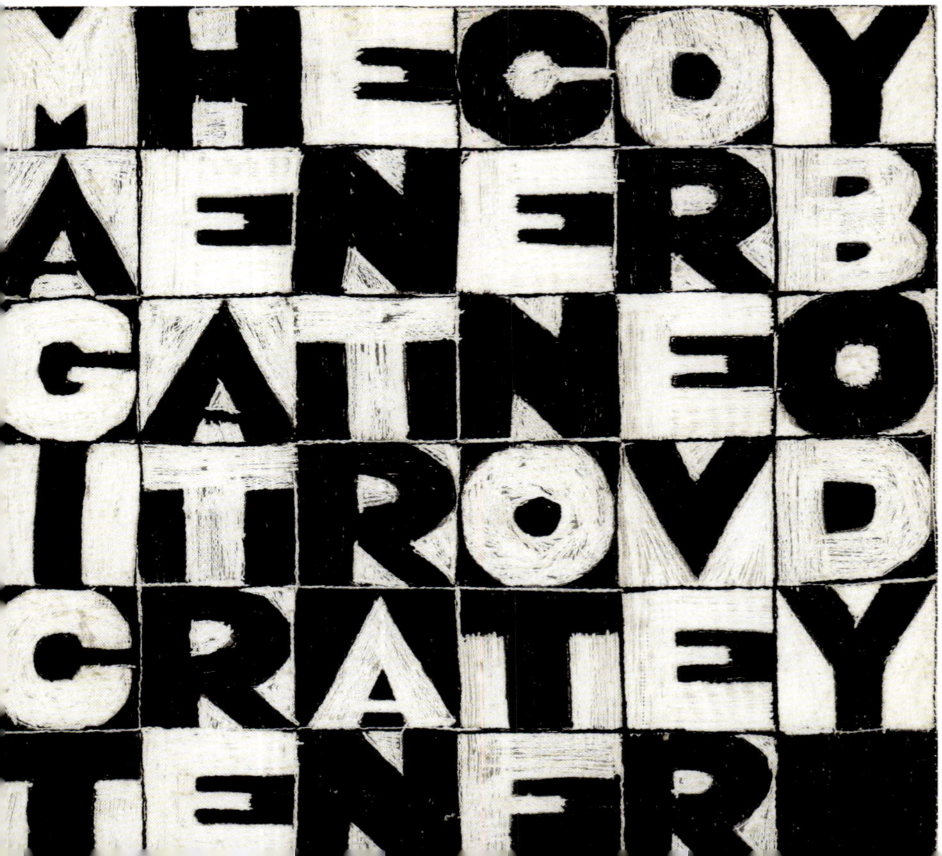

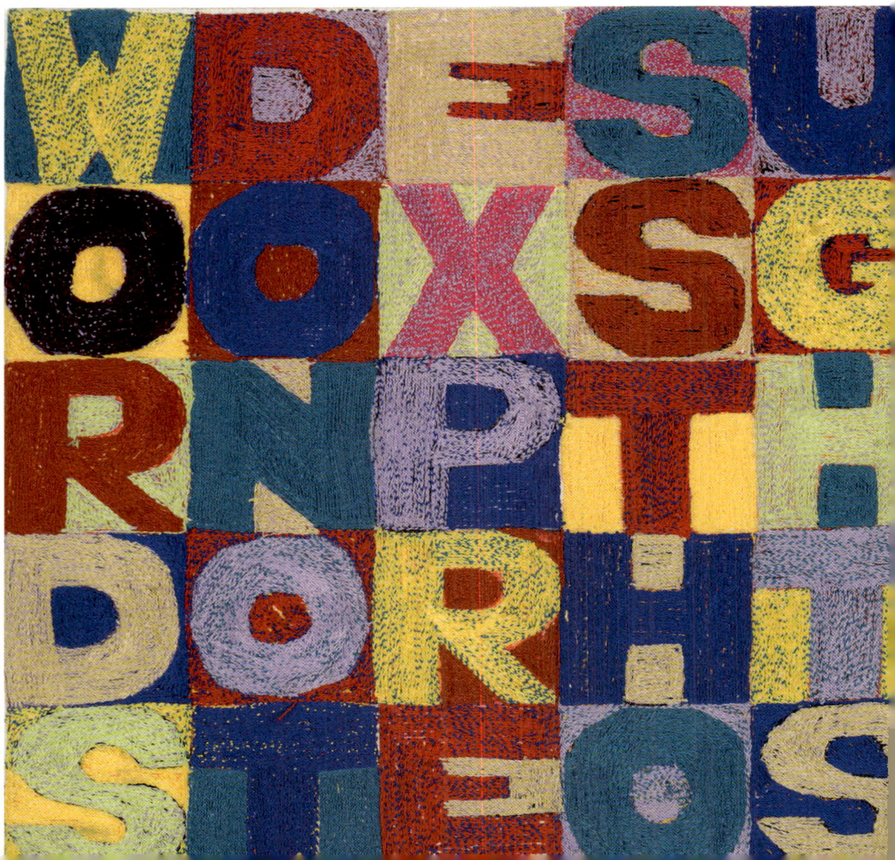

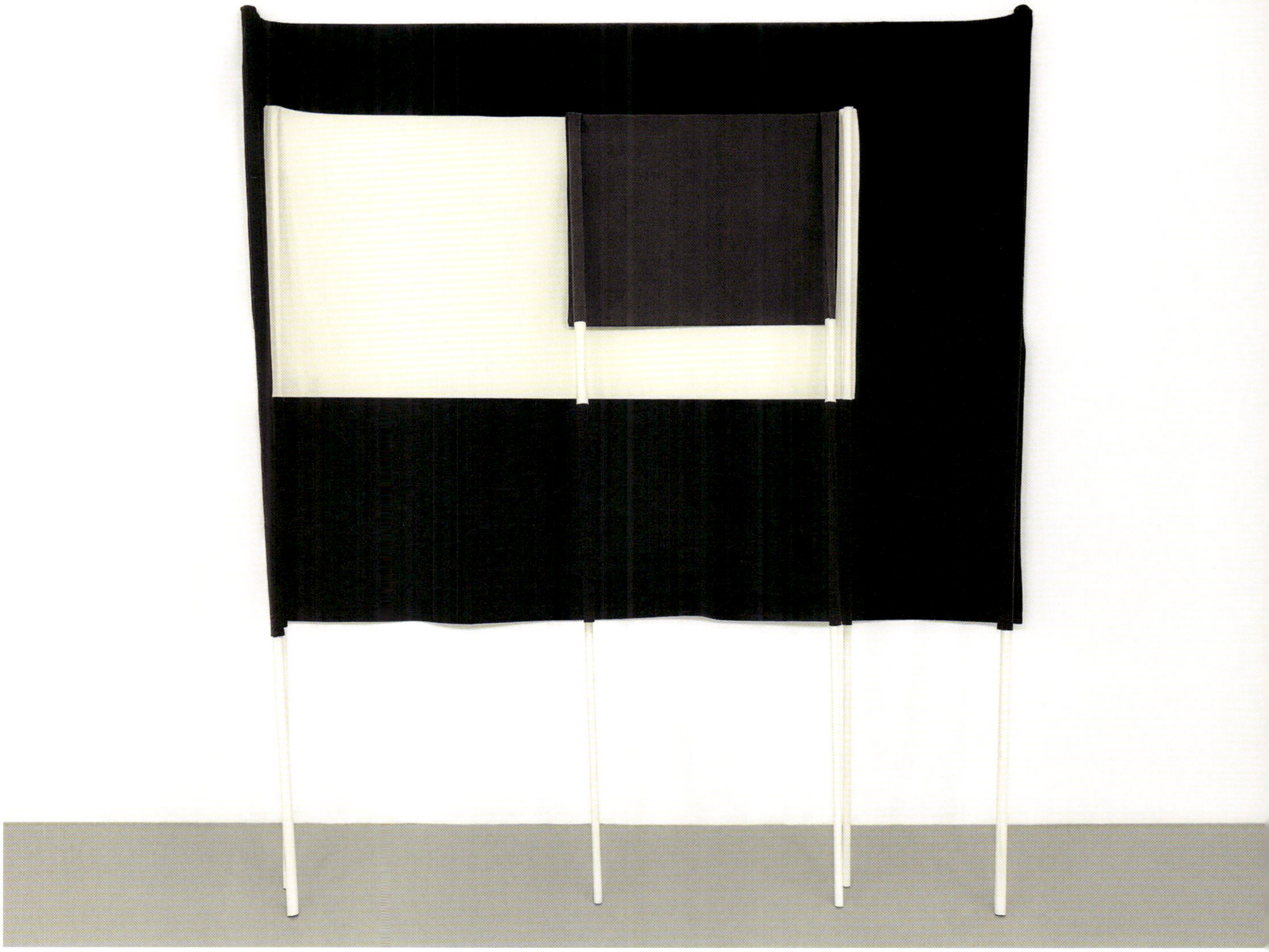

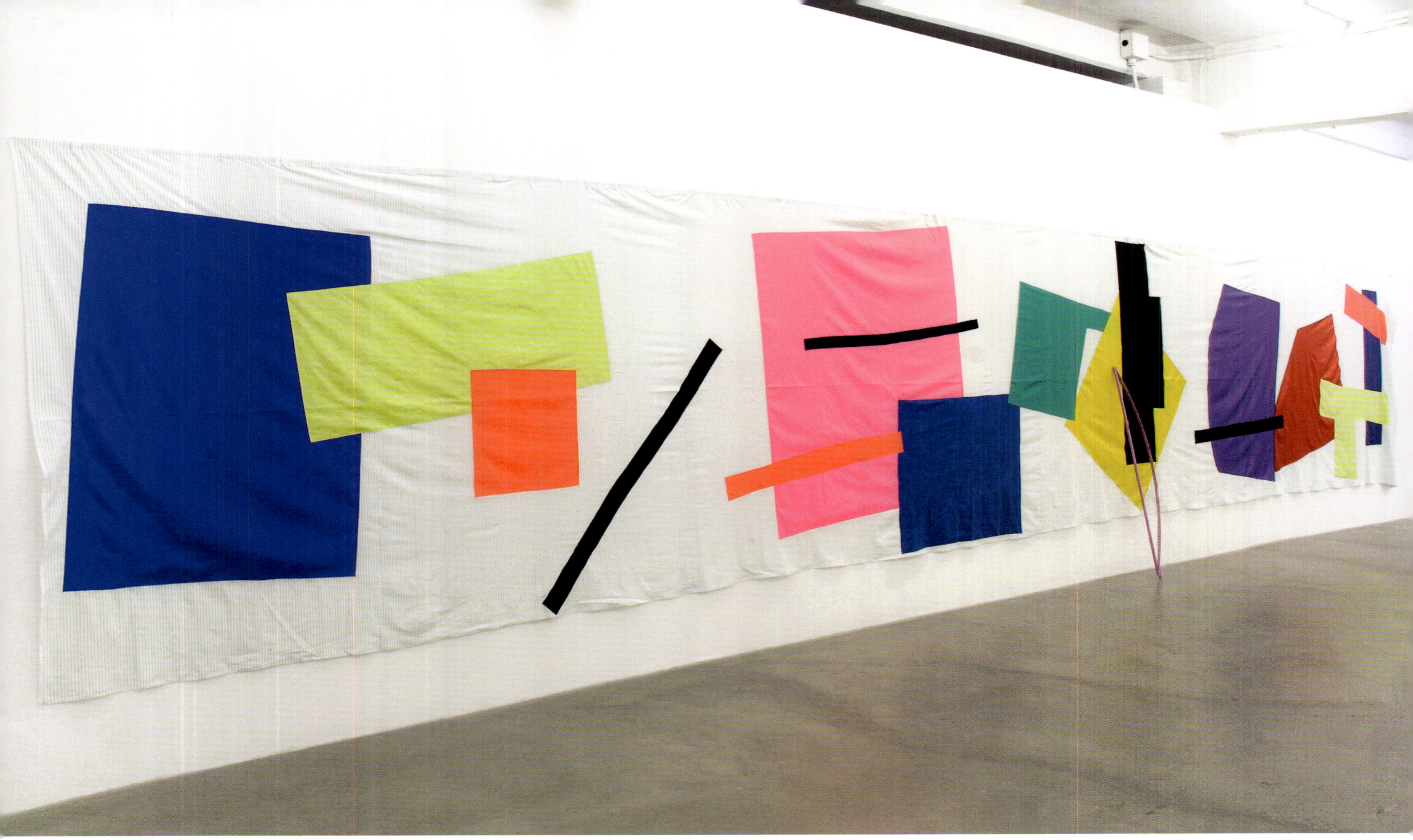

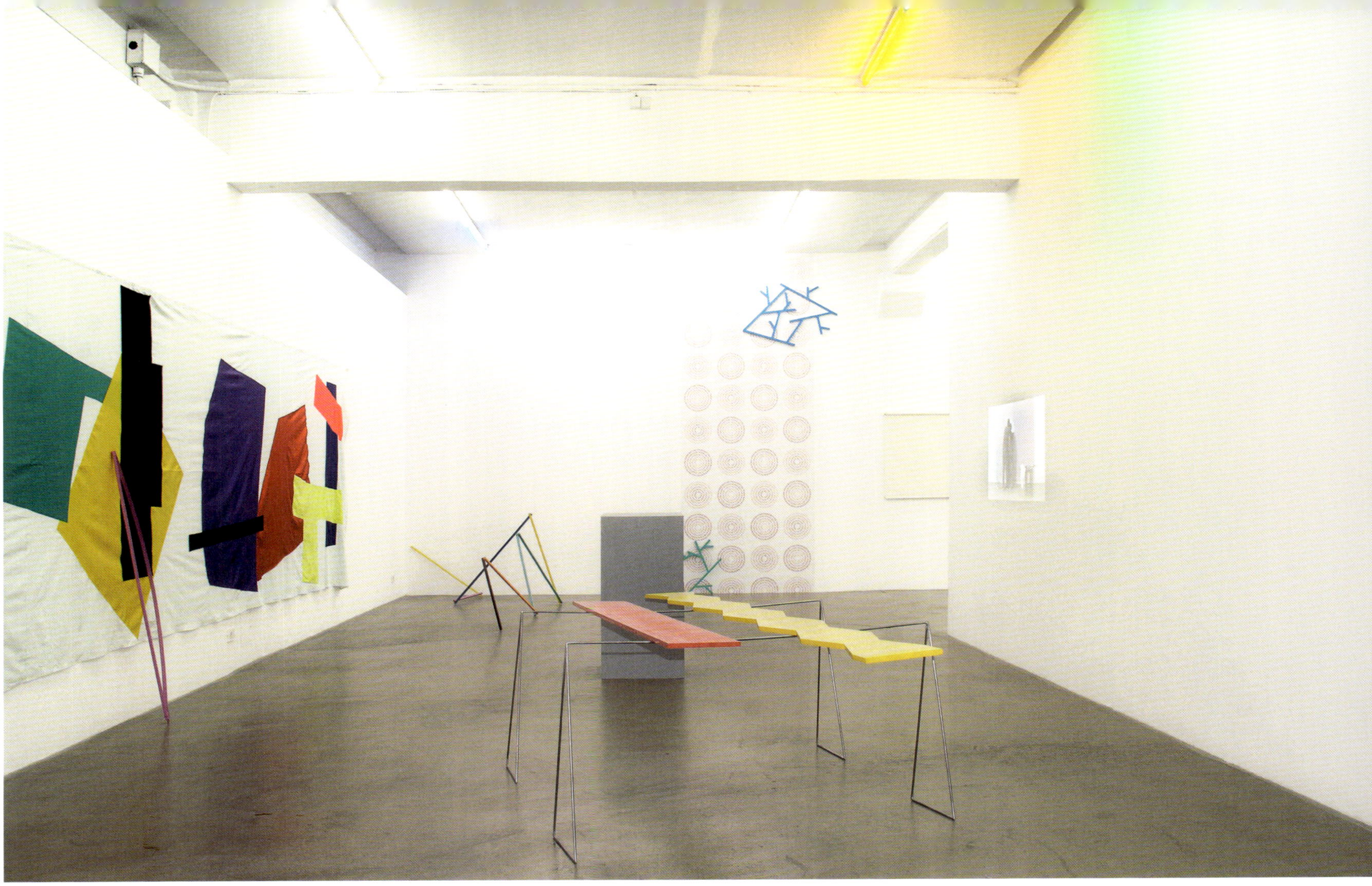

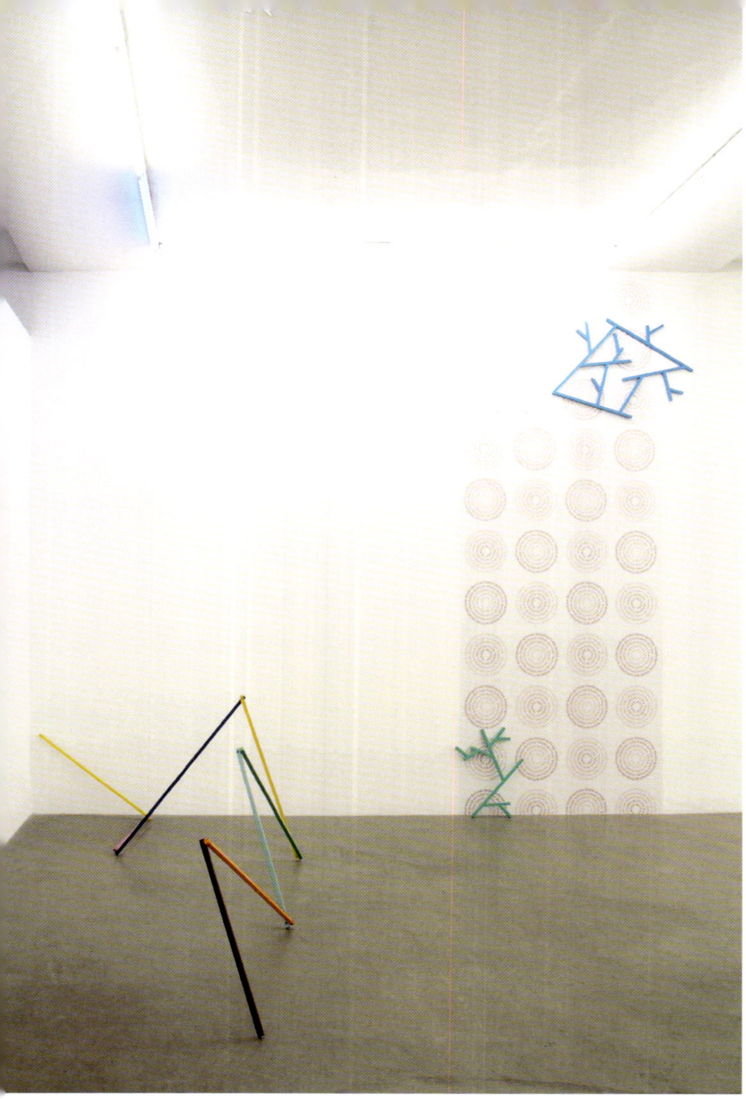

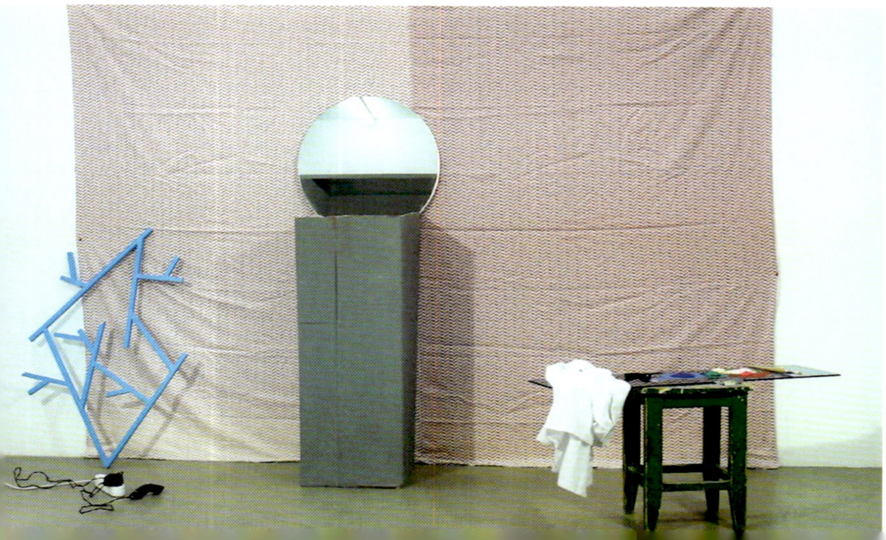

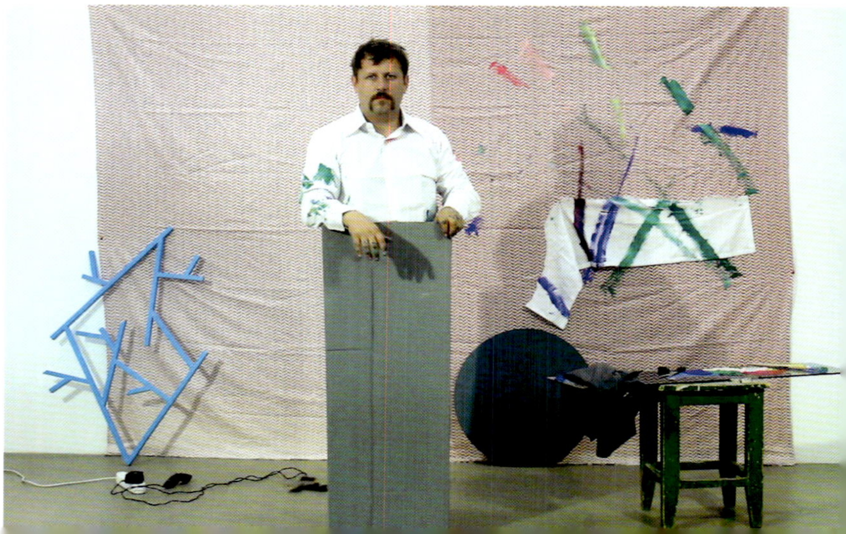

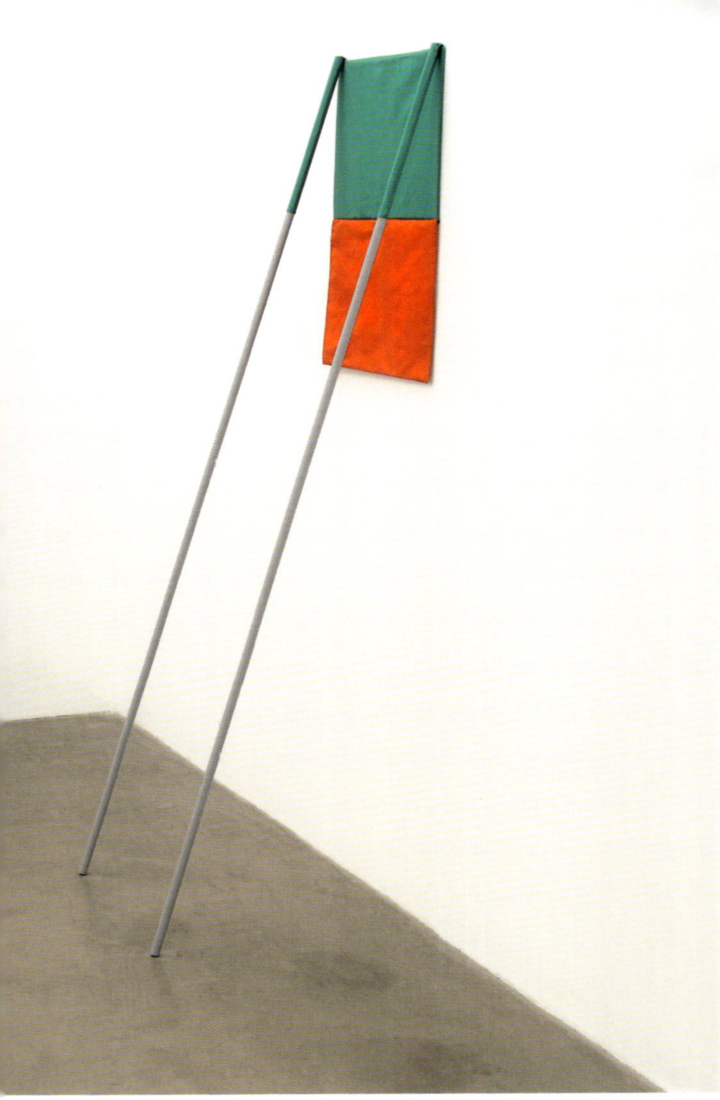
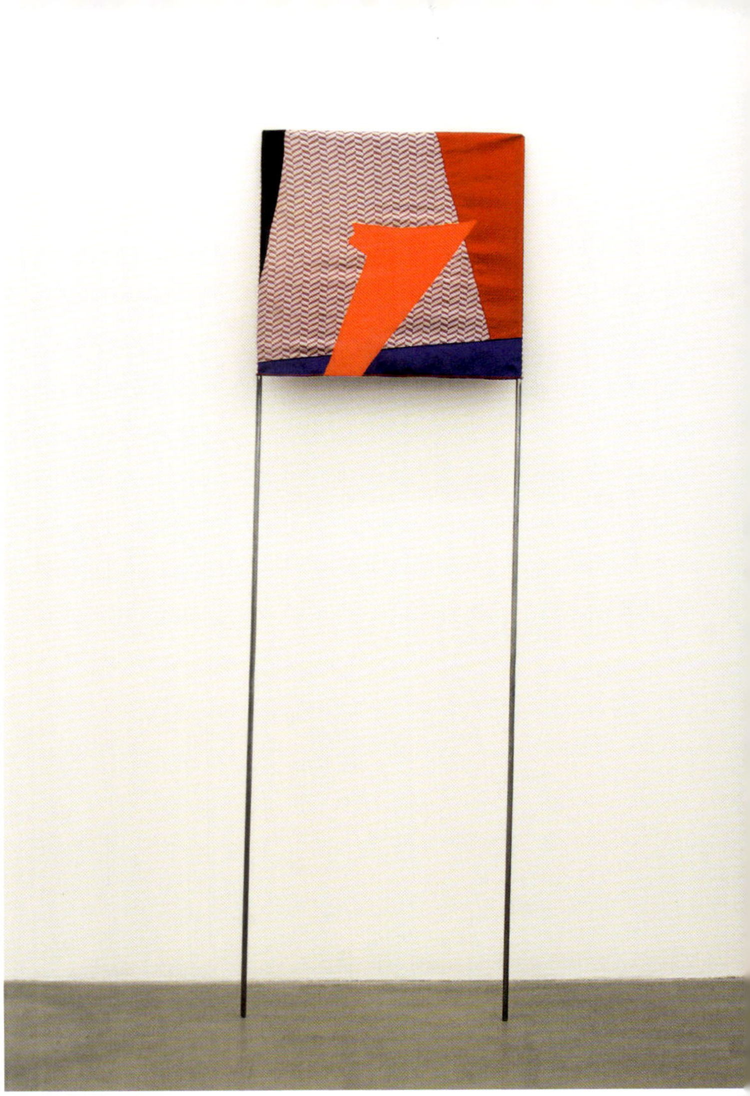
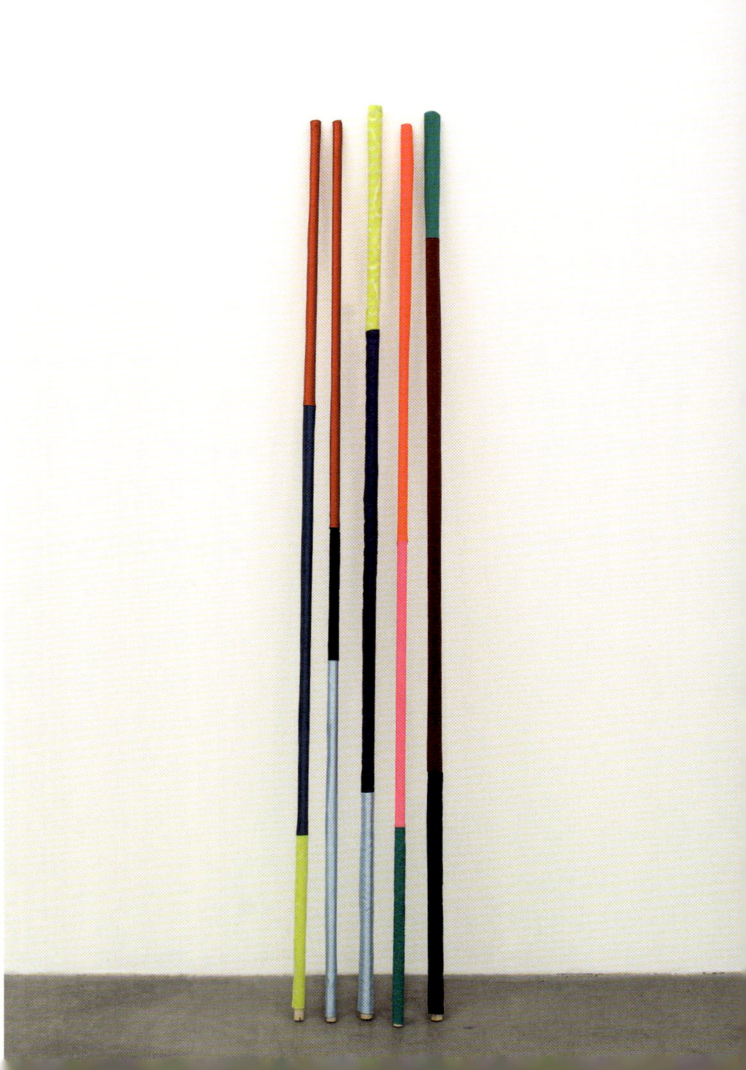

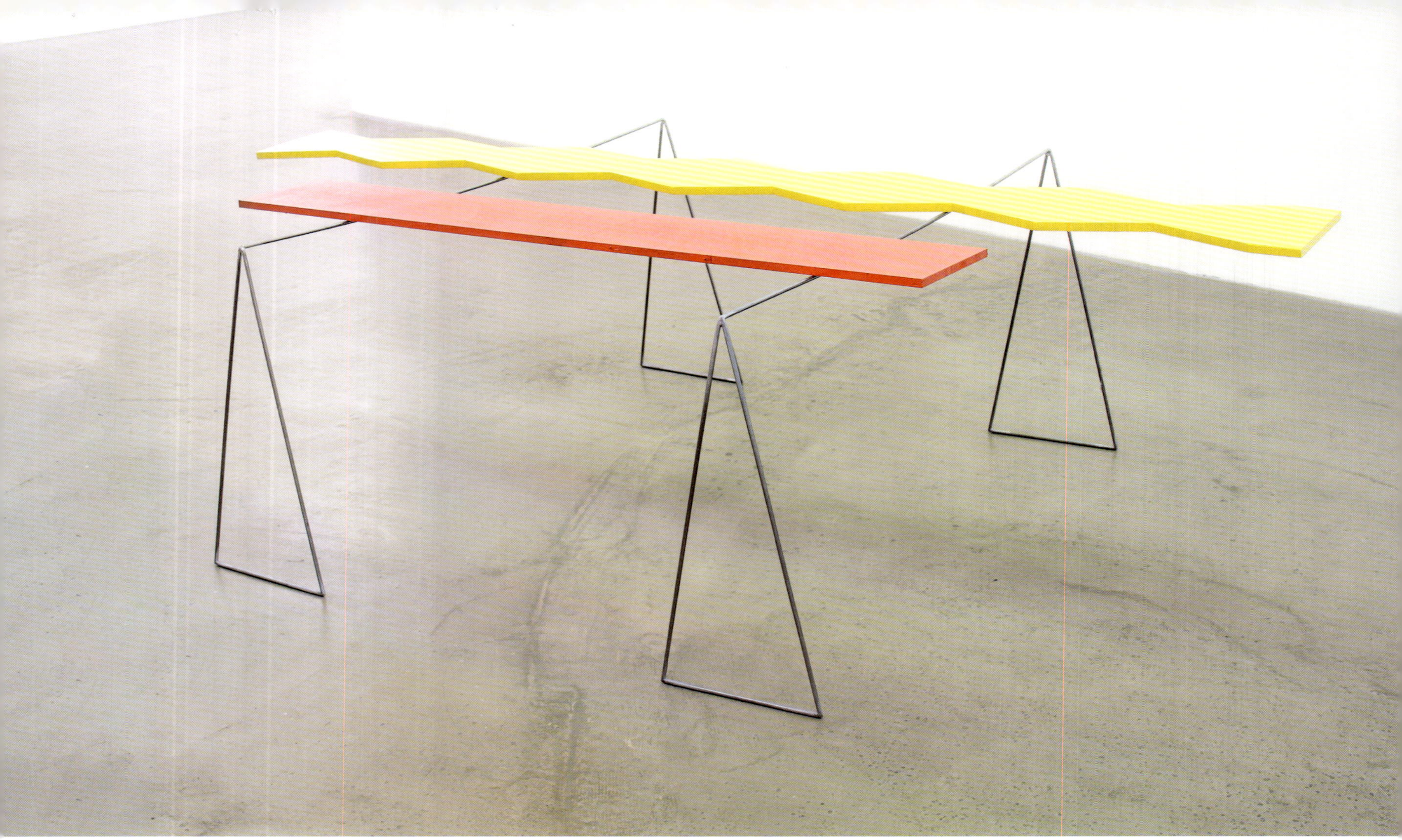

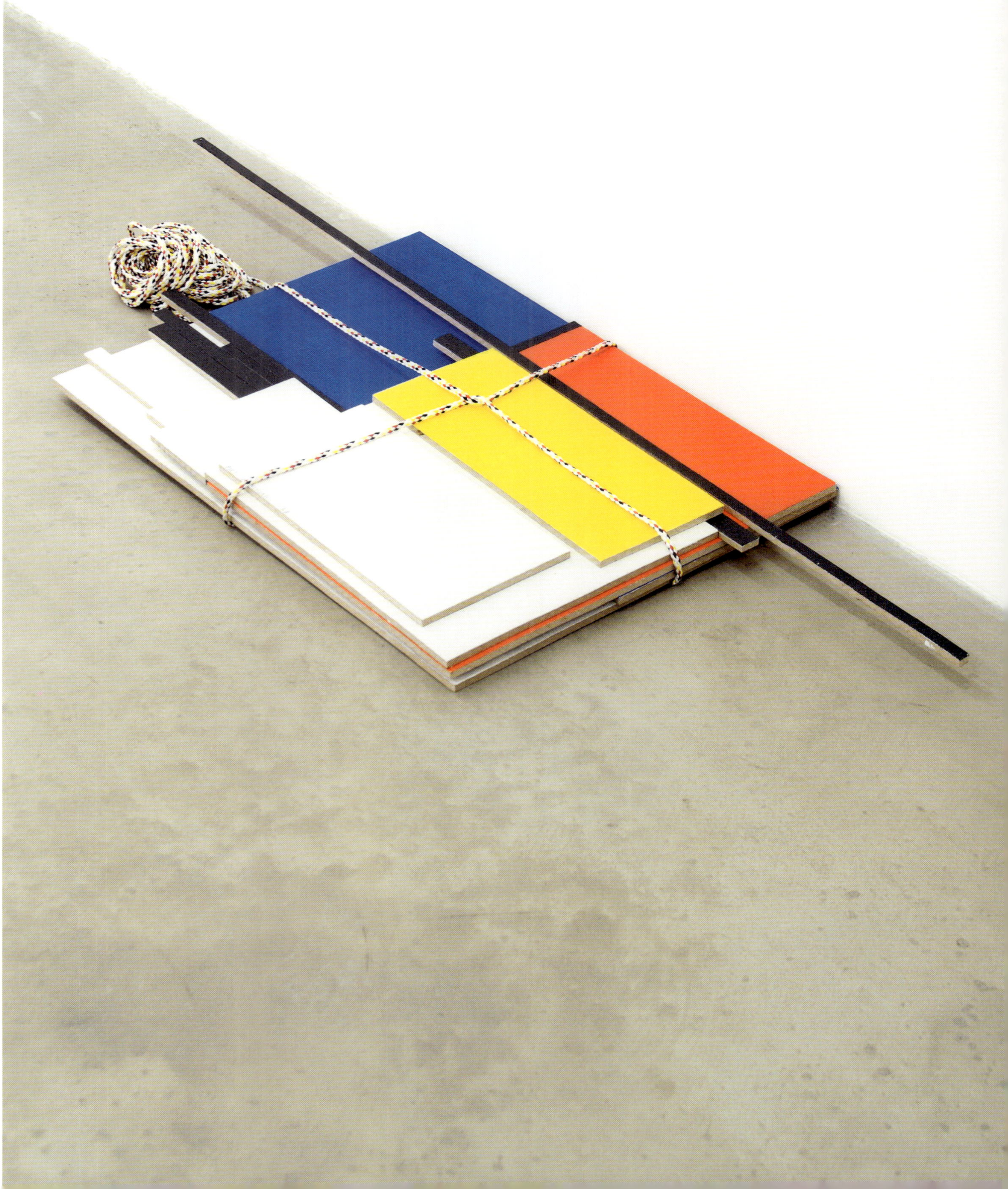

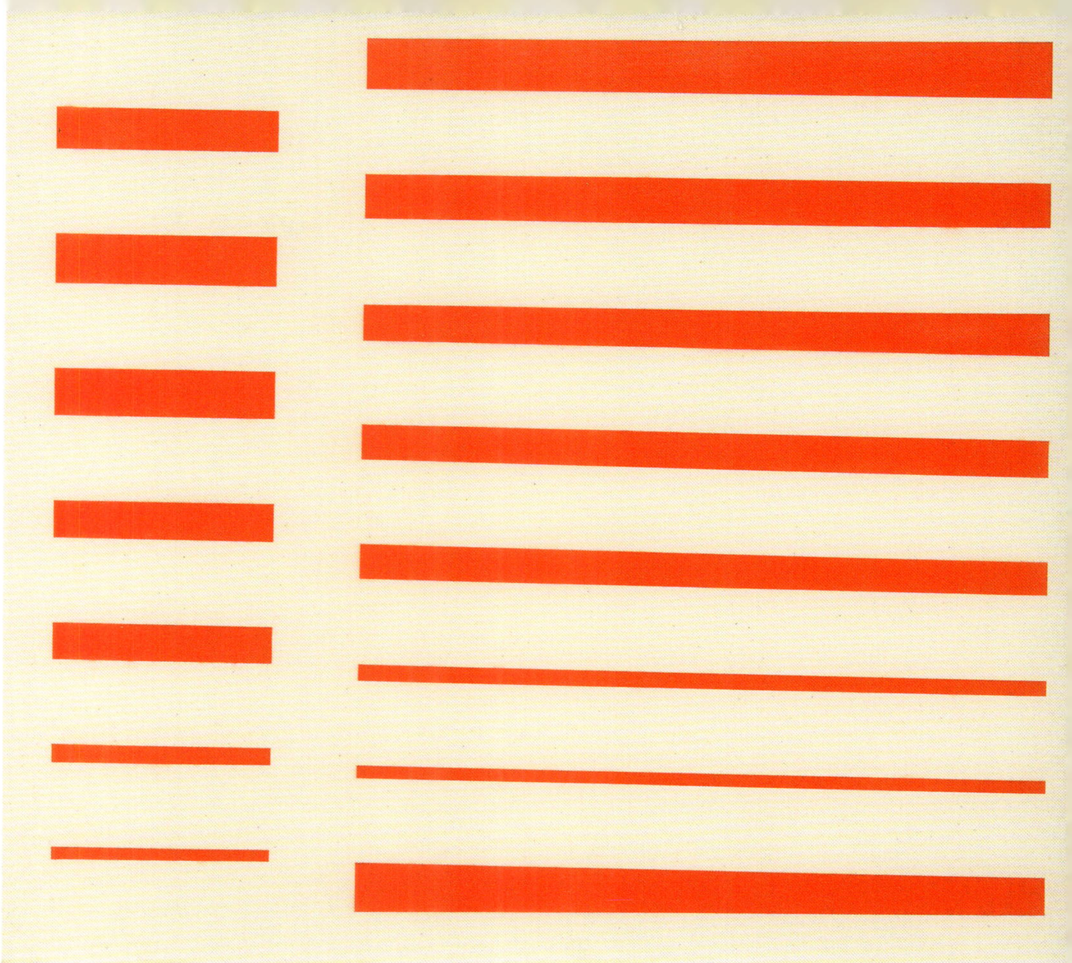

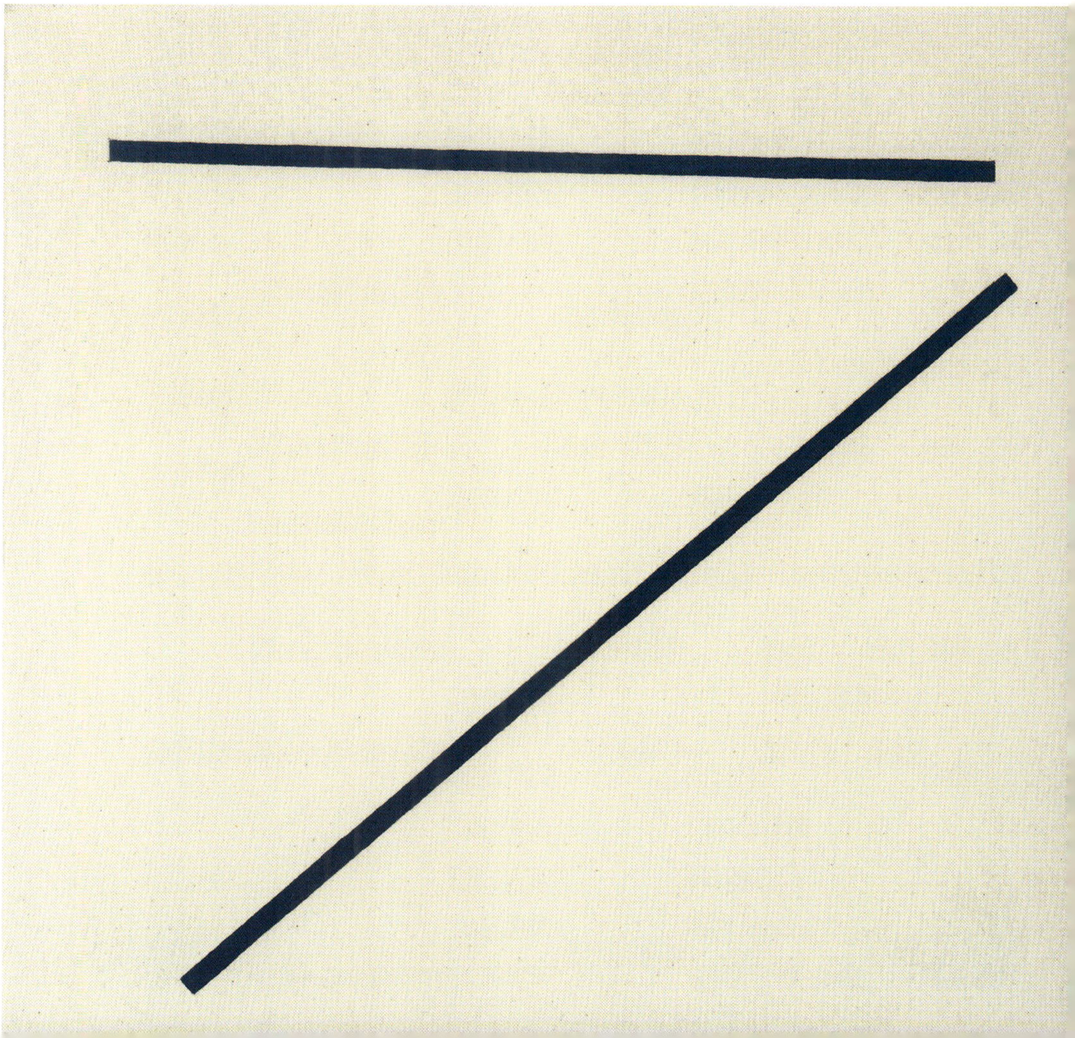

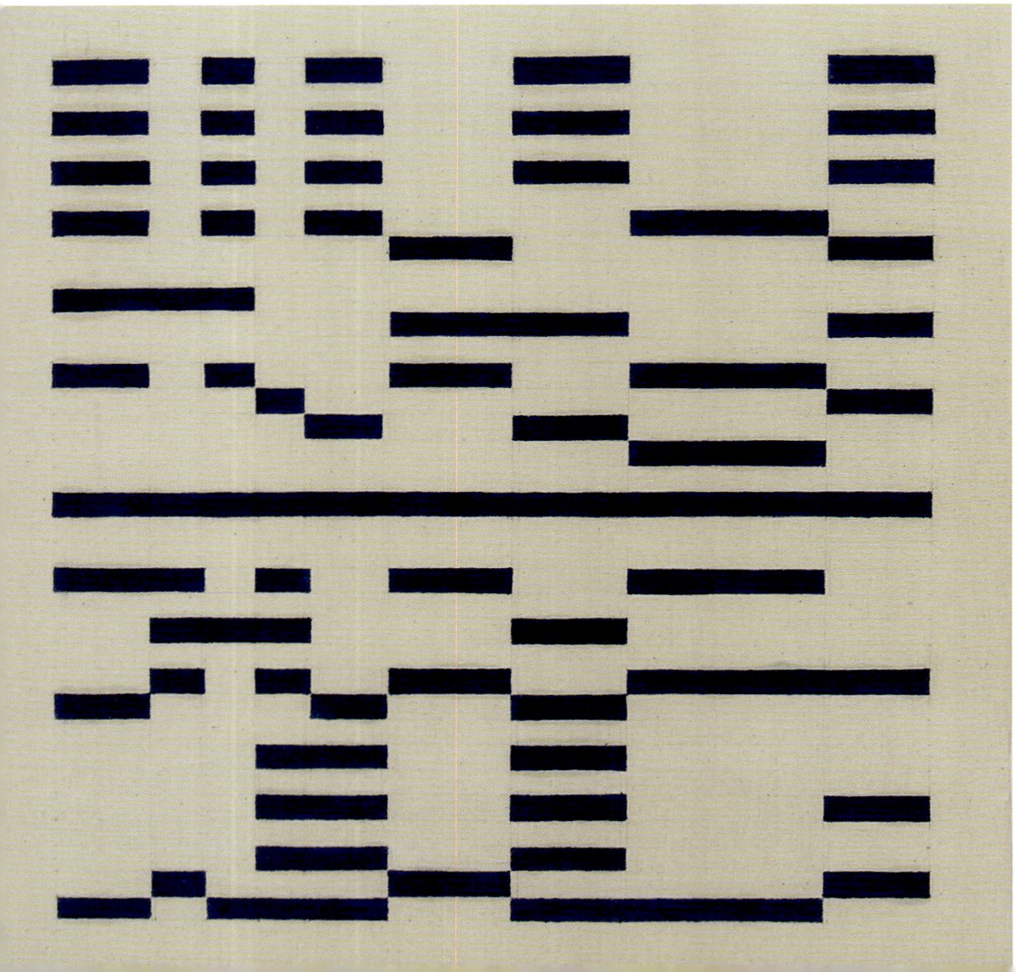

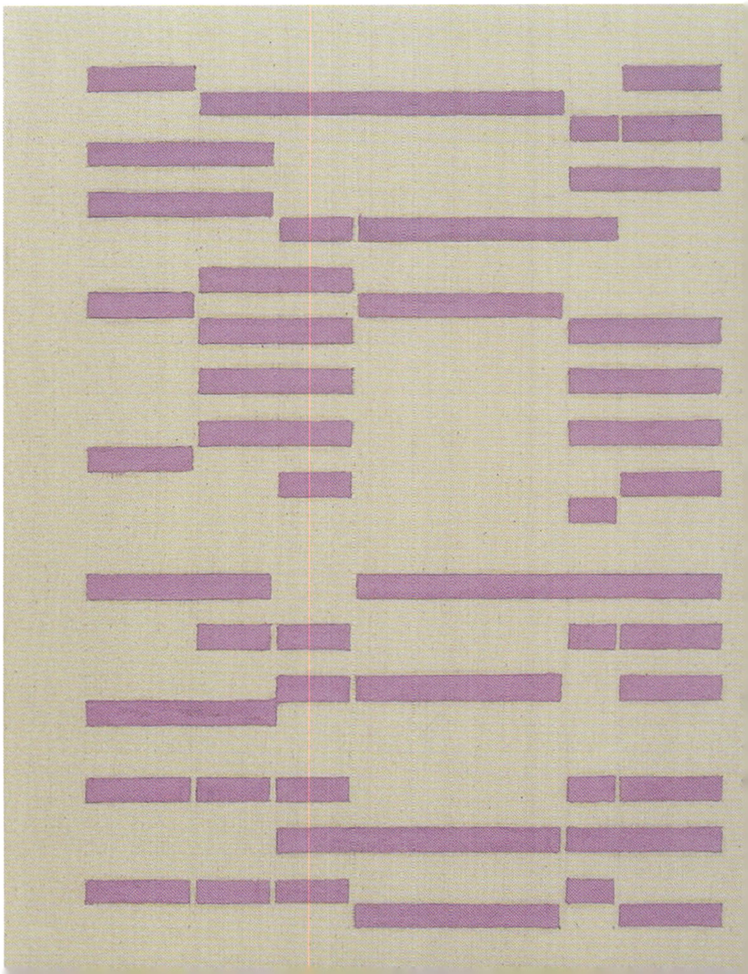

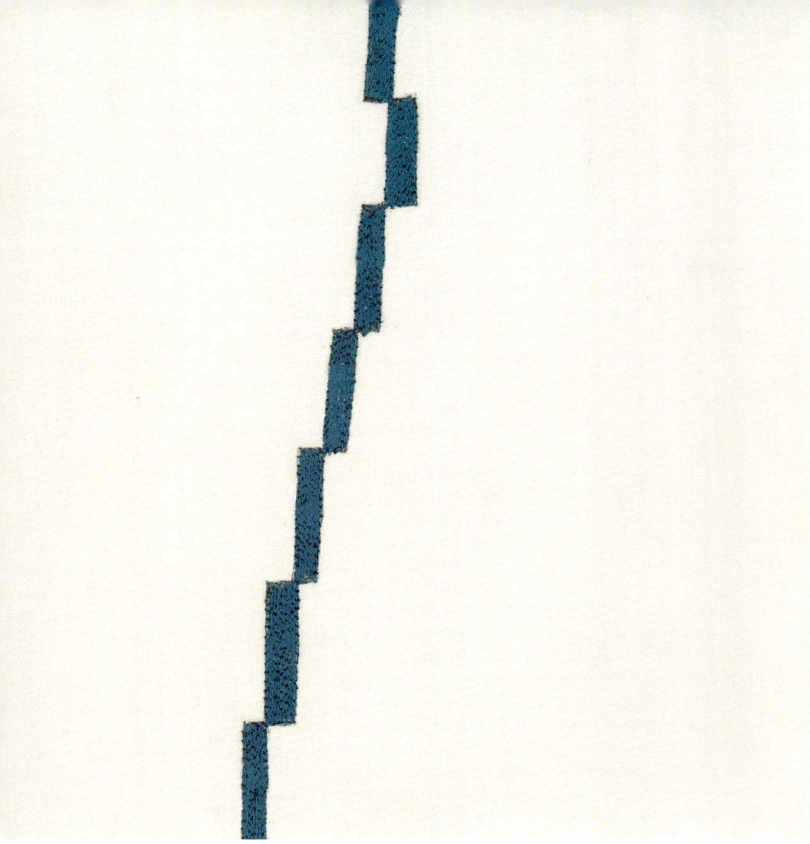
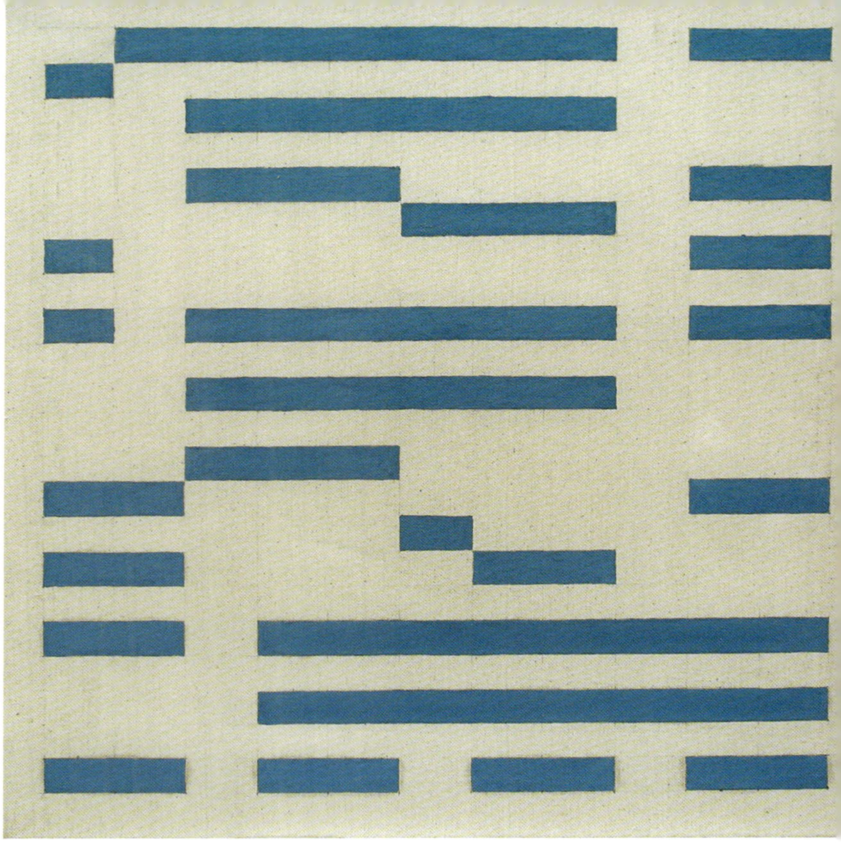
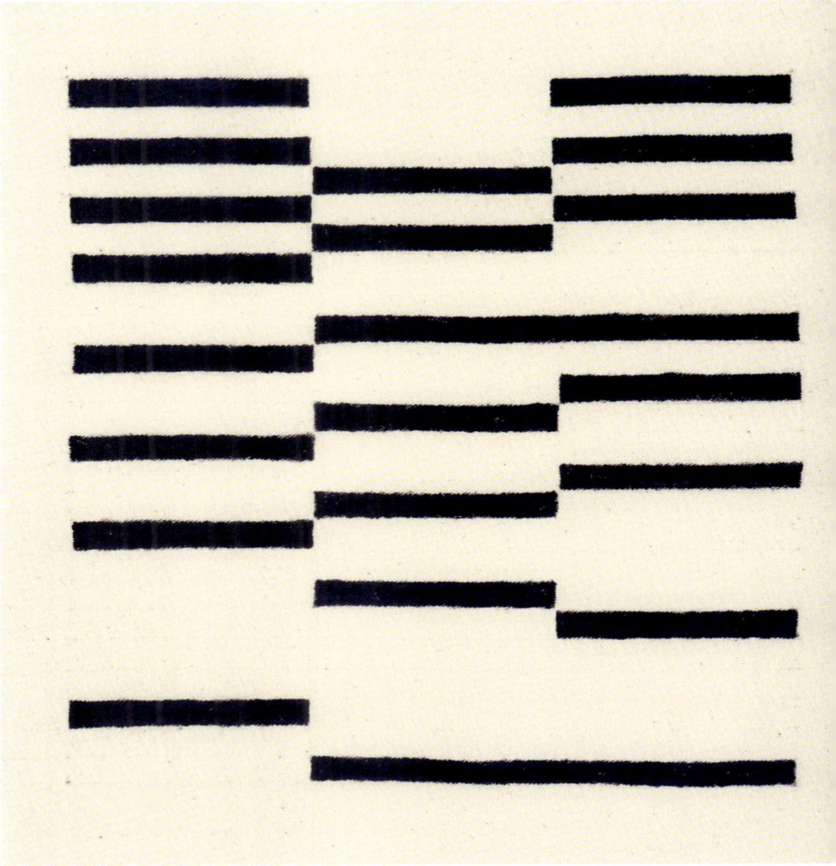

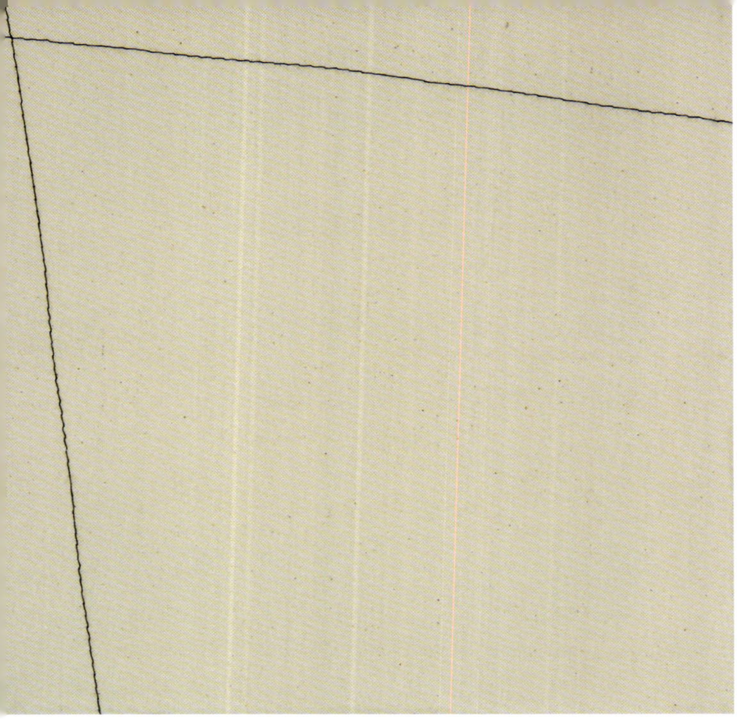

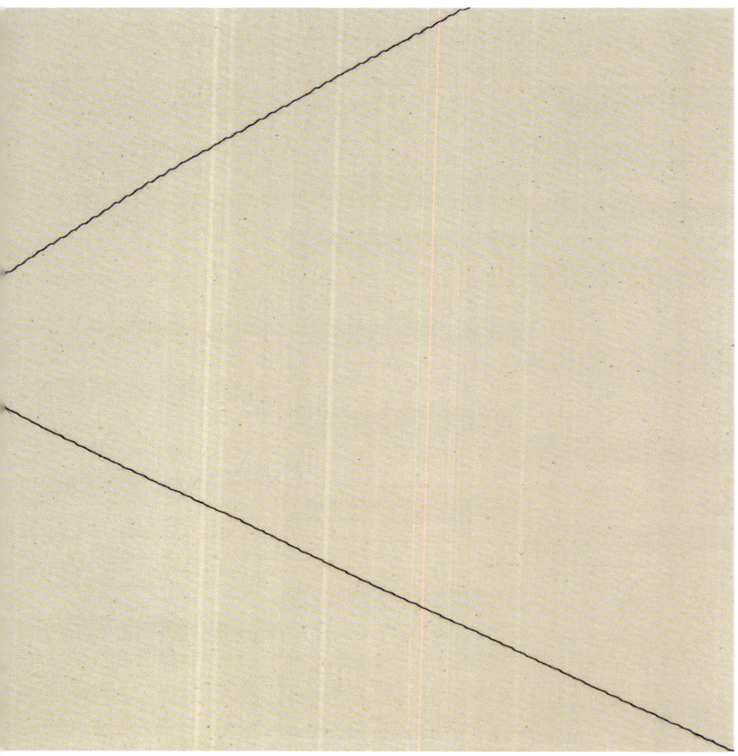

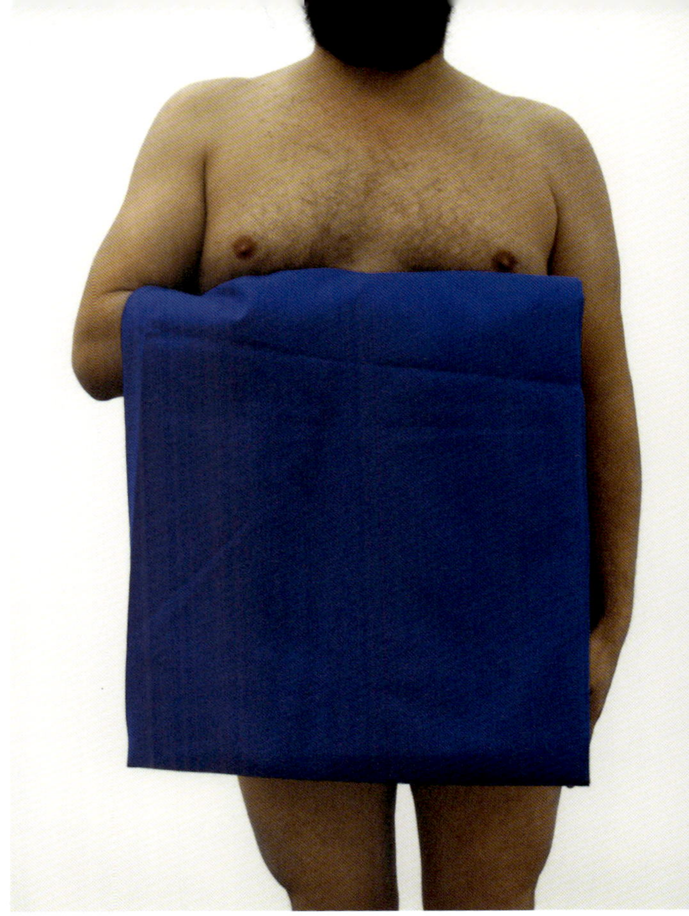

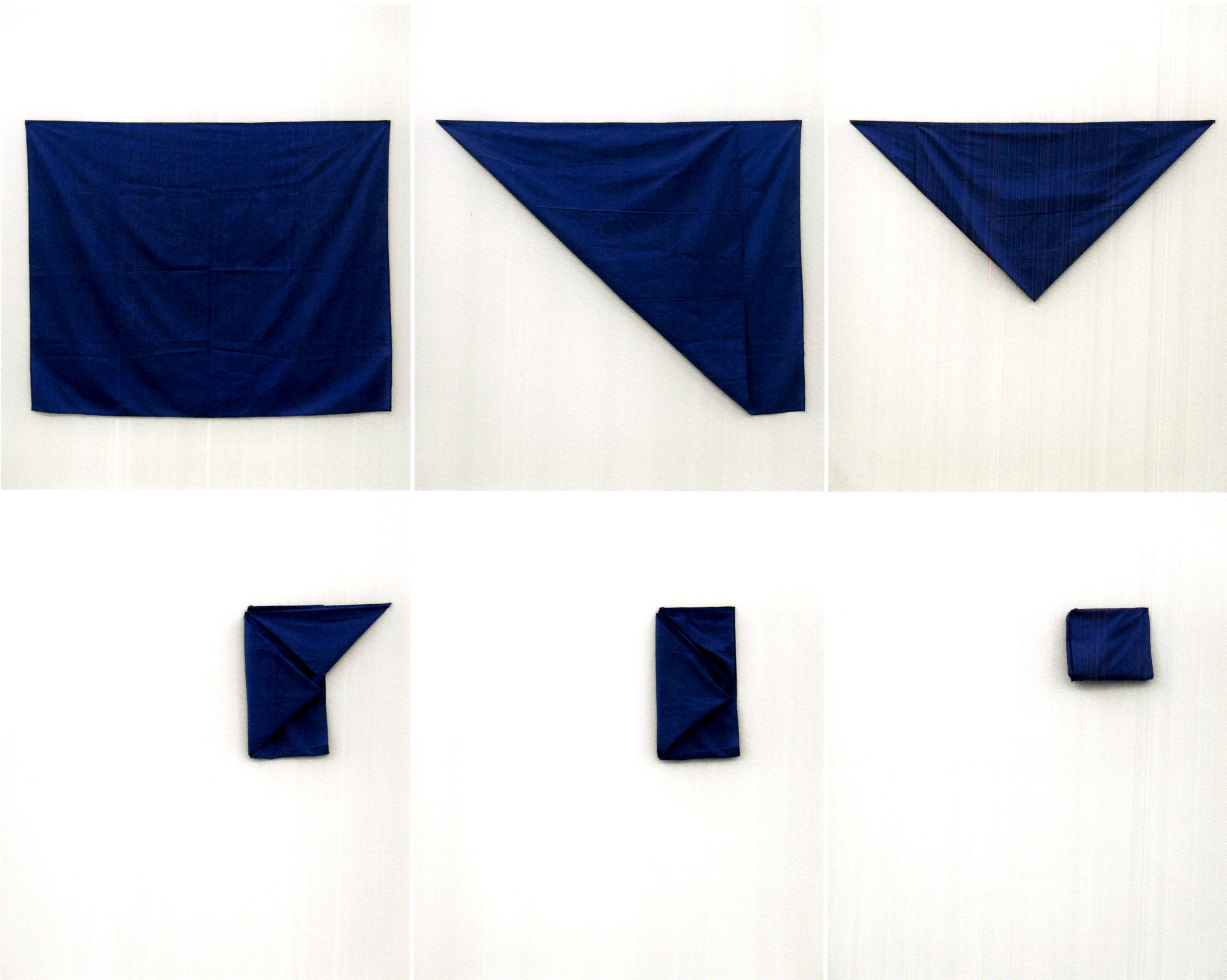

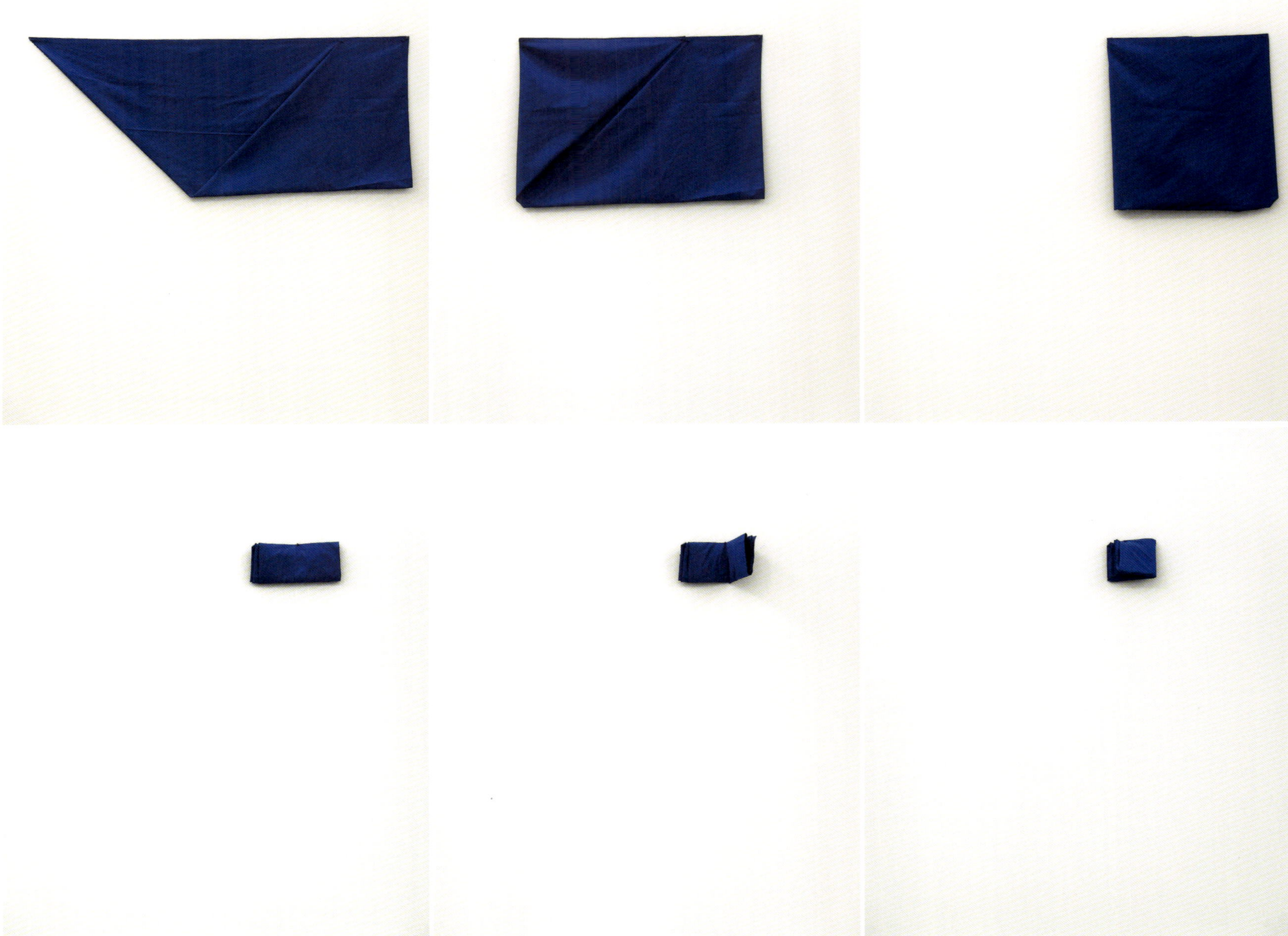

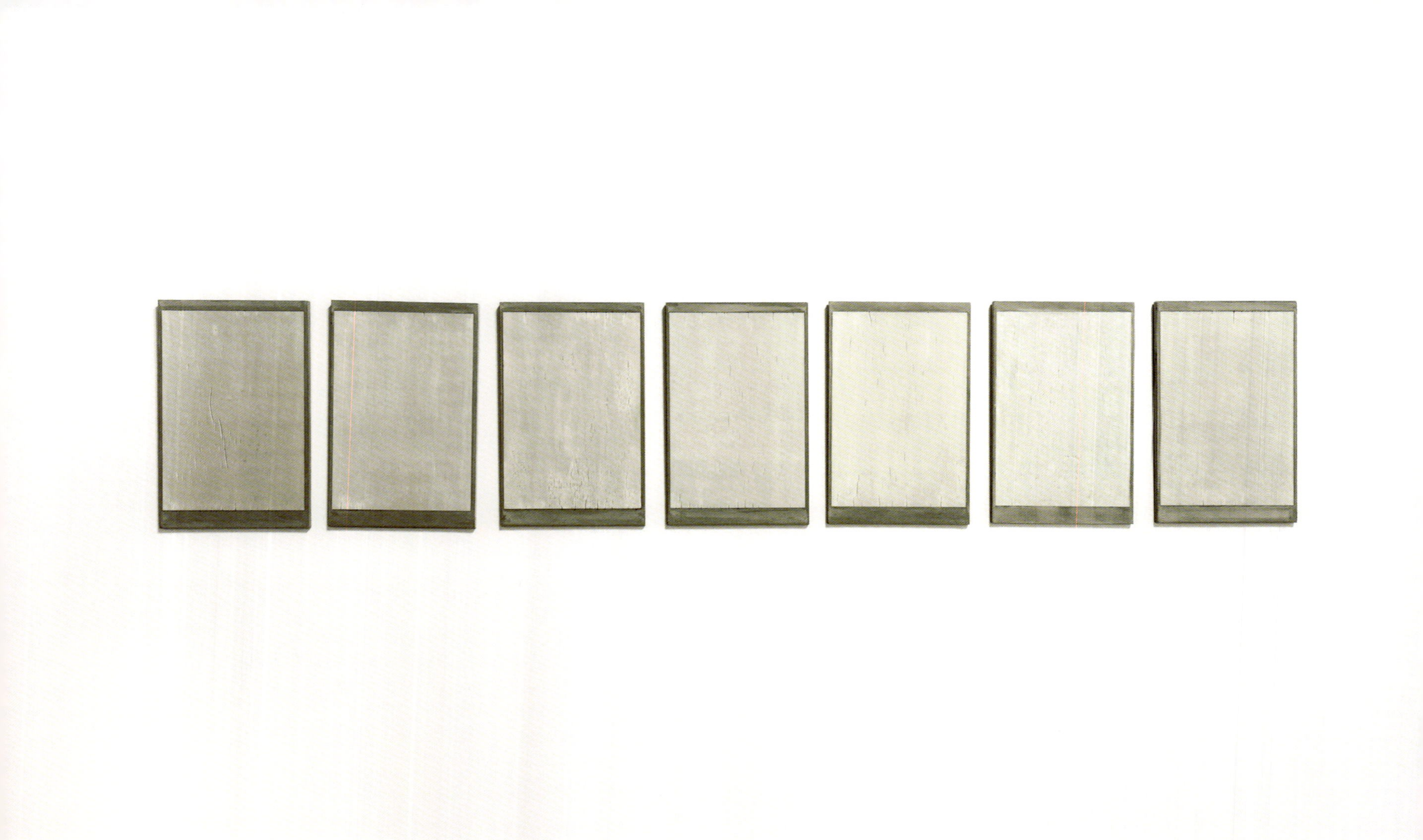

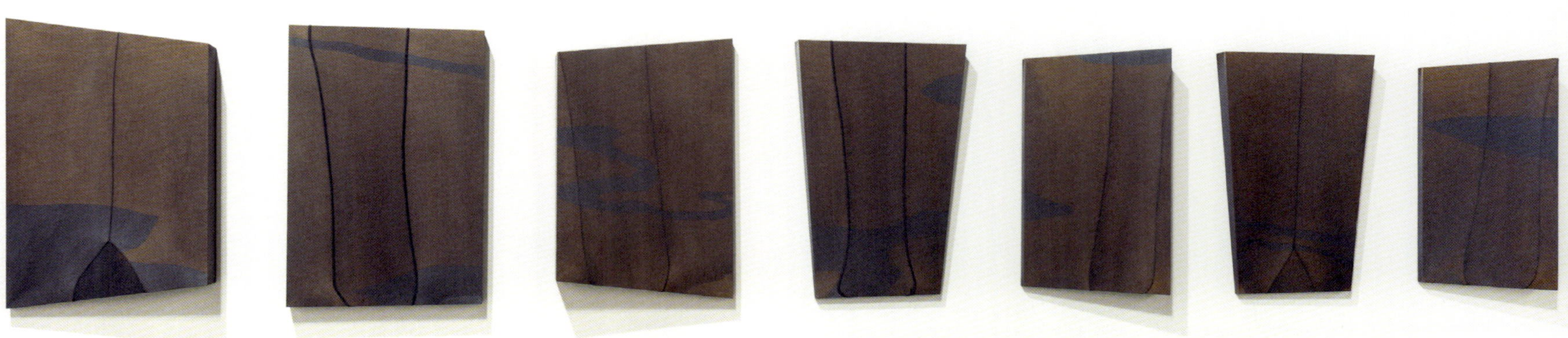

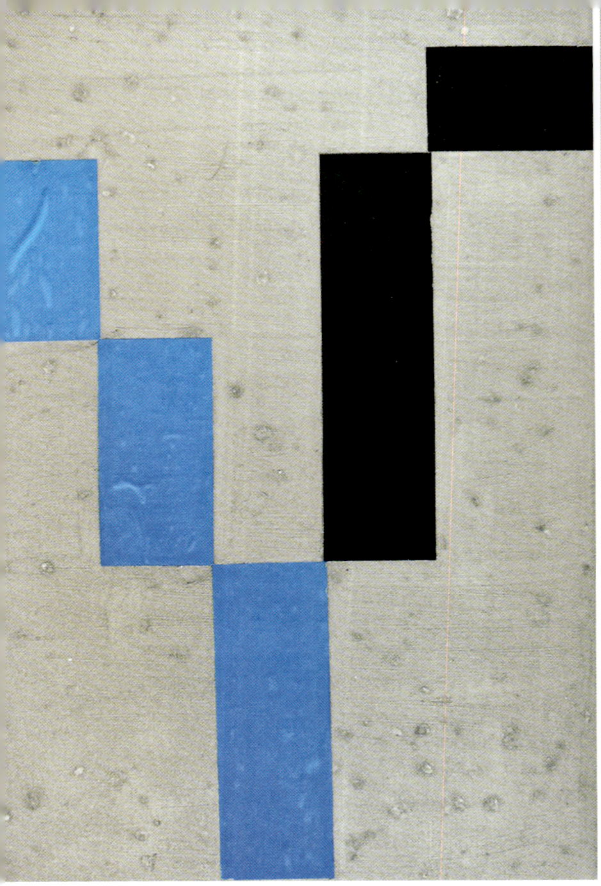

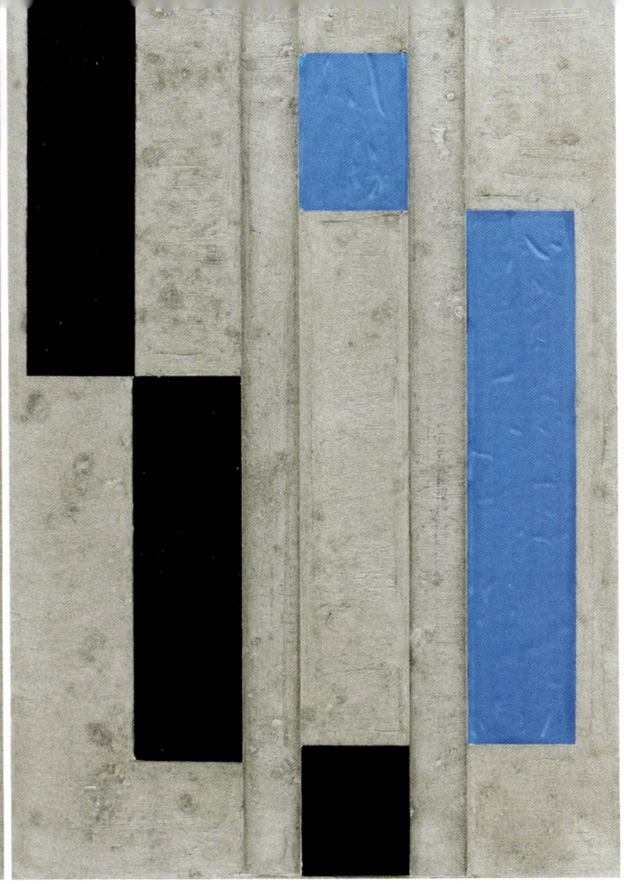

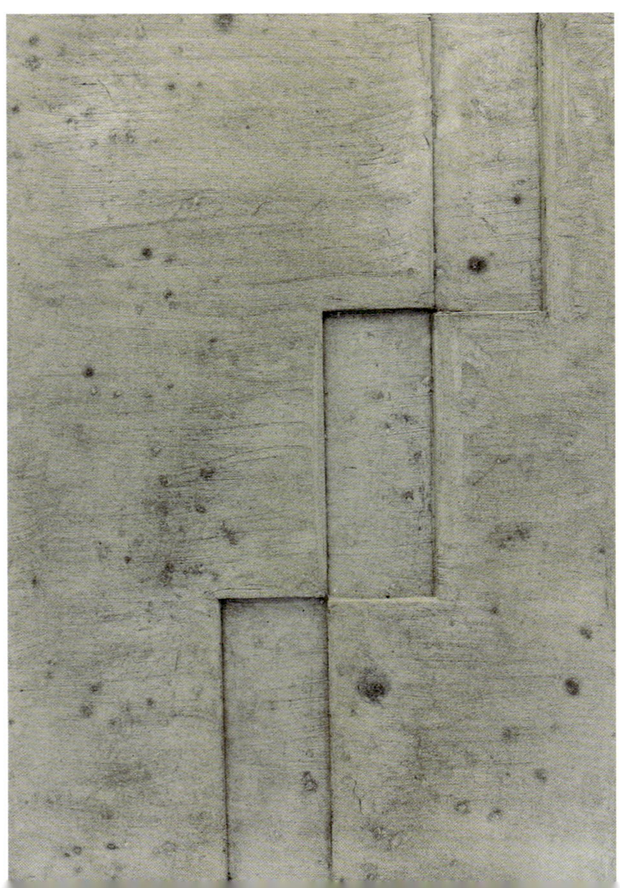

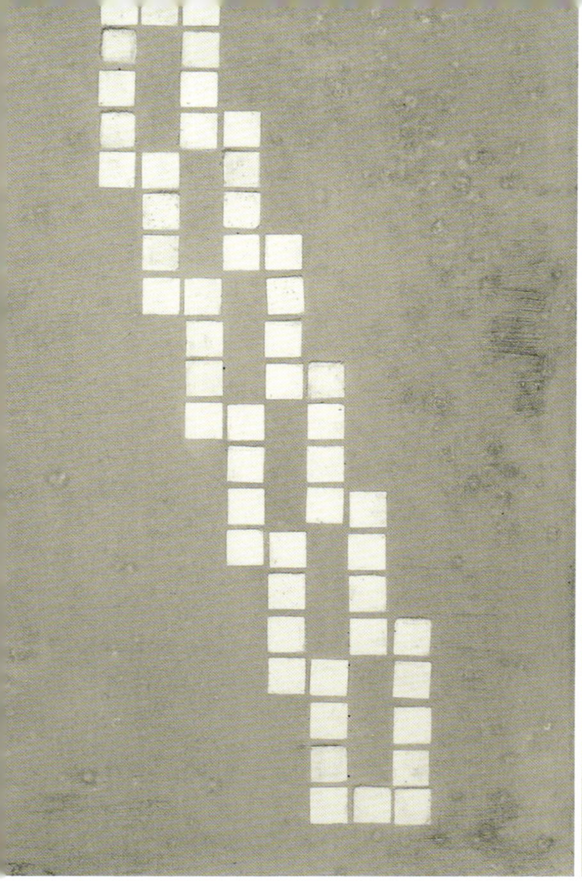

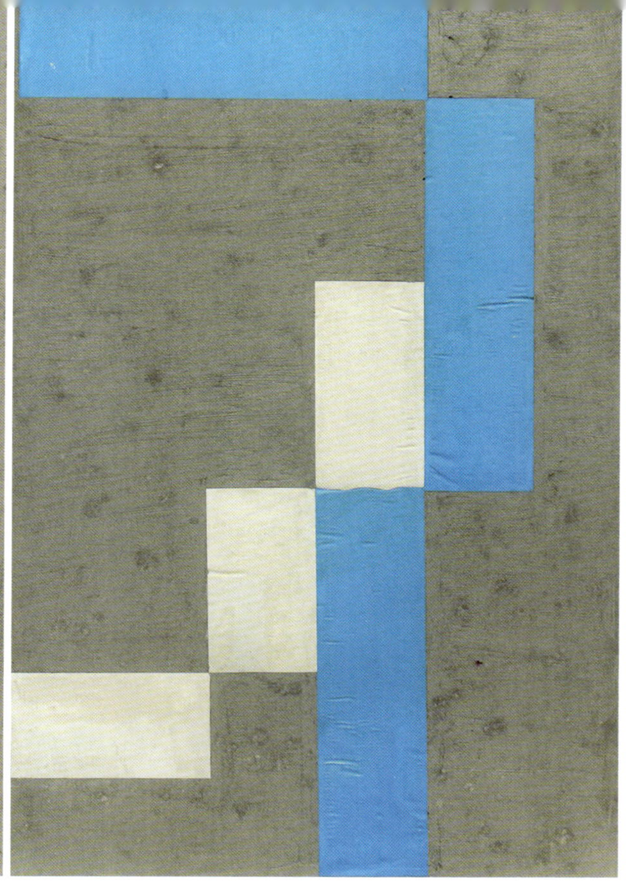

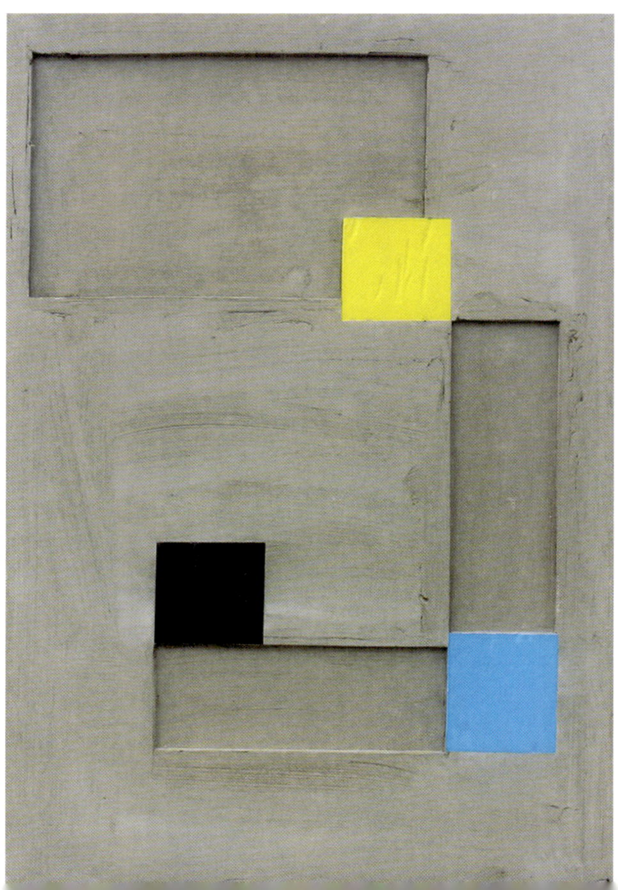

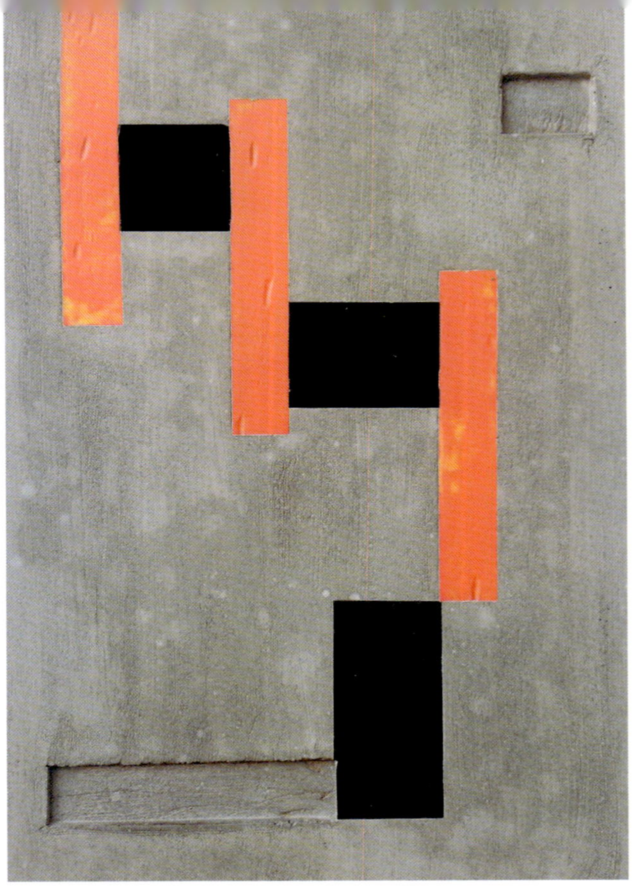
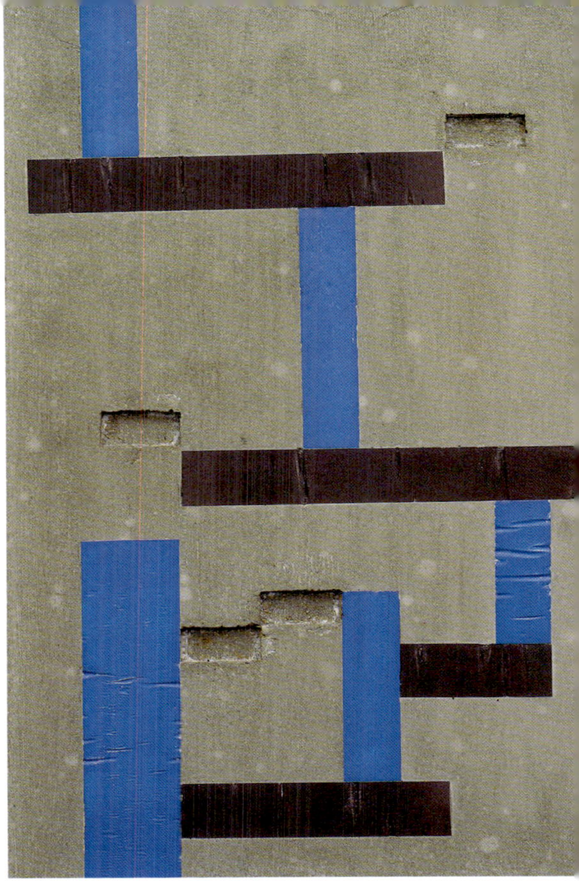
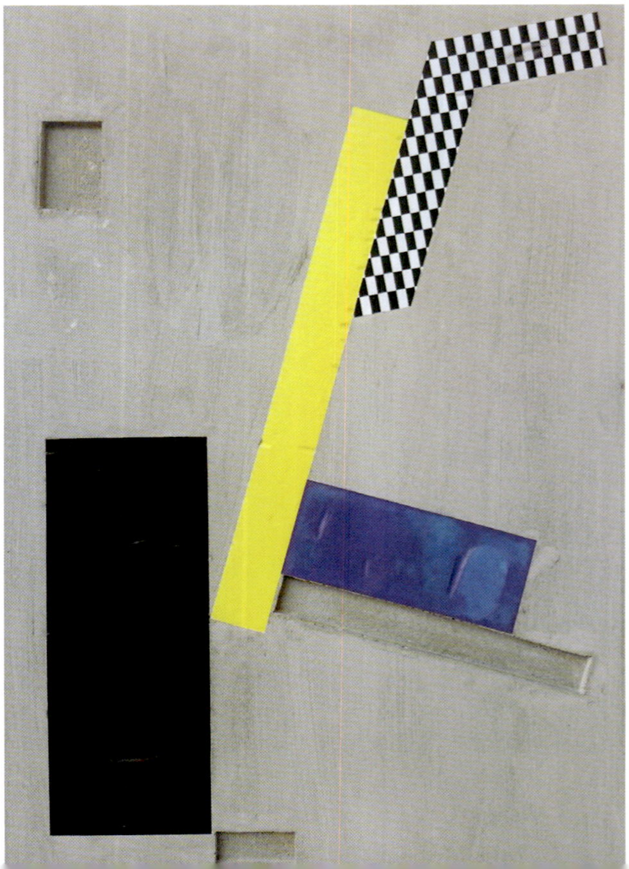
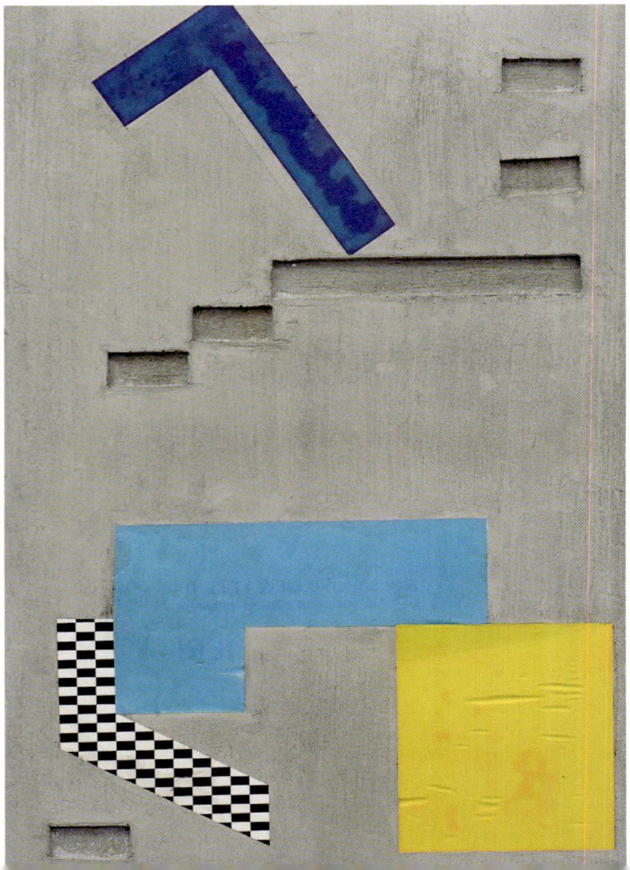

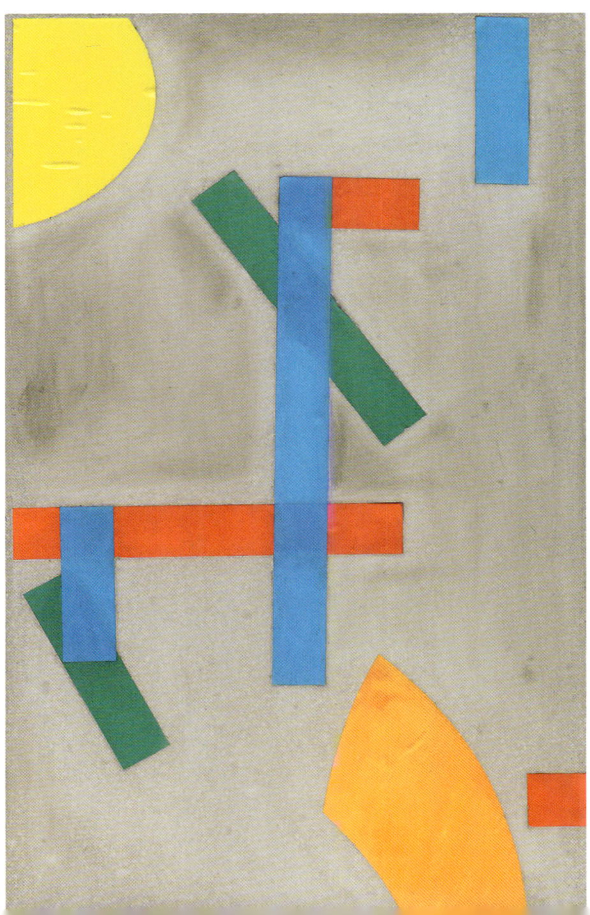

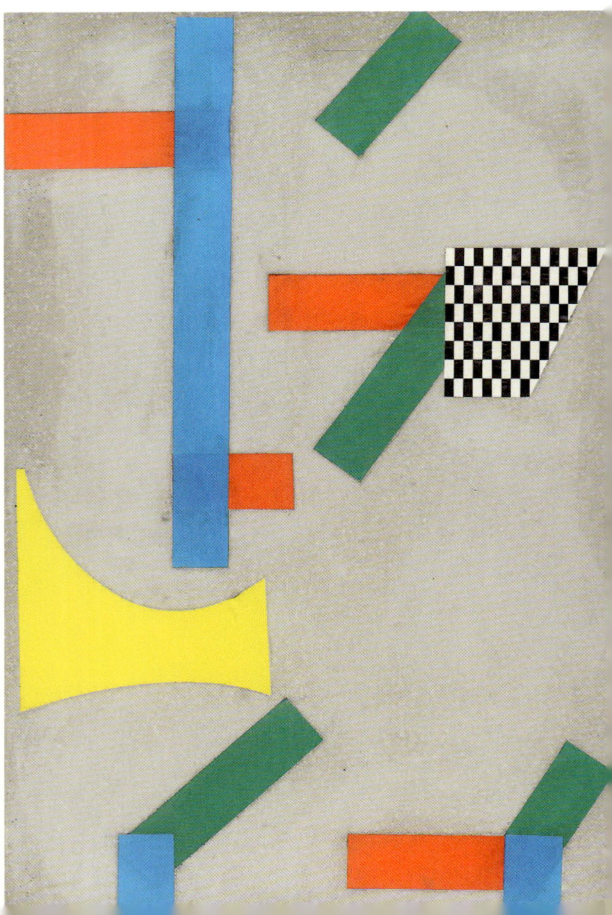

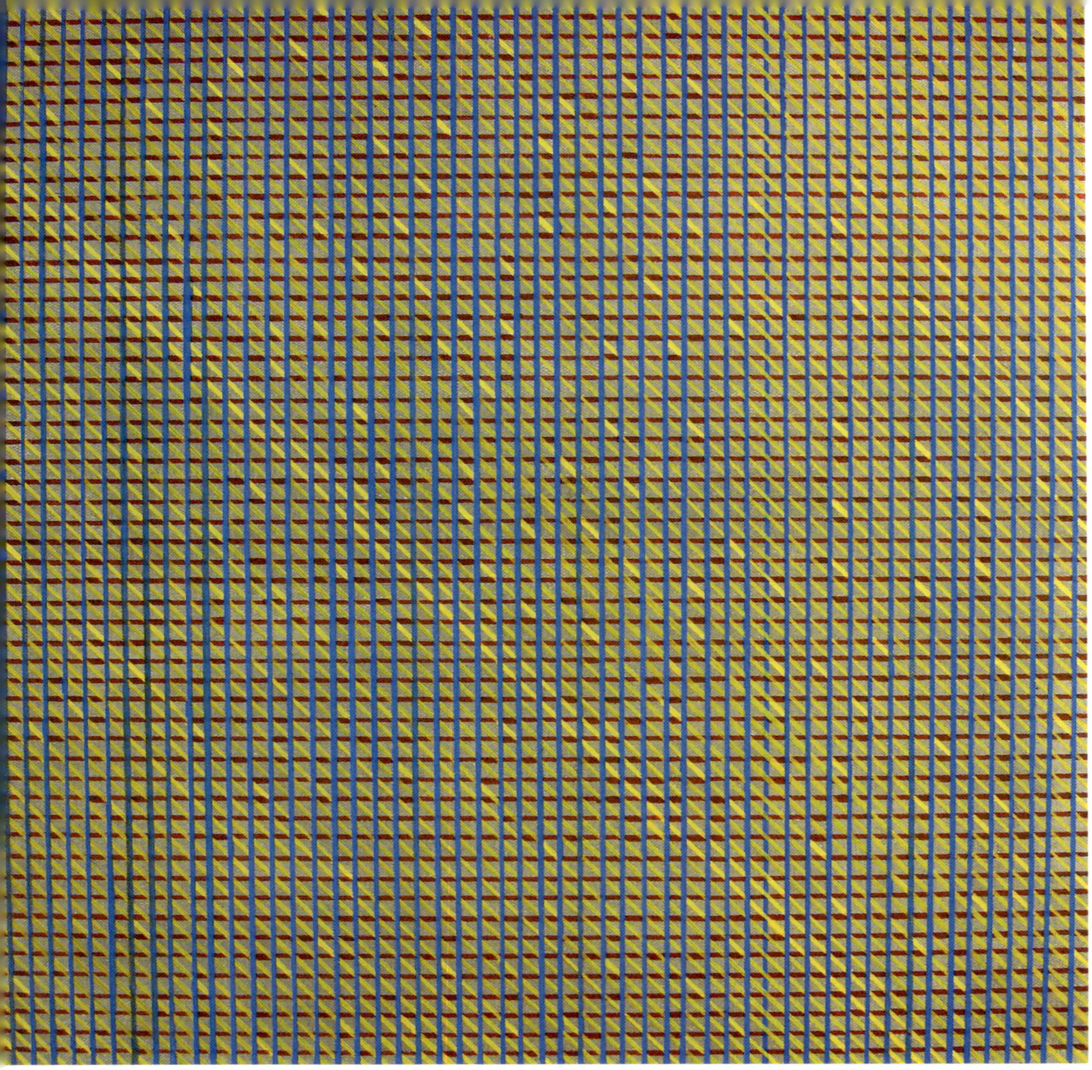

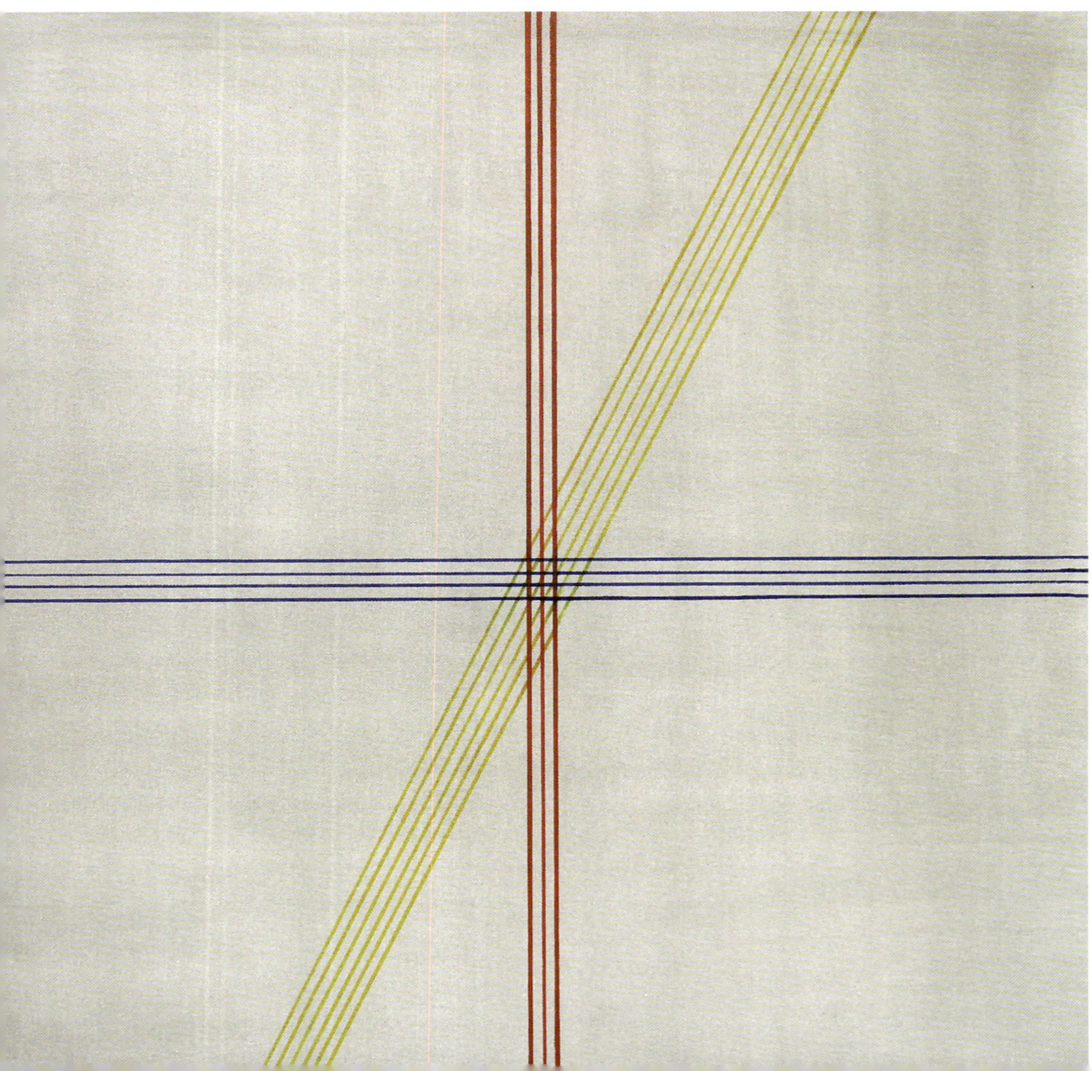

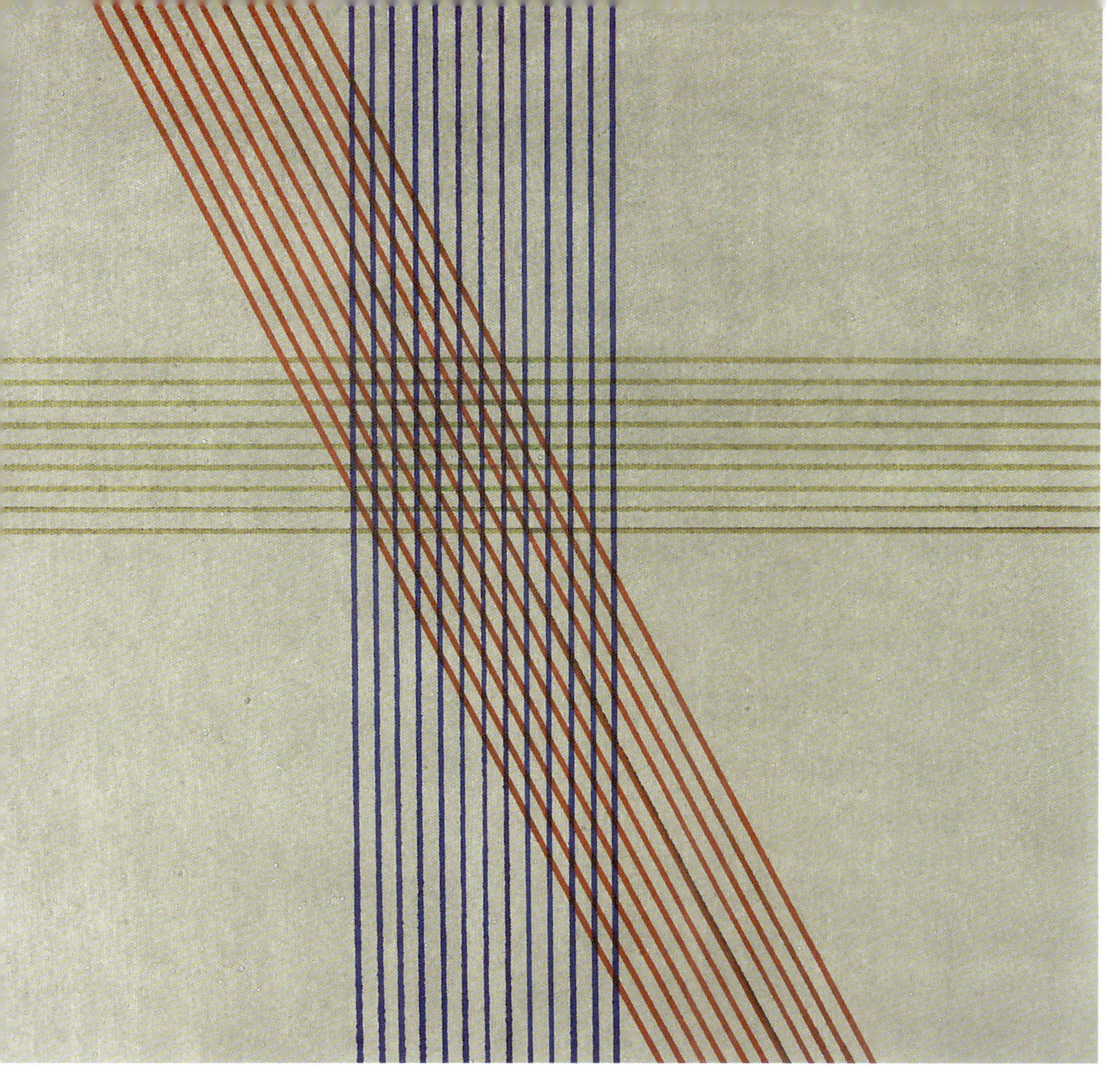

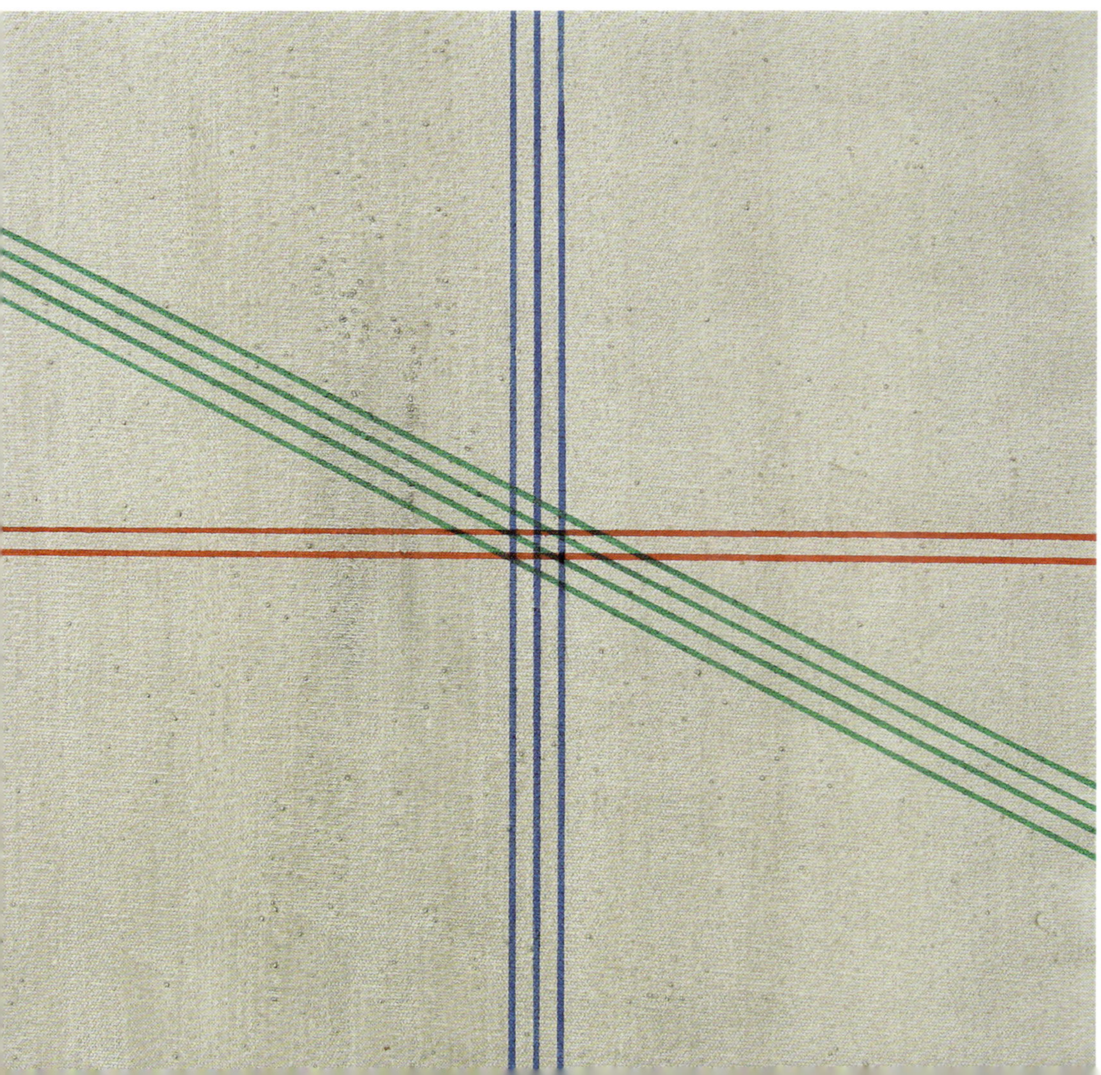

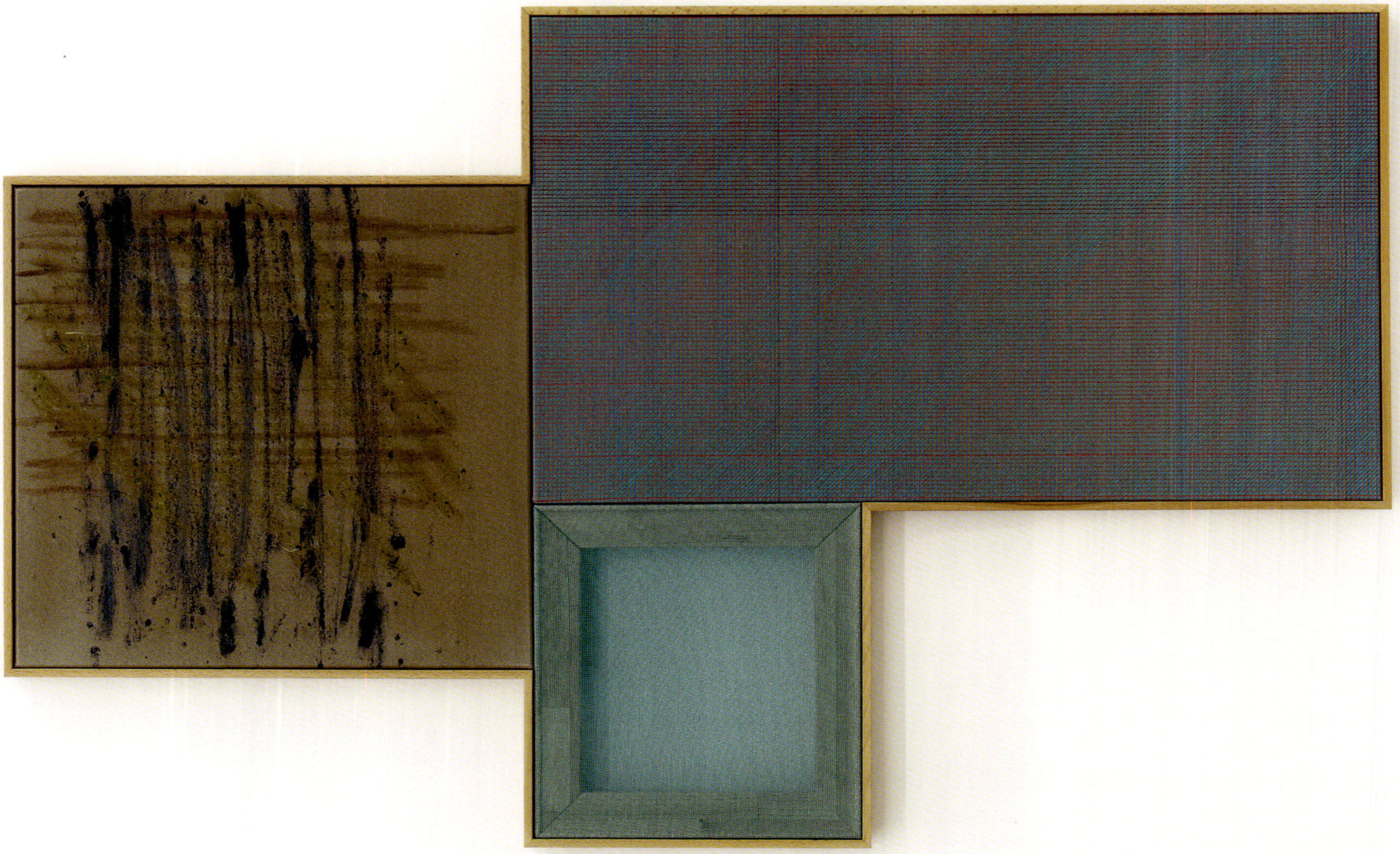

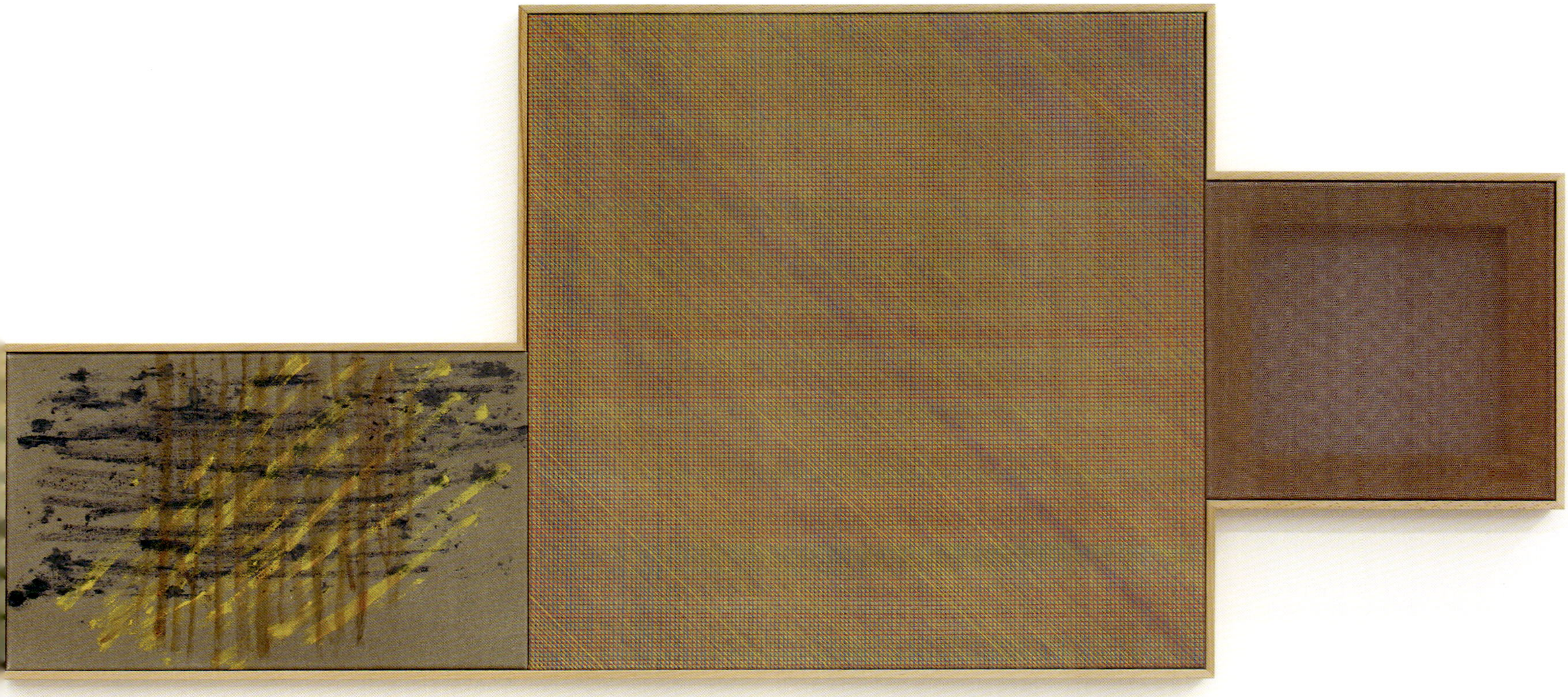

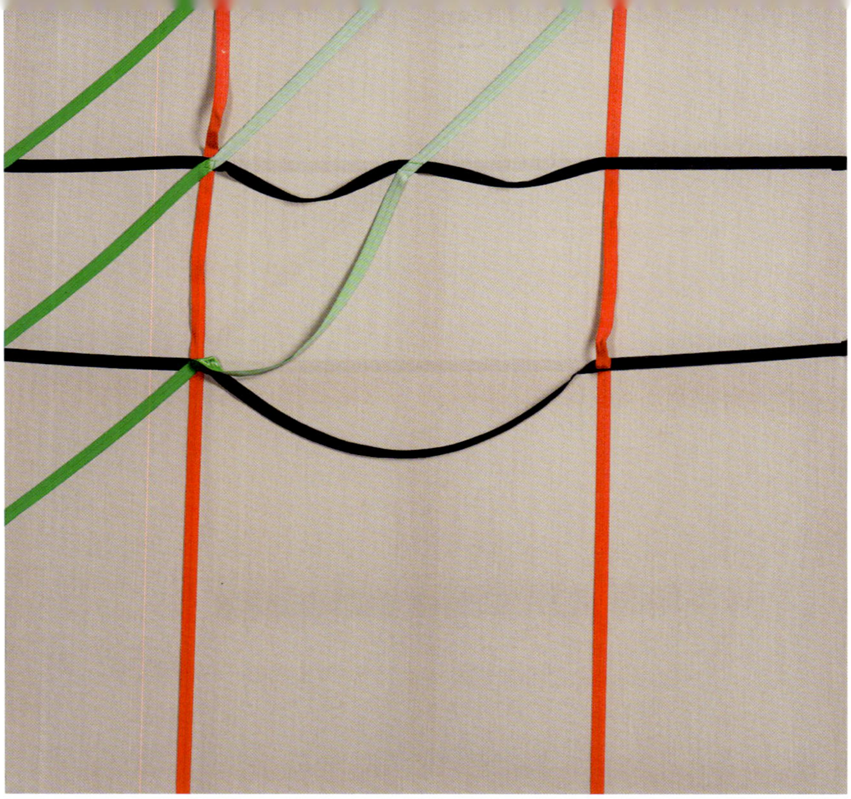

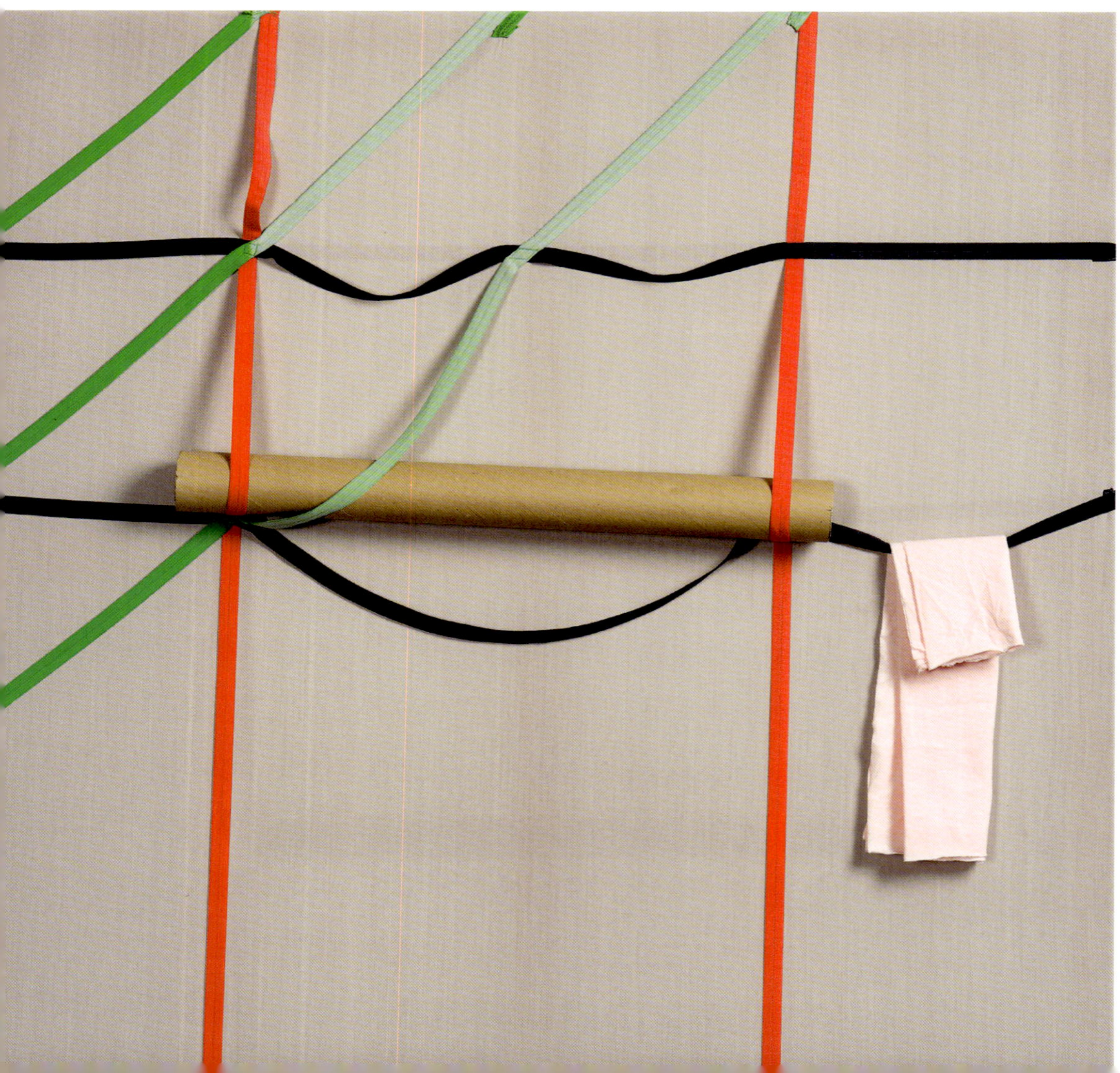

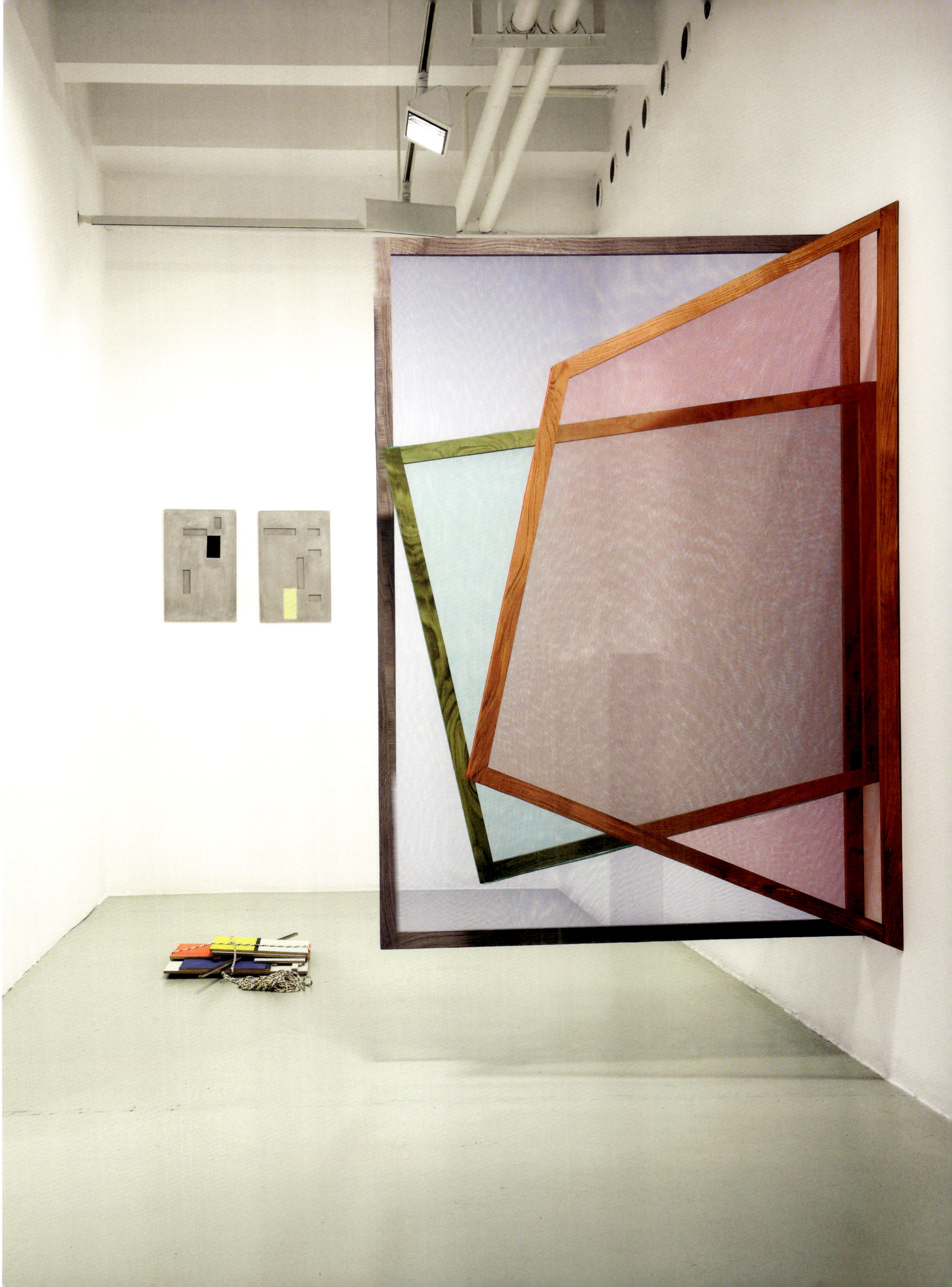

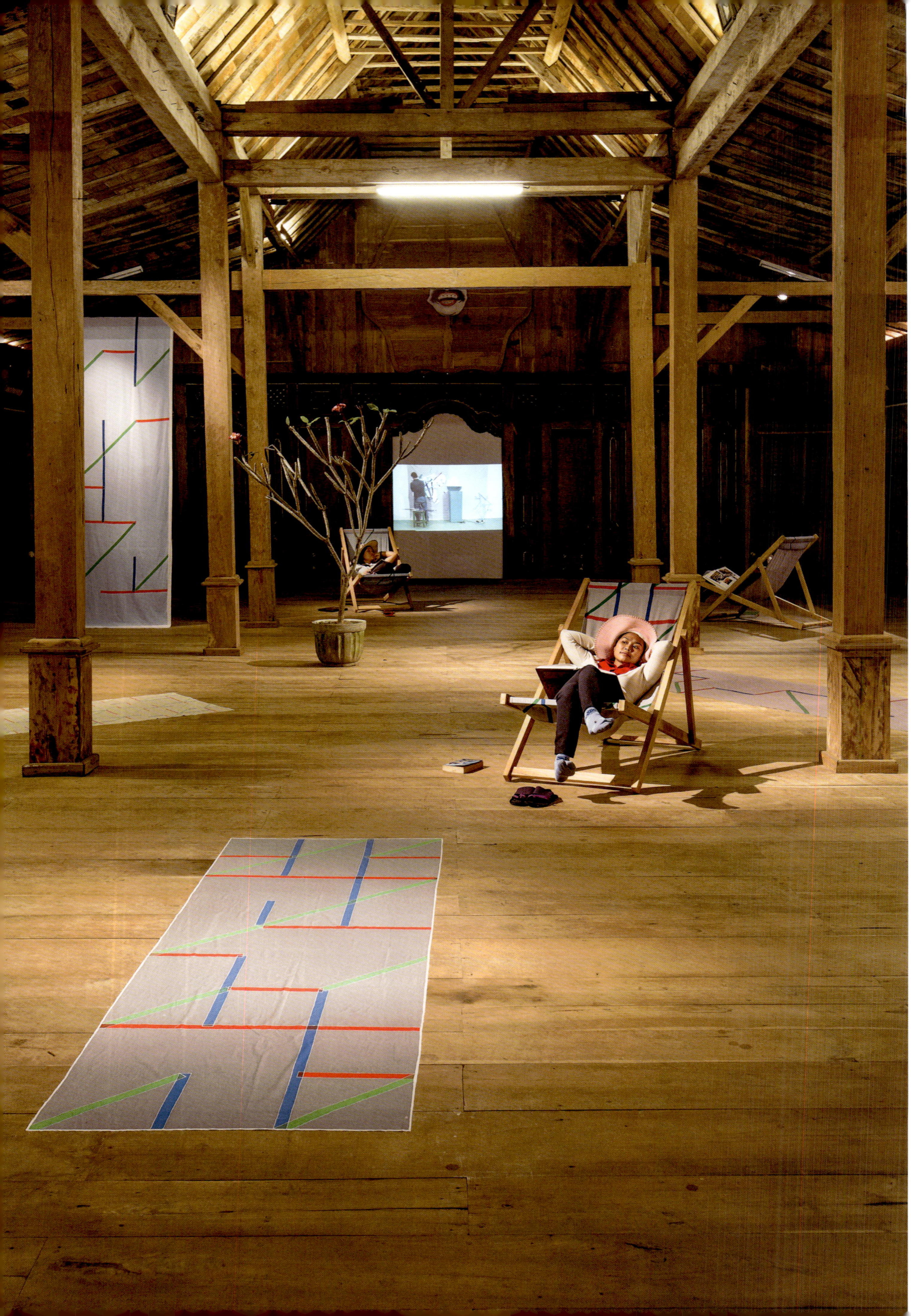

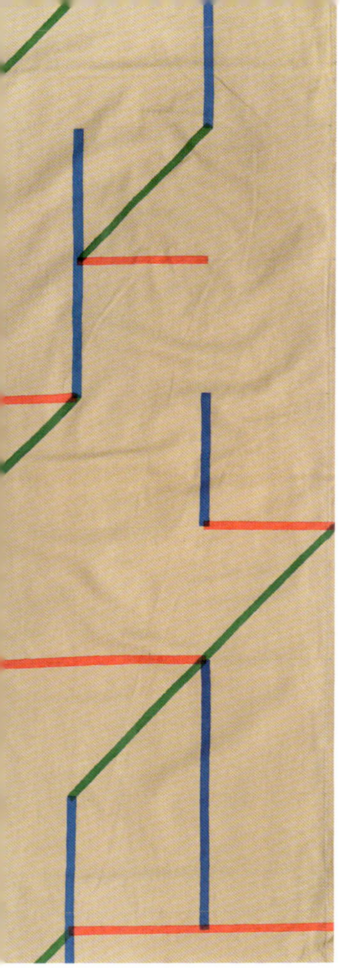

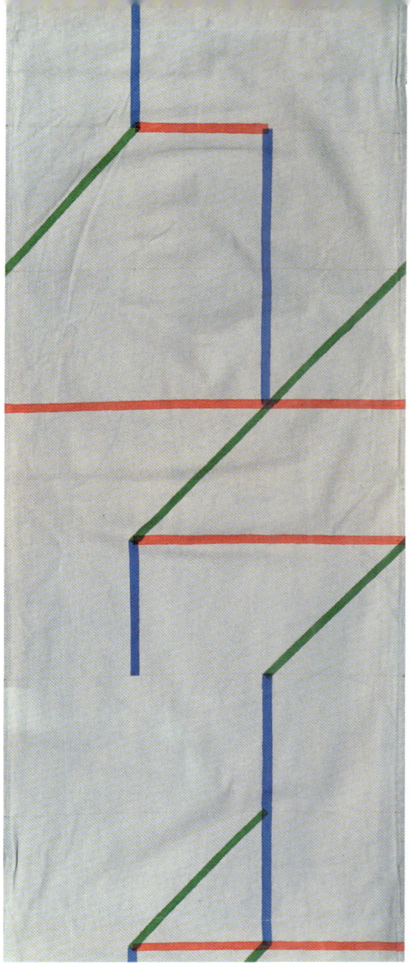

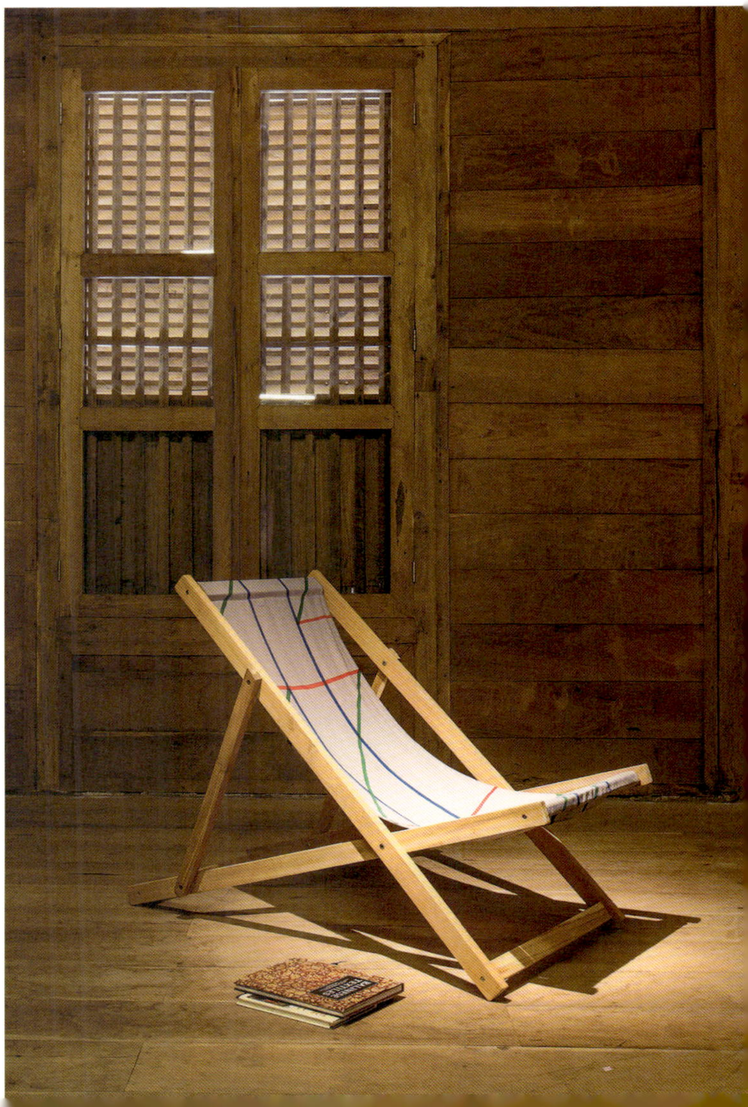

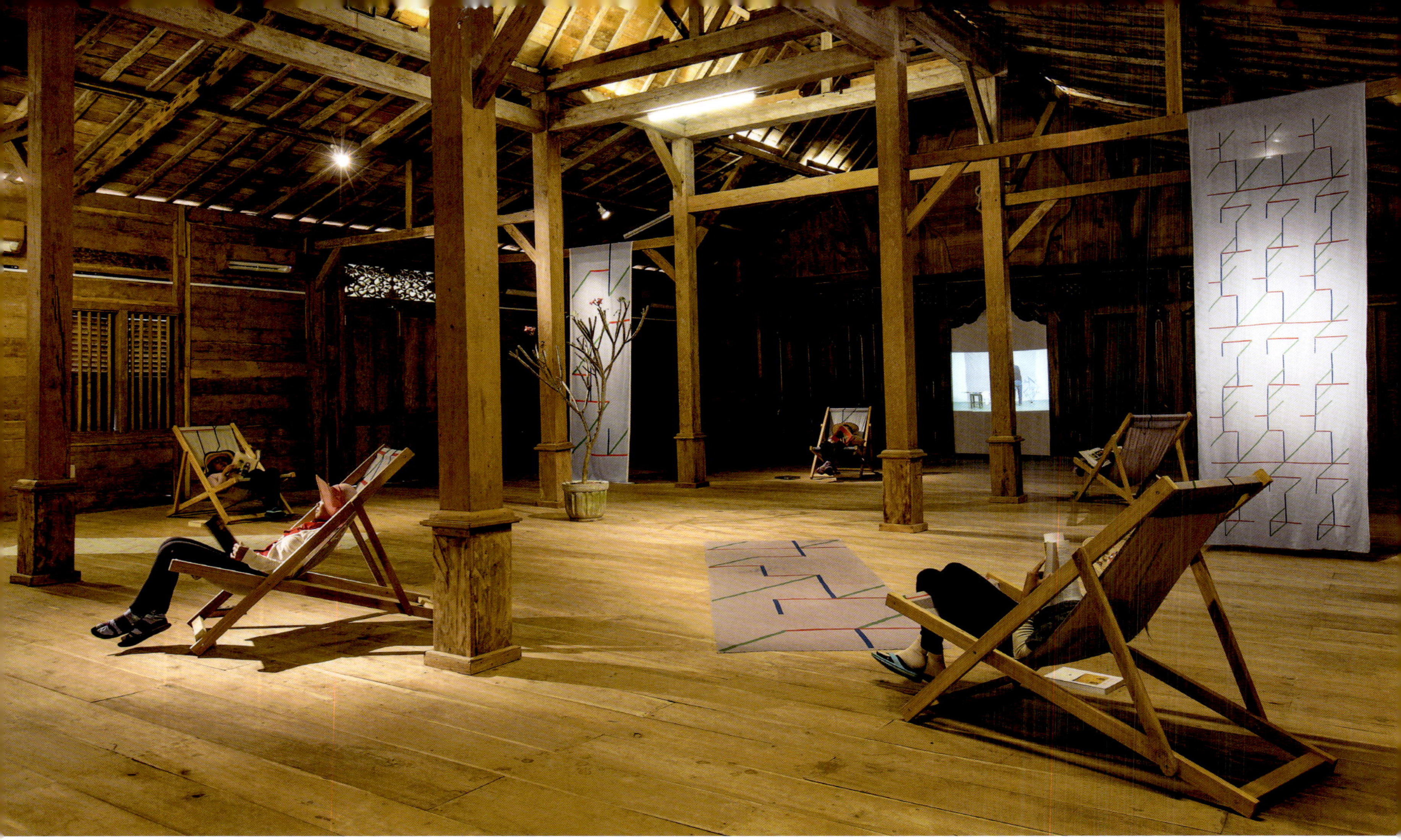

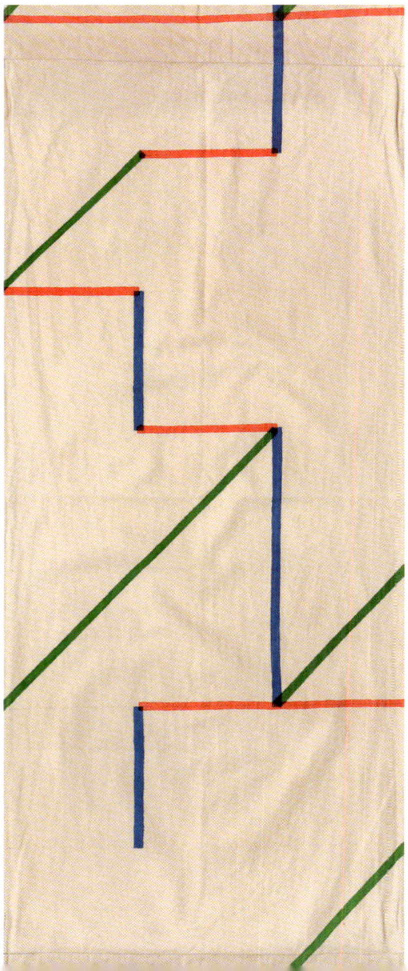

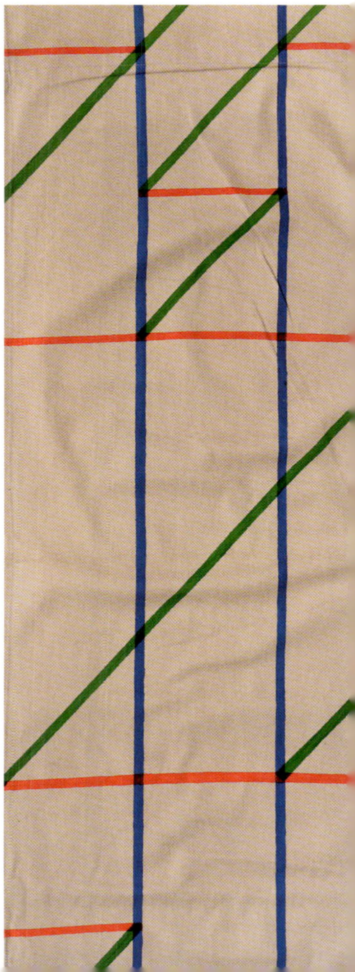

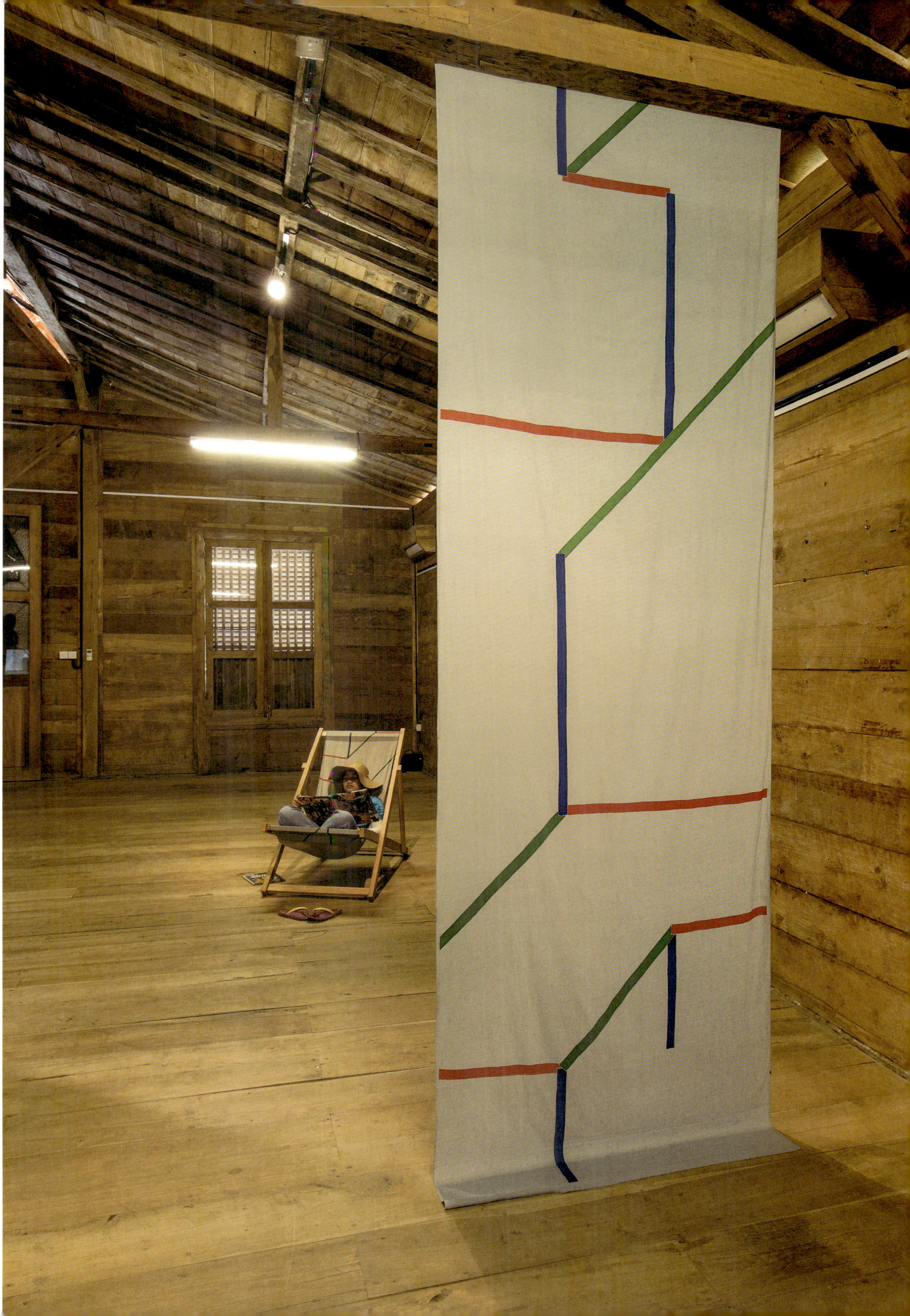

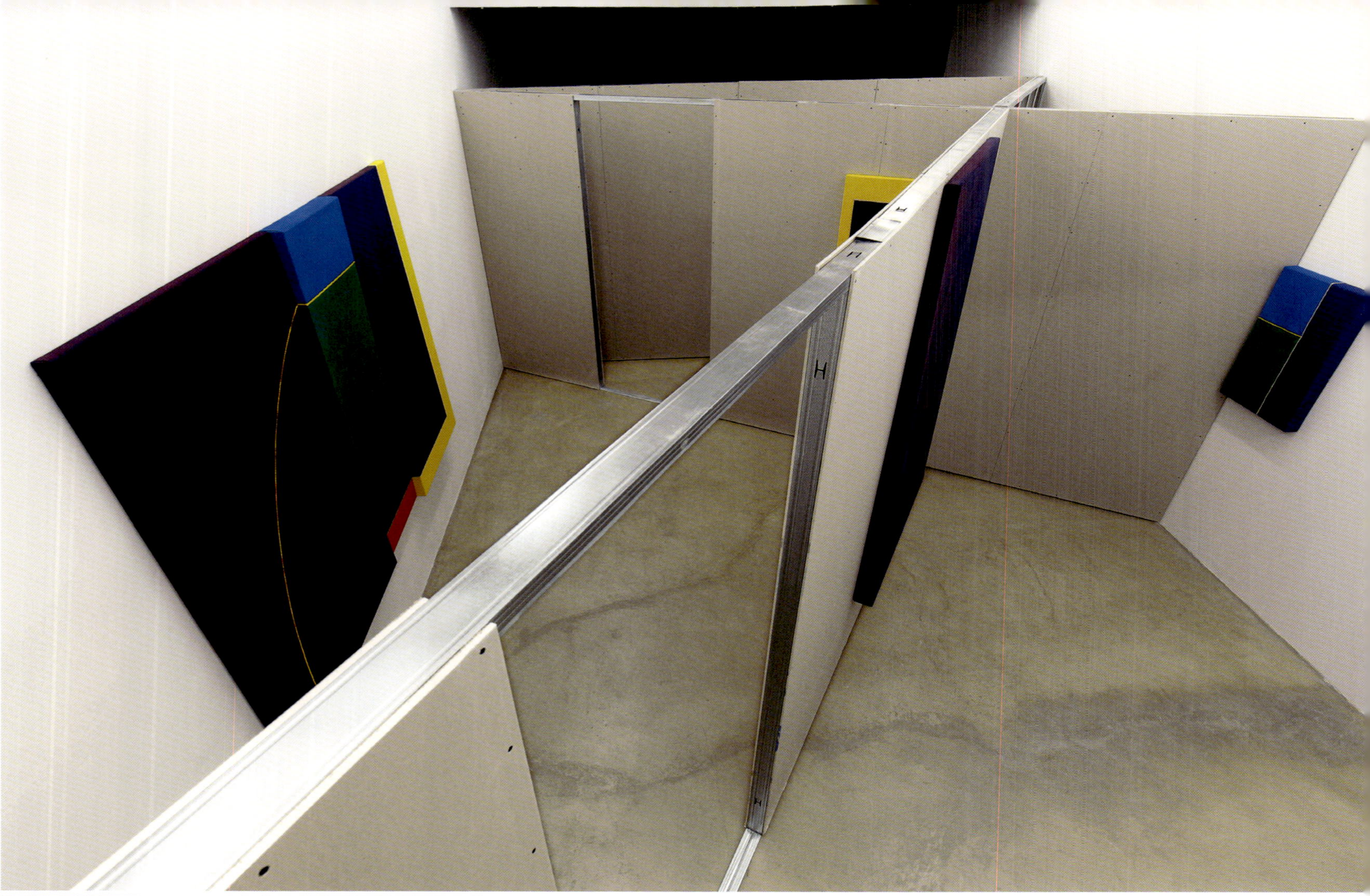
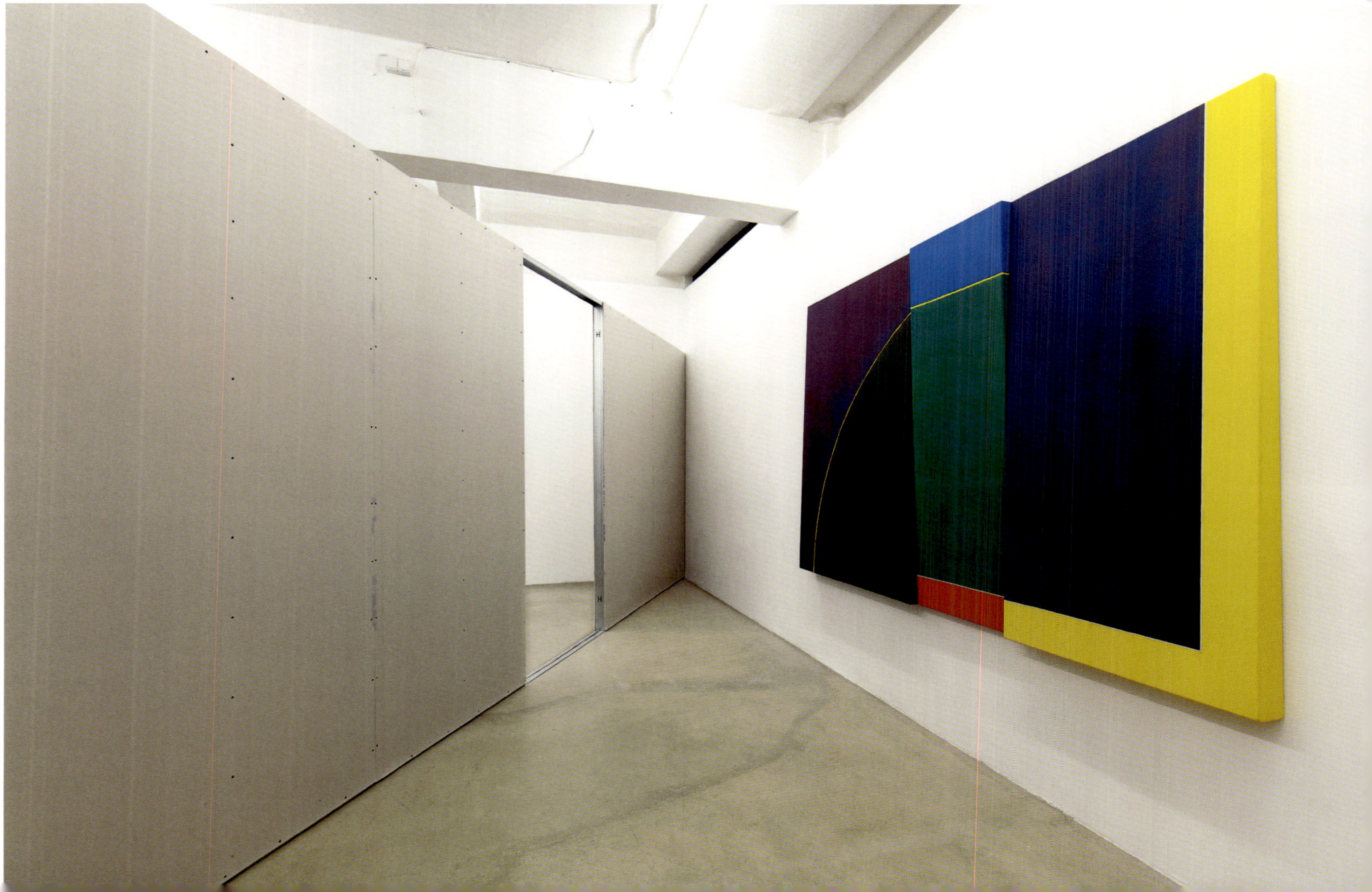

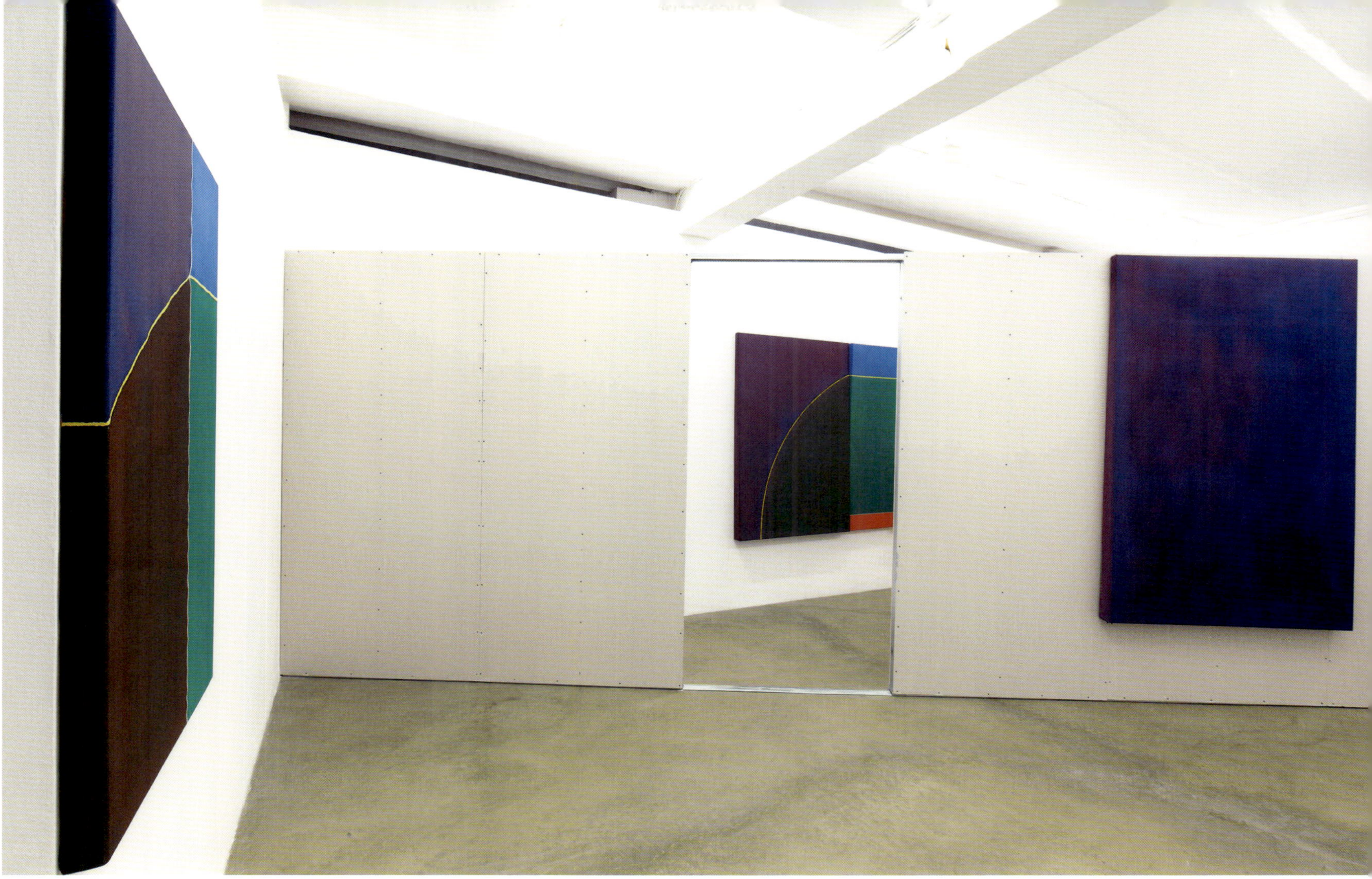

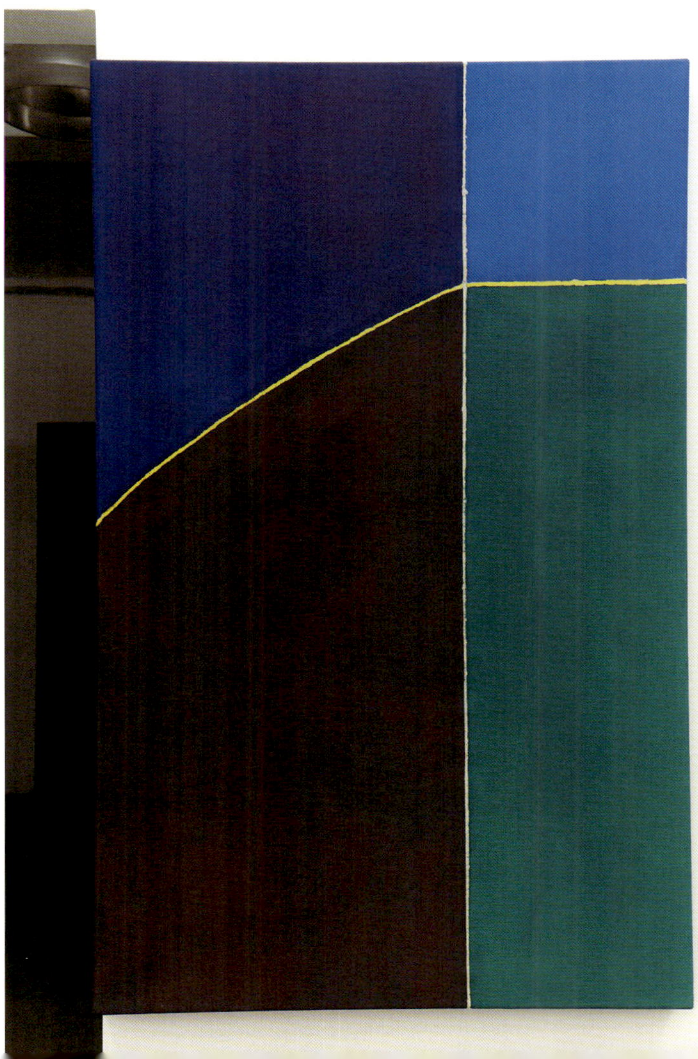

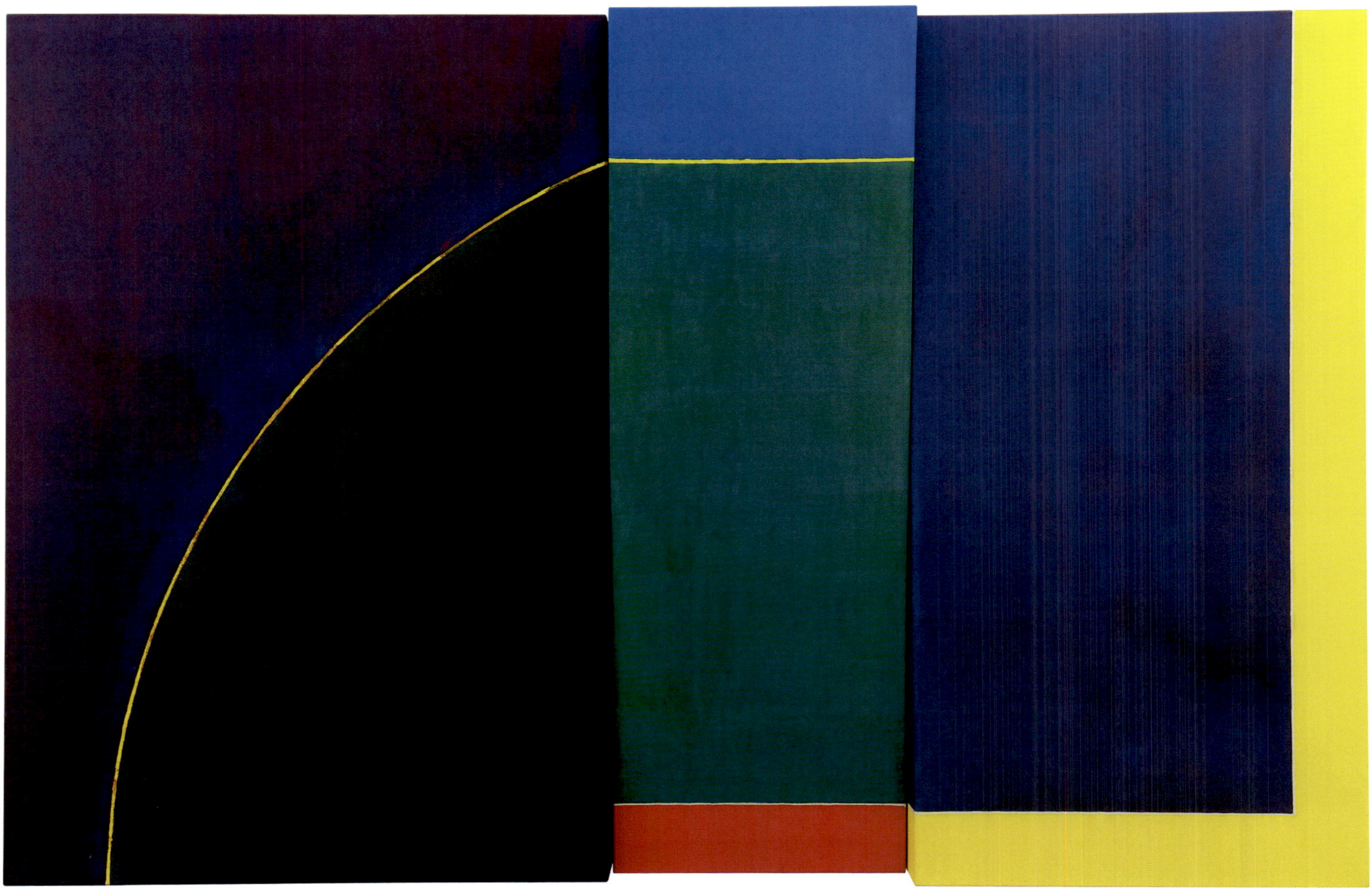

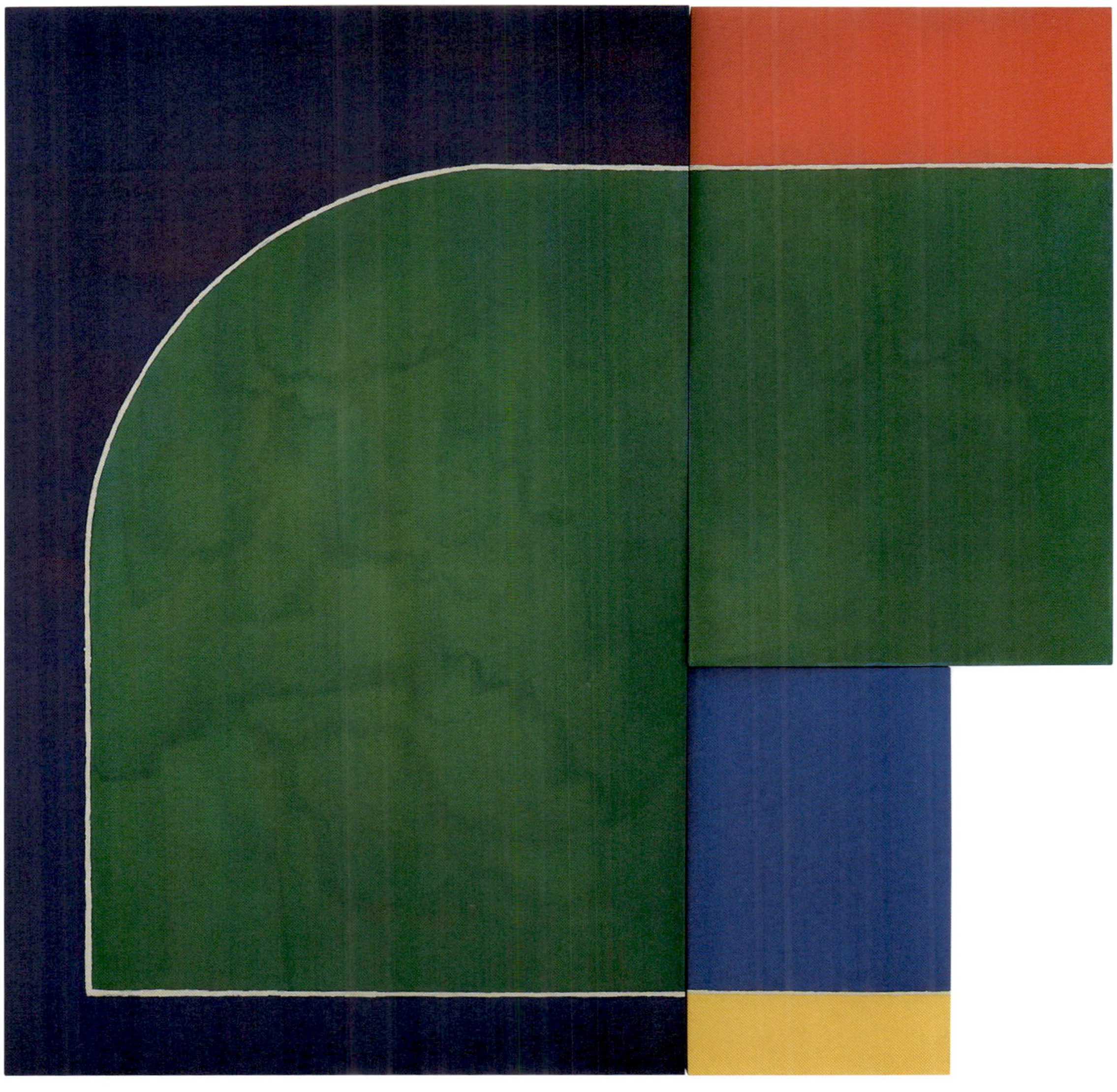

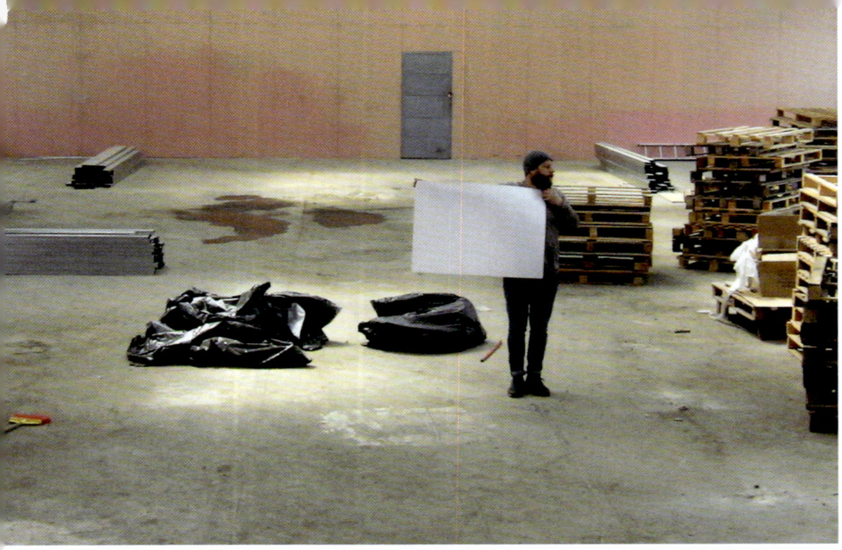
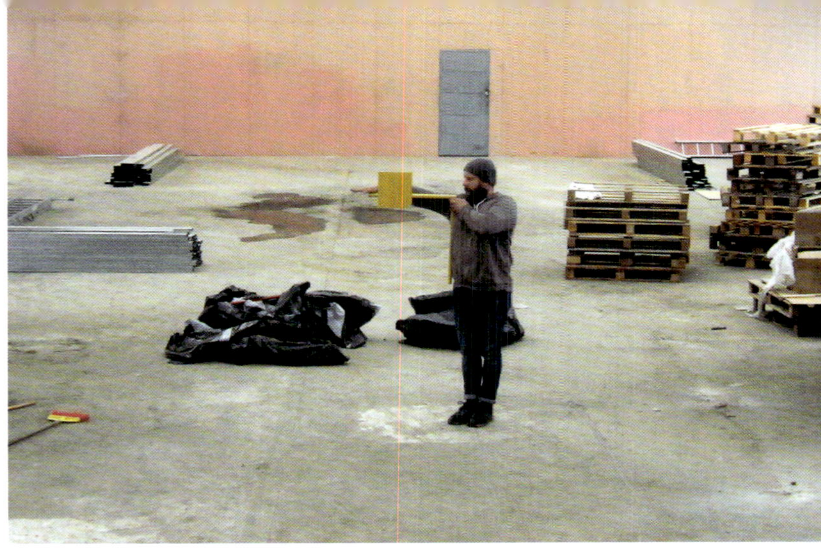
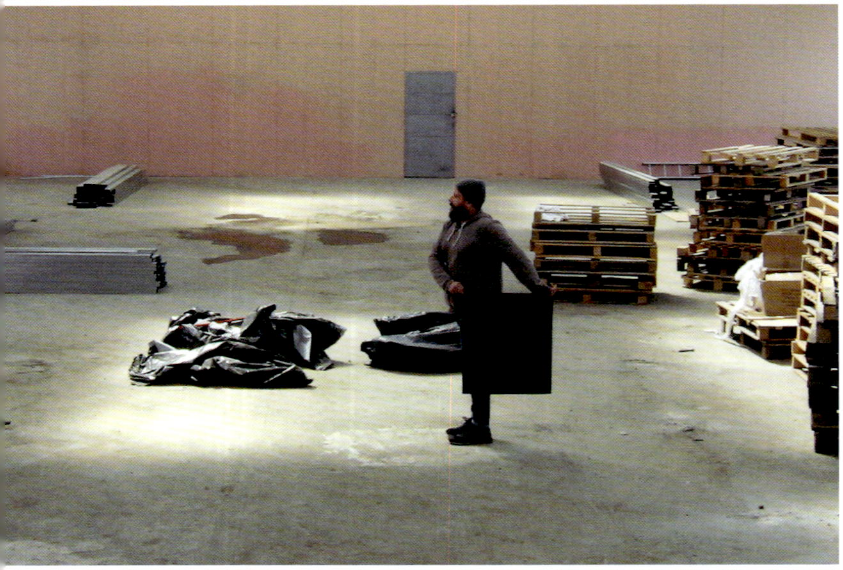
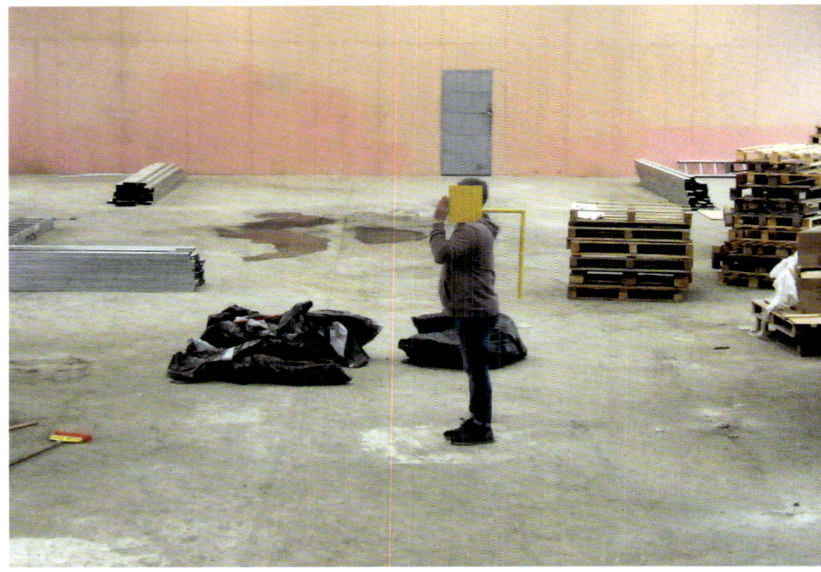
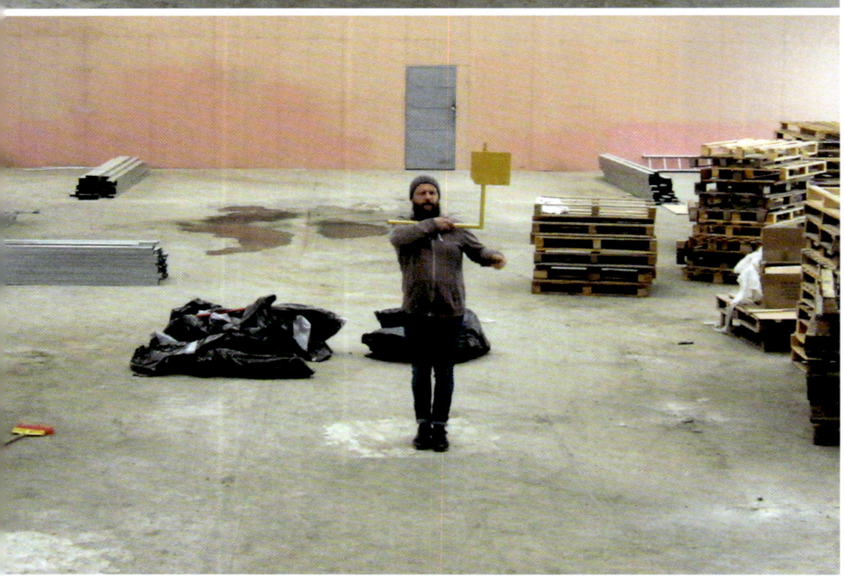
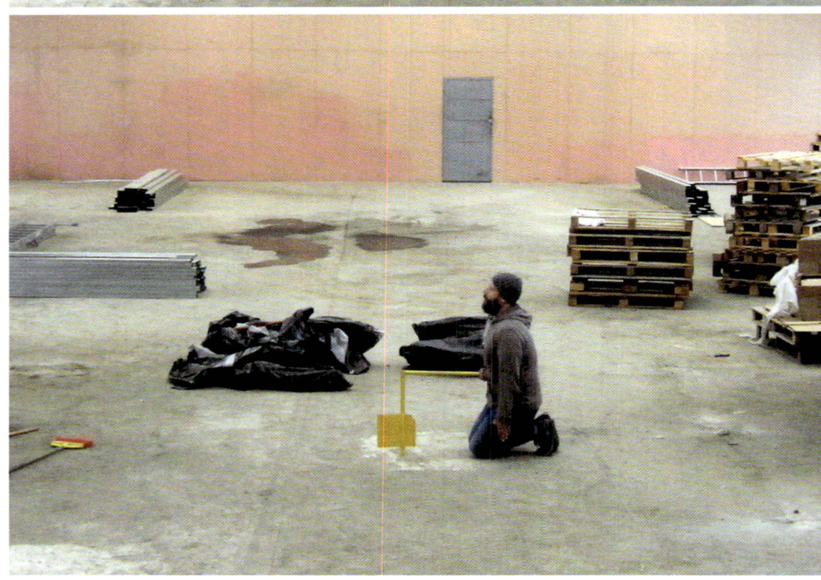

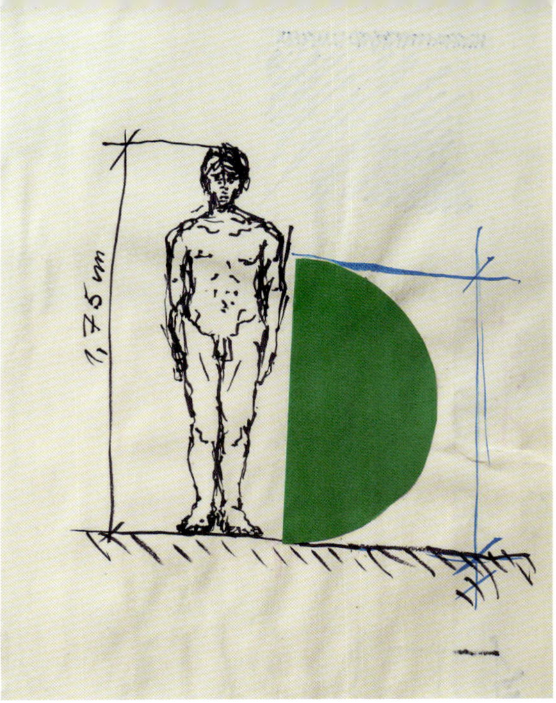
1,75 m

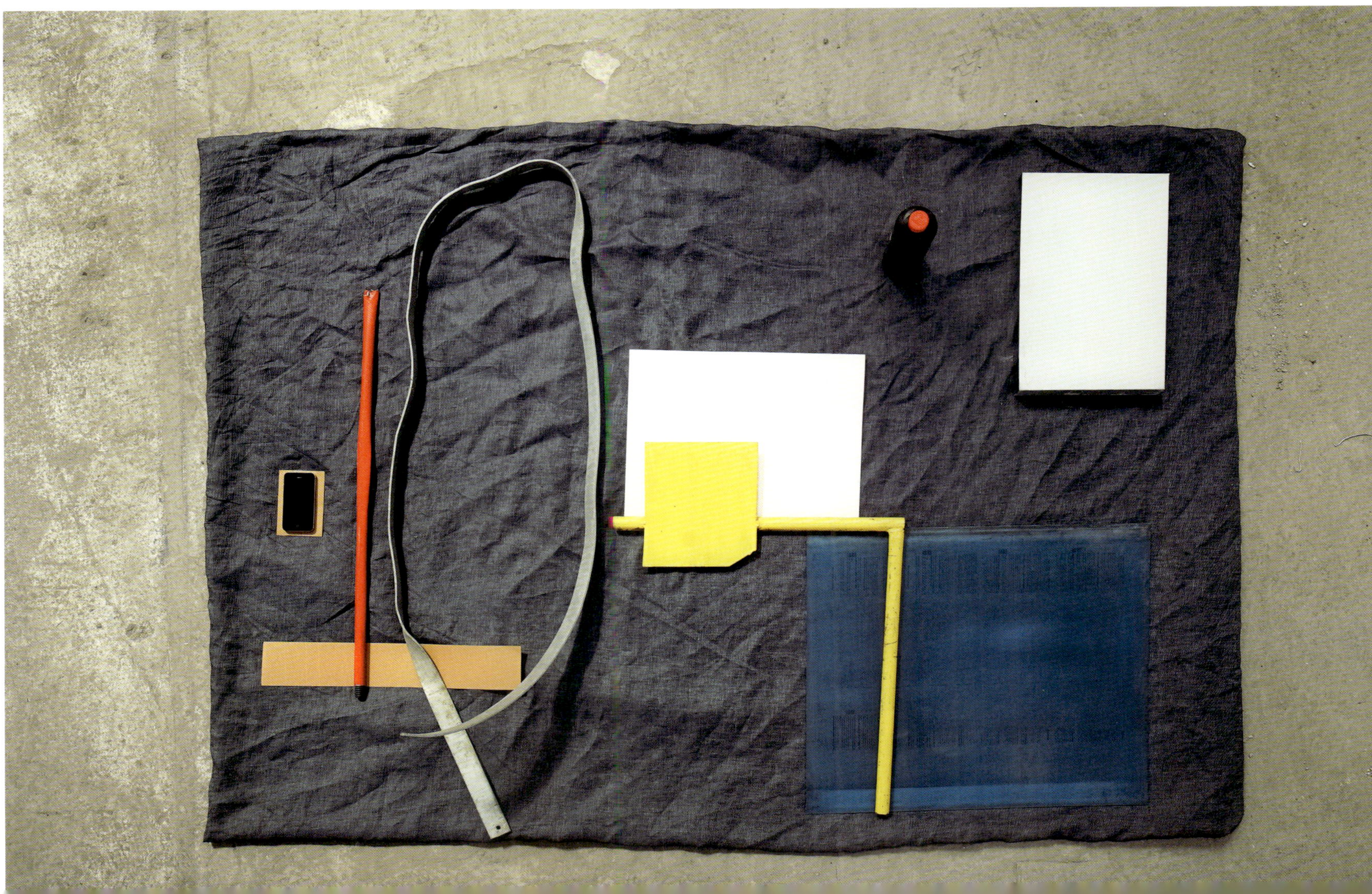

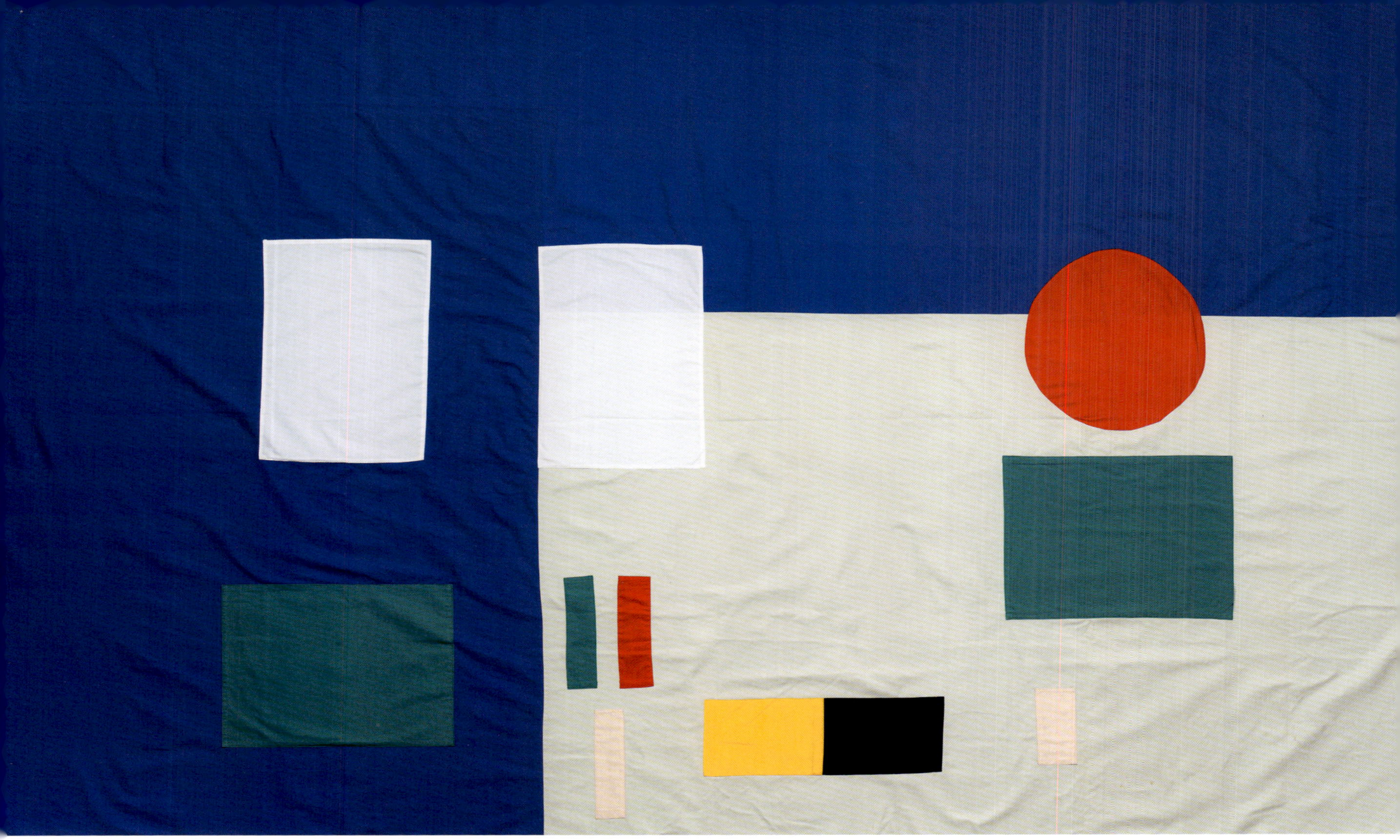

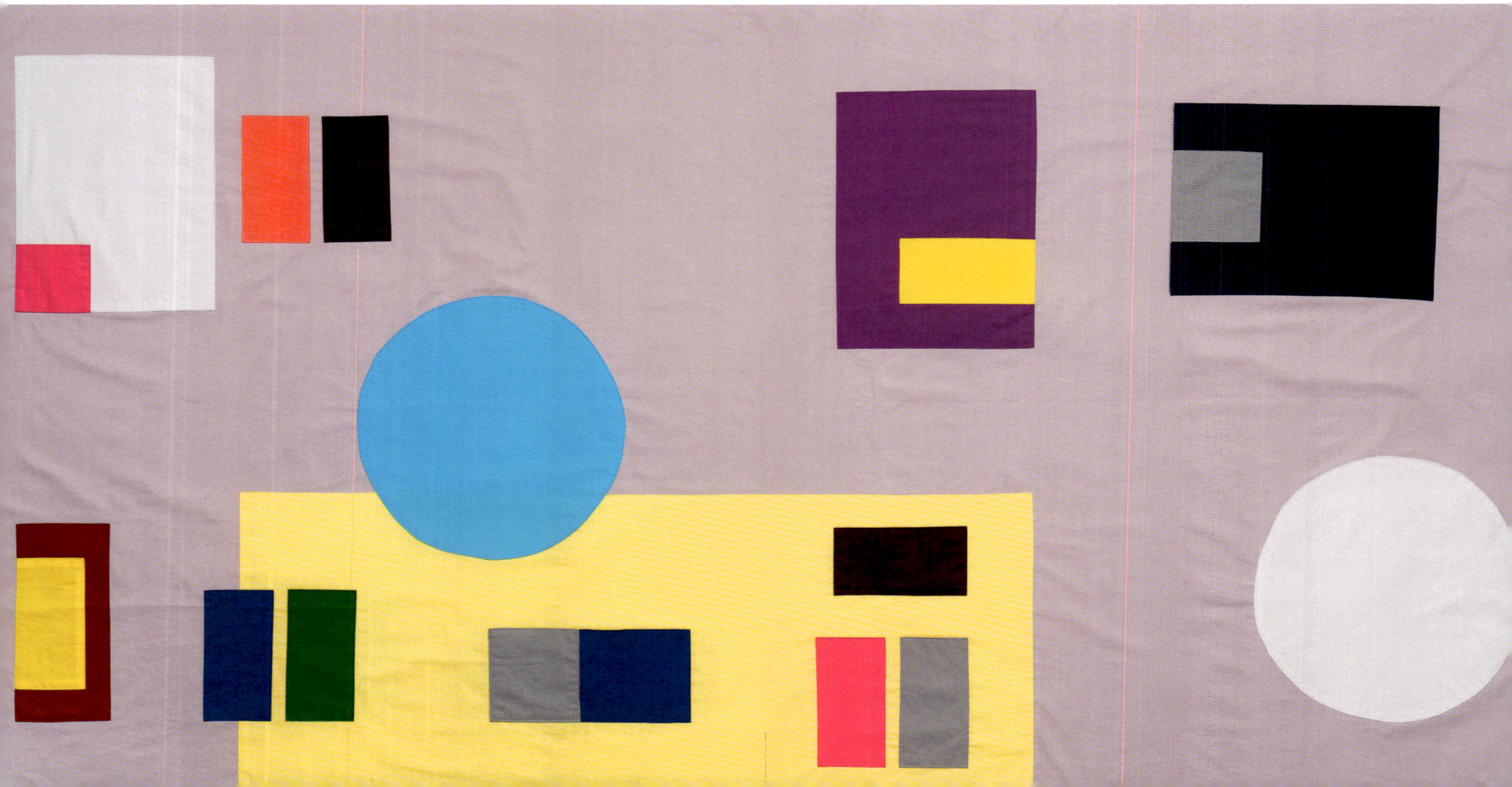

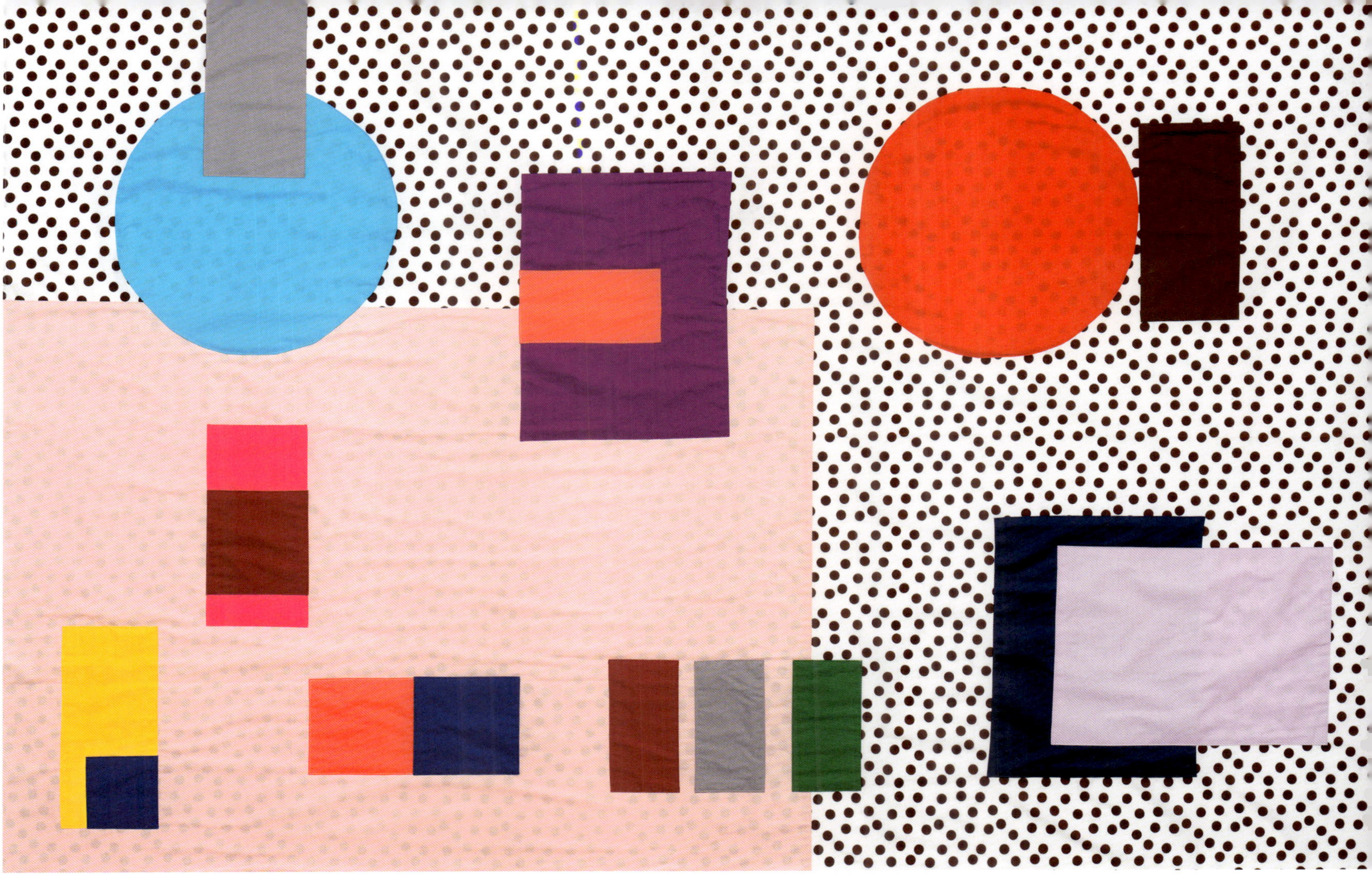

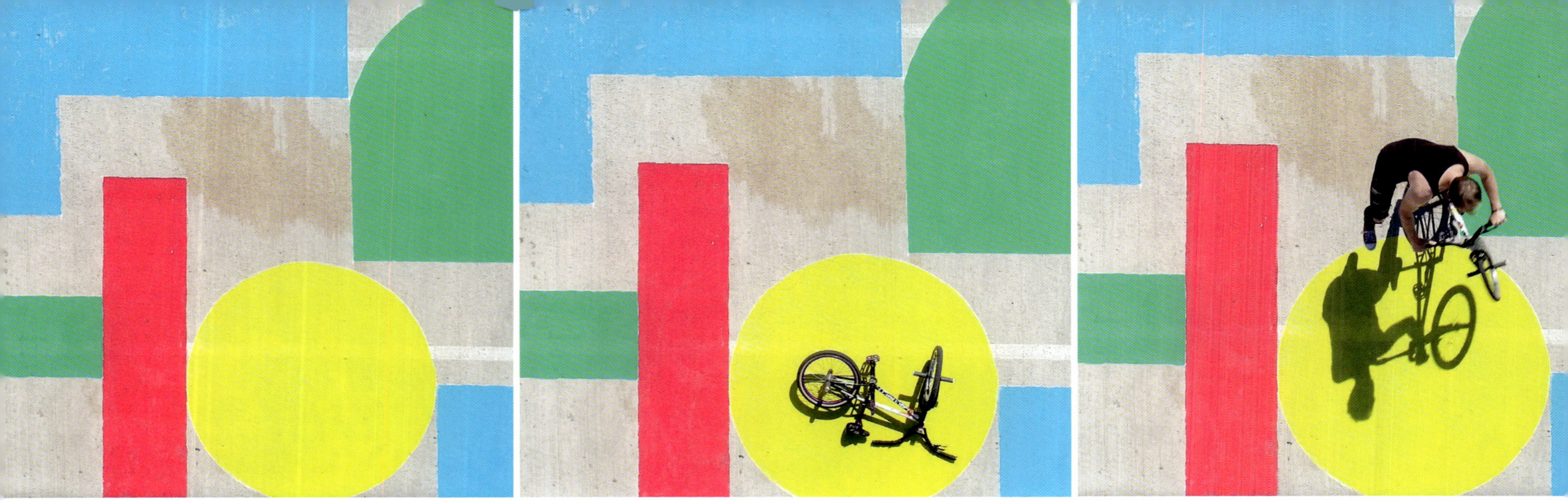

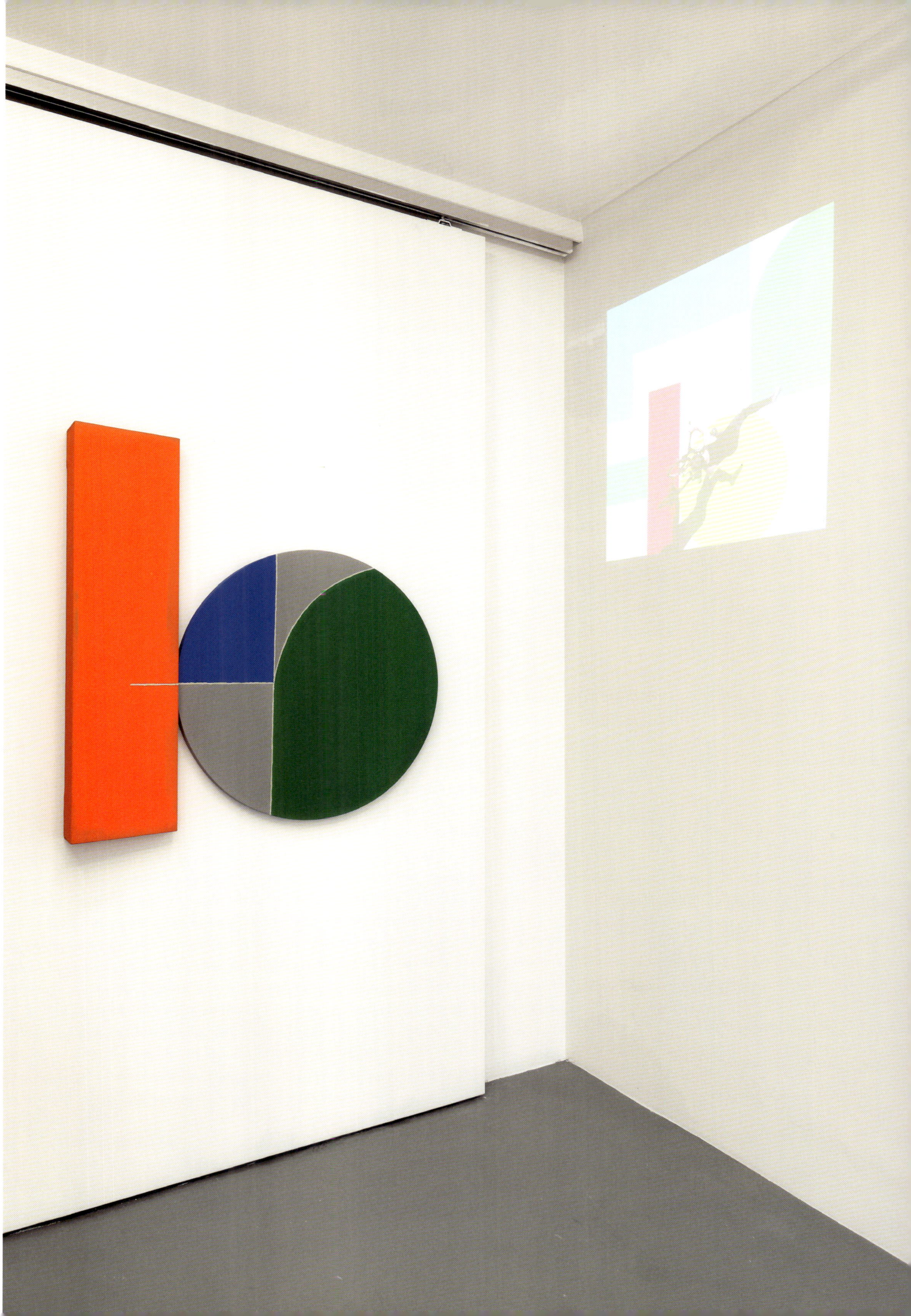

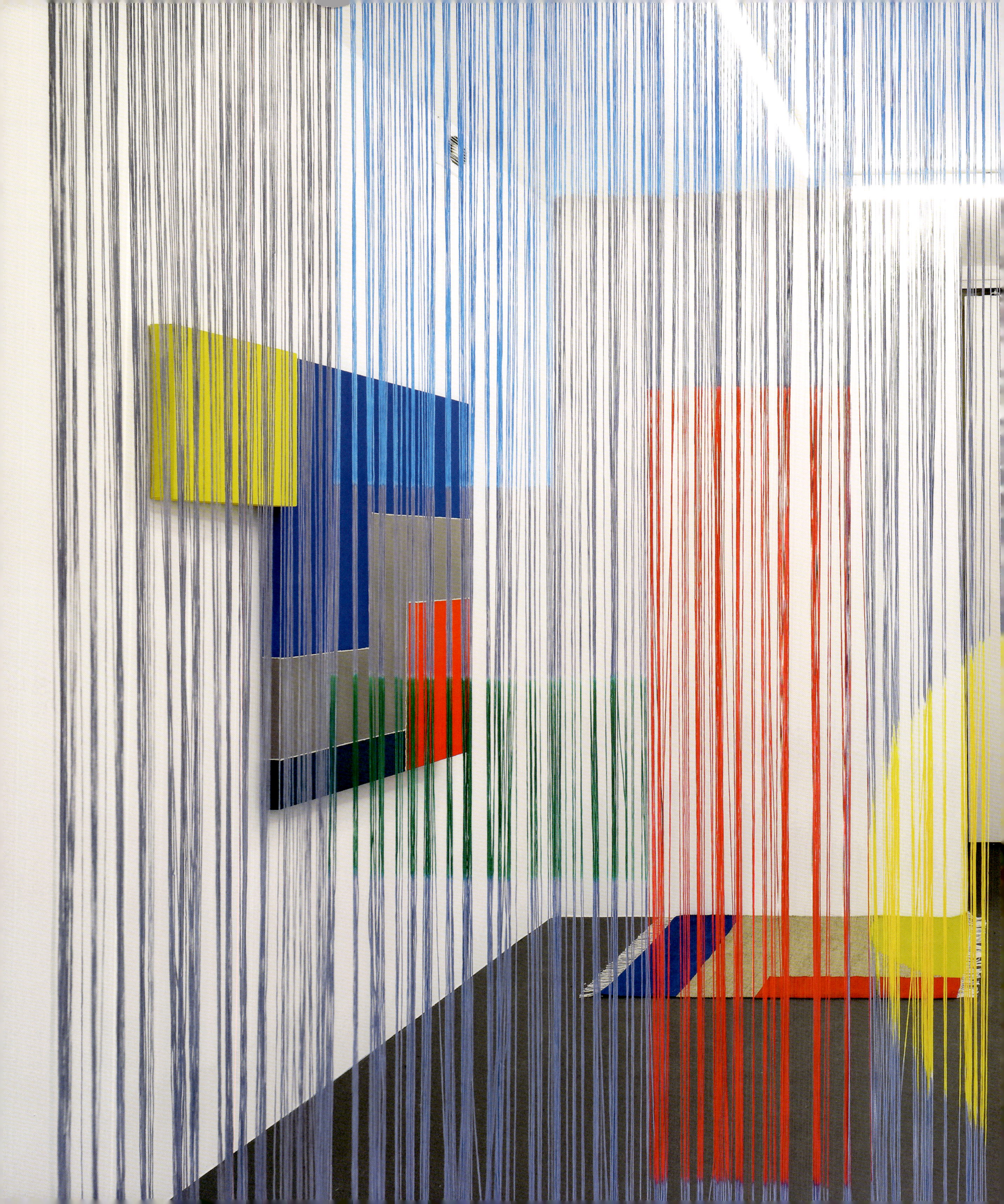

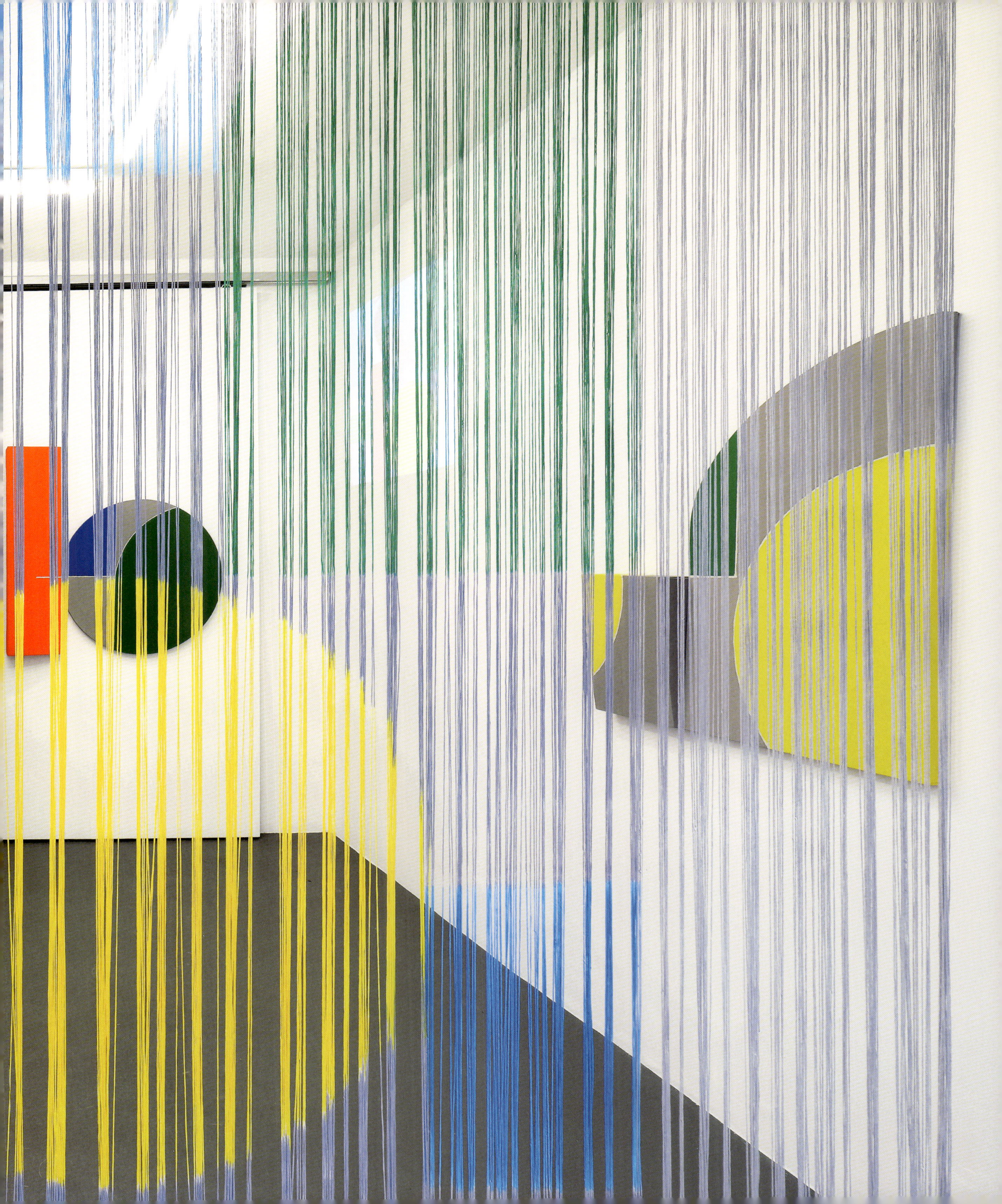

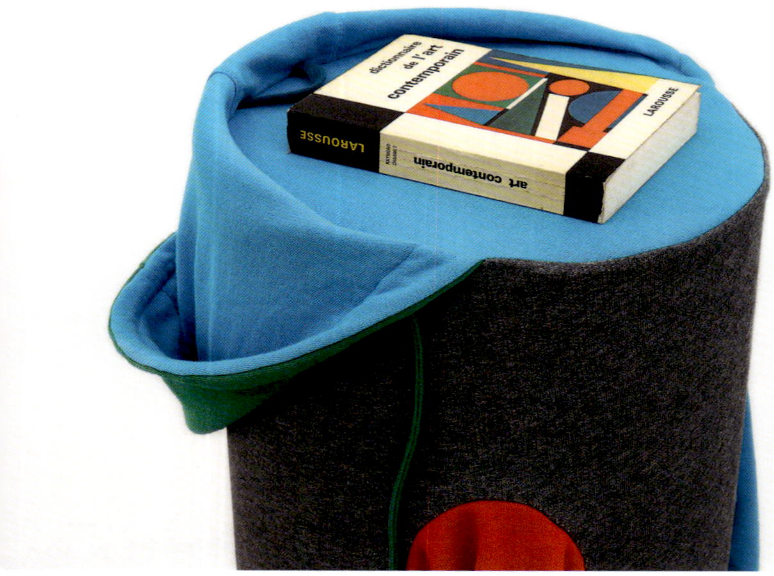
dictionnaire de l'art contemporain
LAROUSSE
art contemporain
LAROUSSE

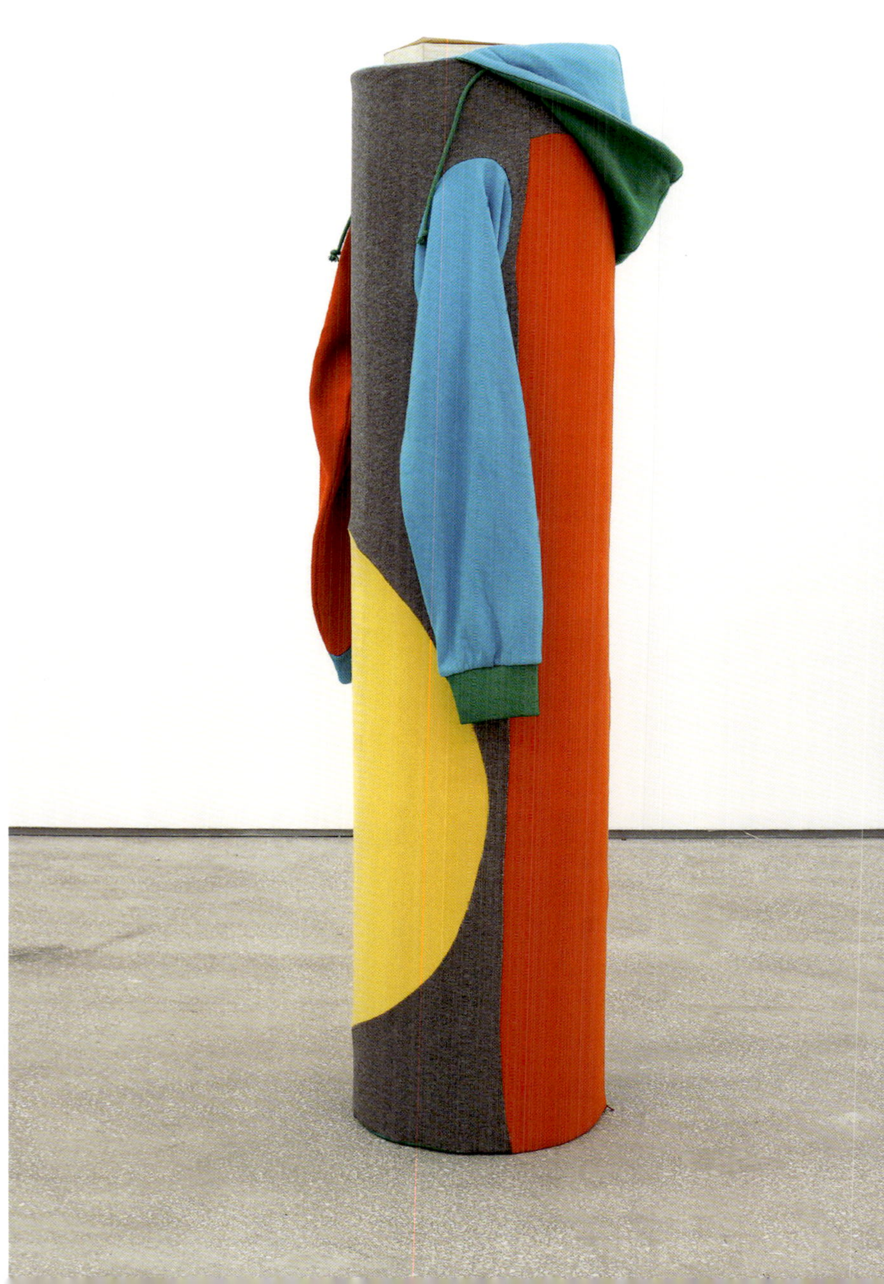

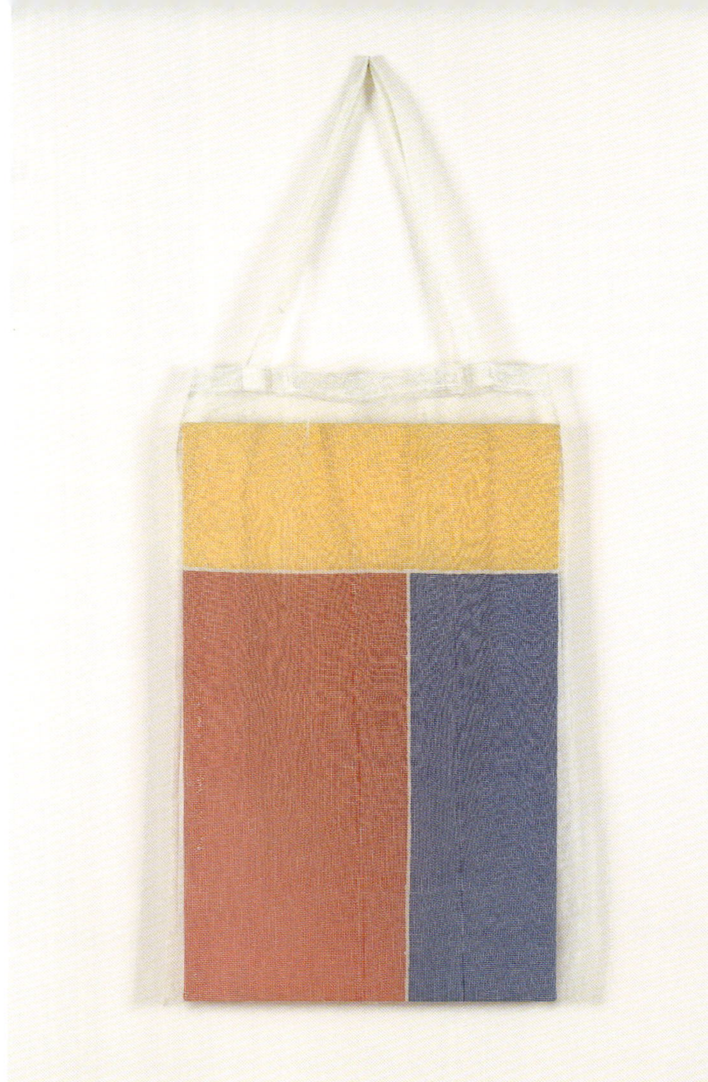
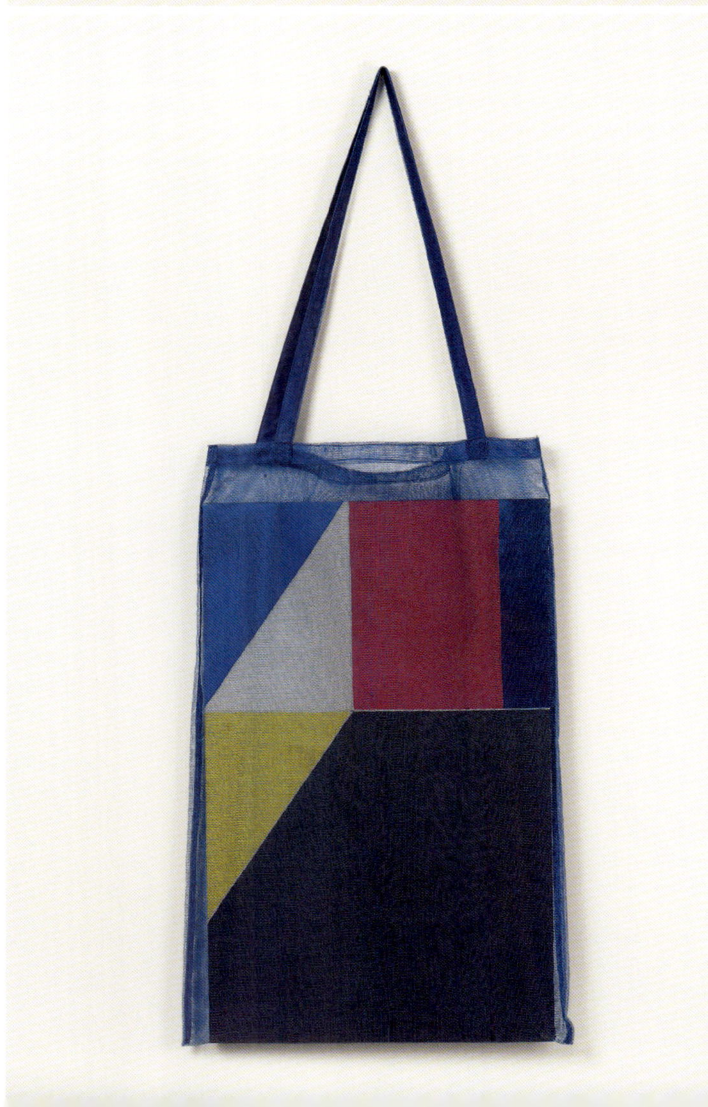

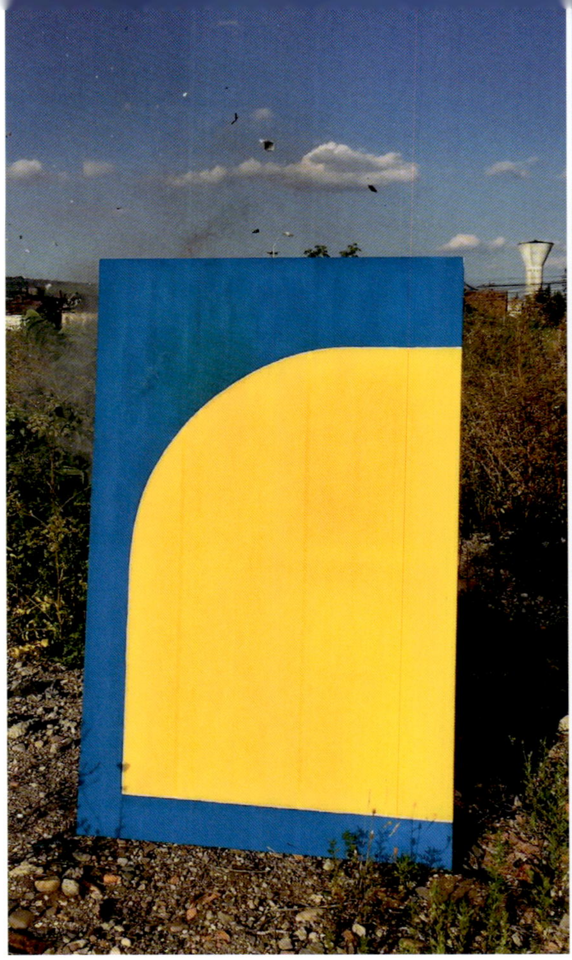
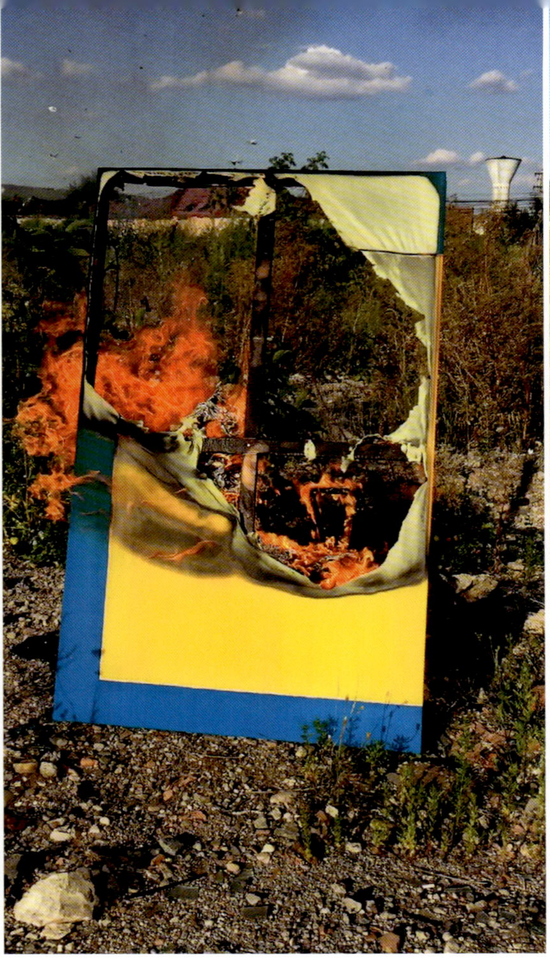
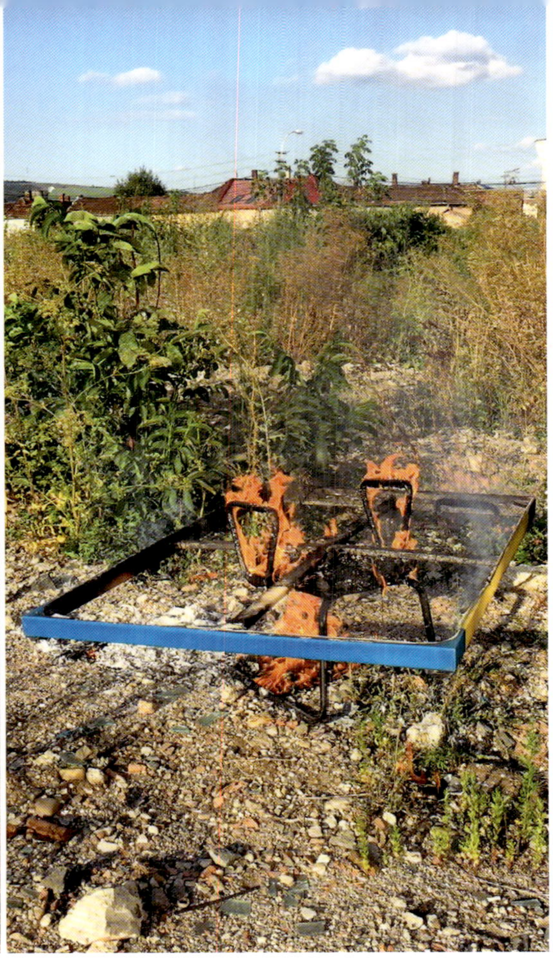
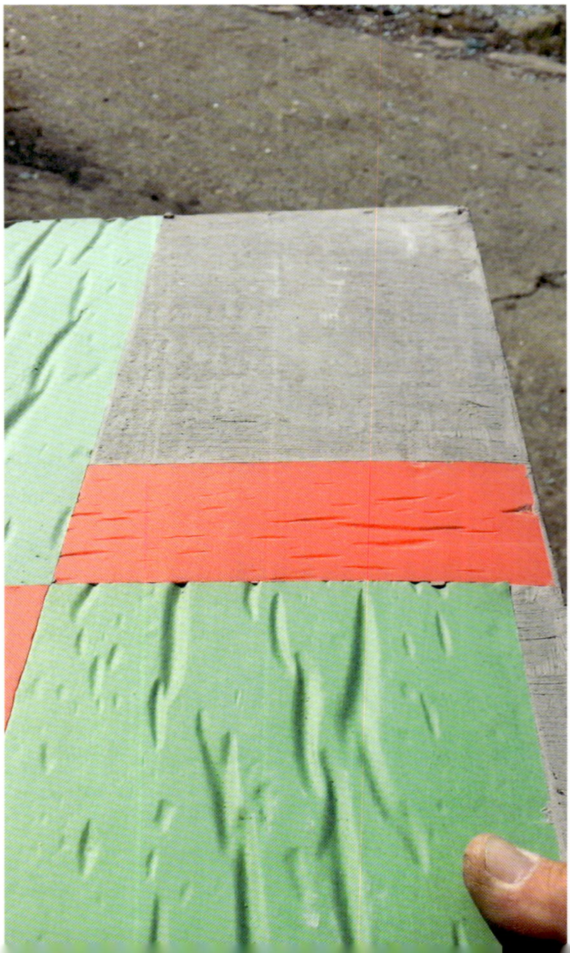
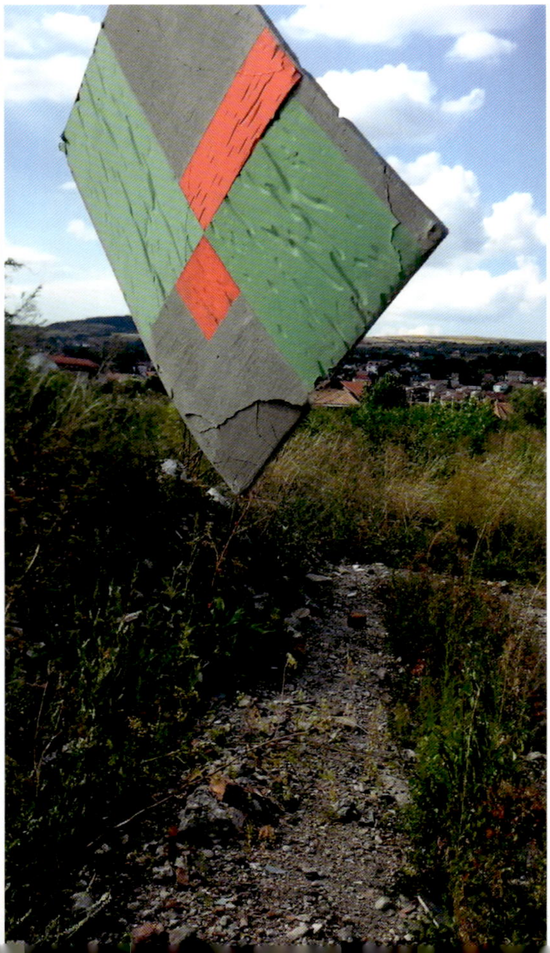
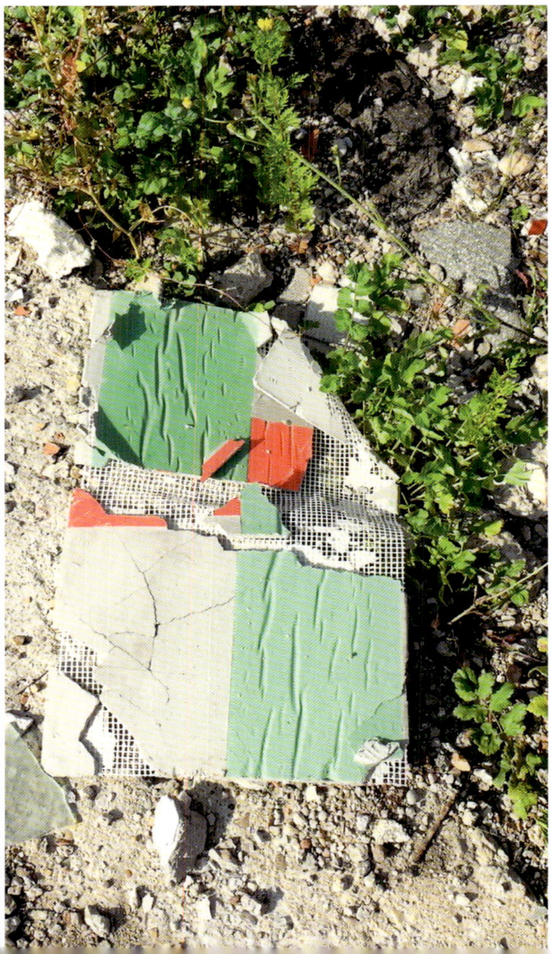

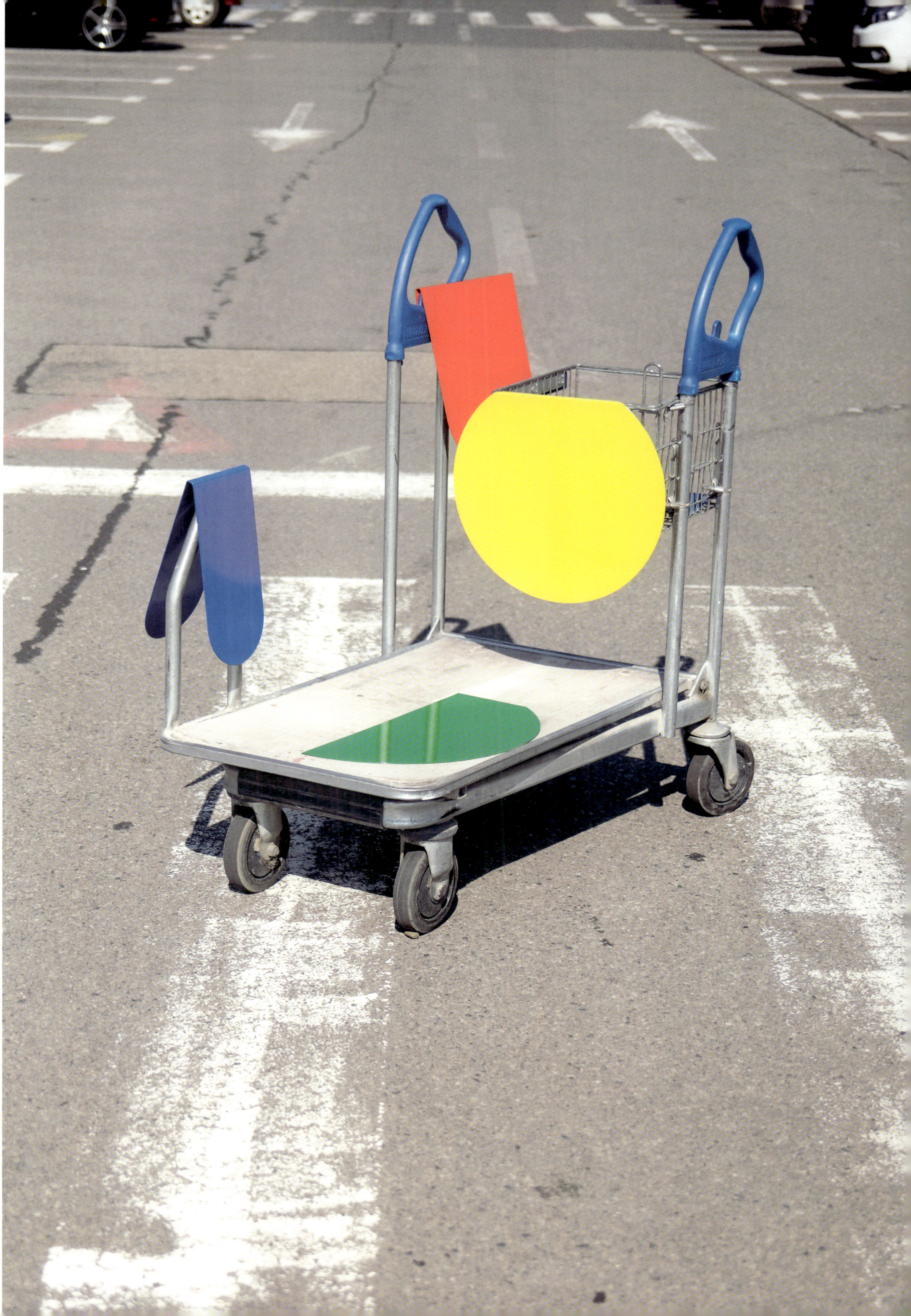

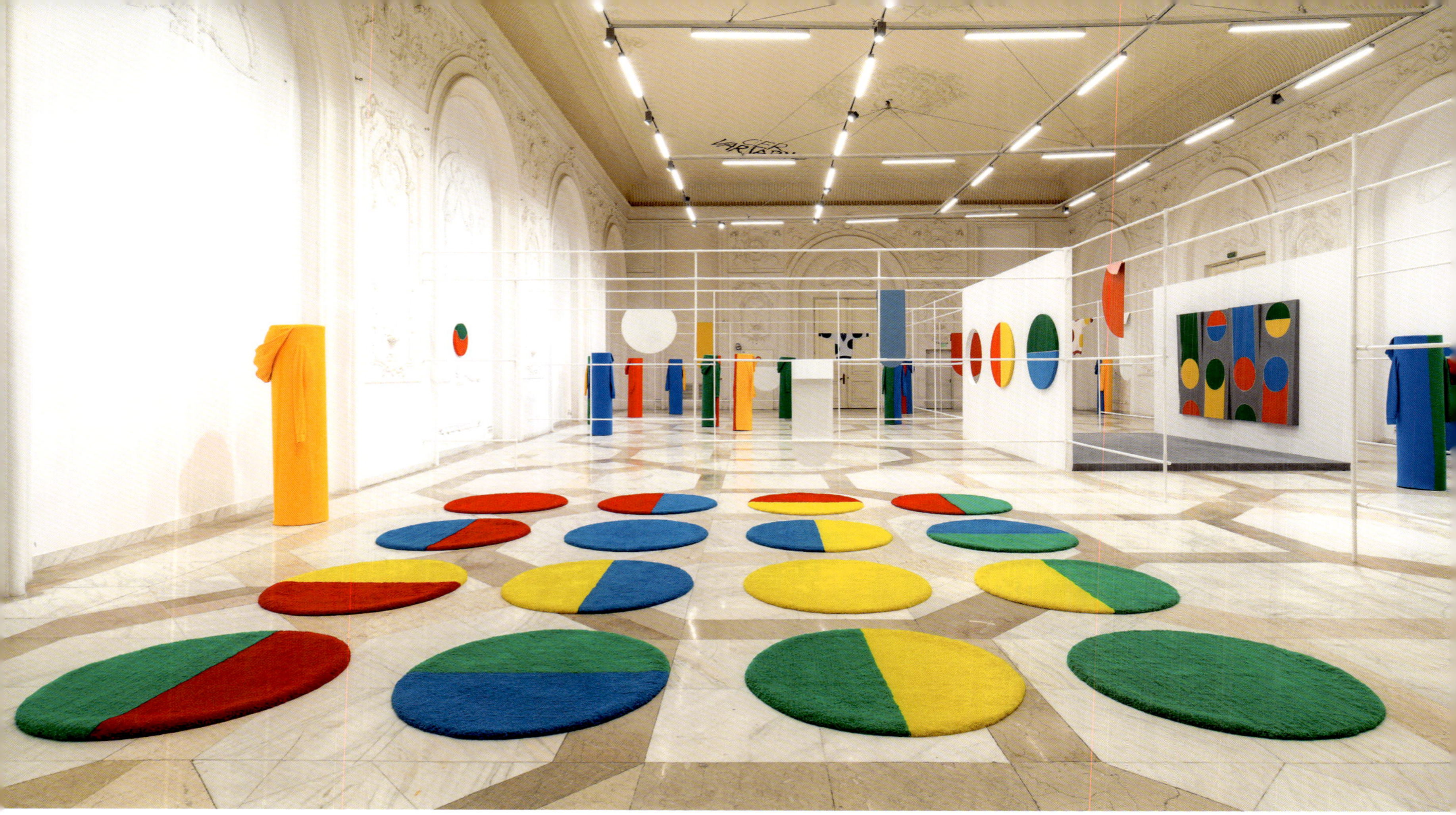

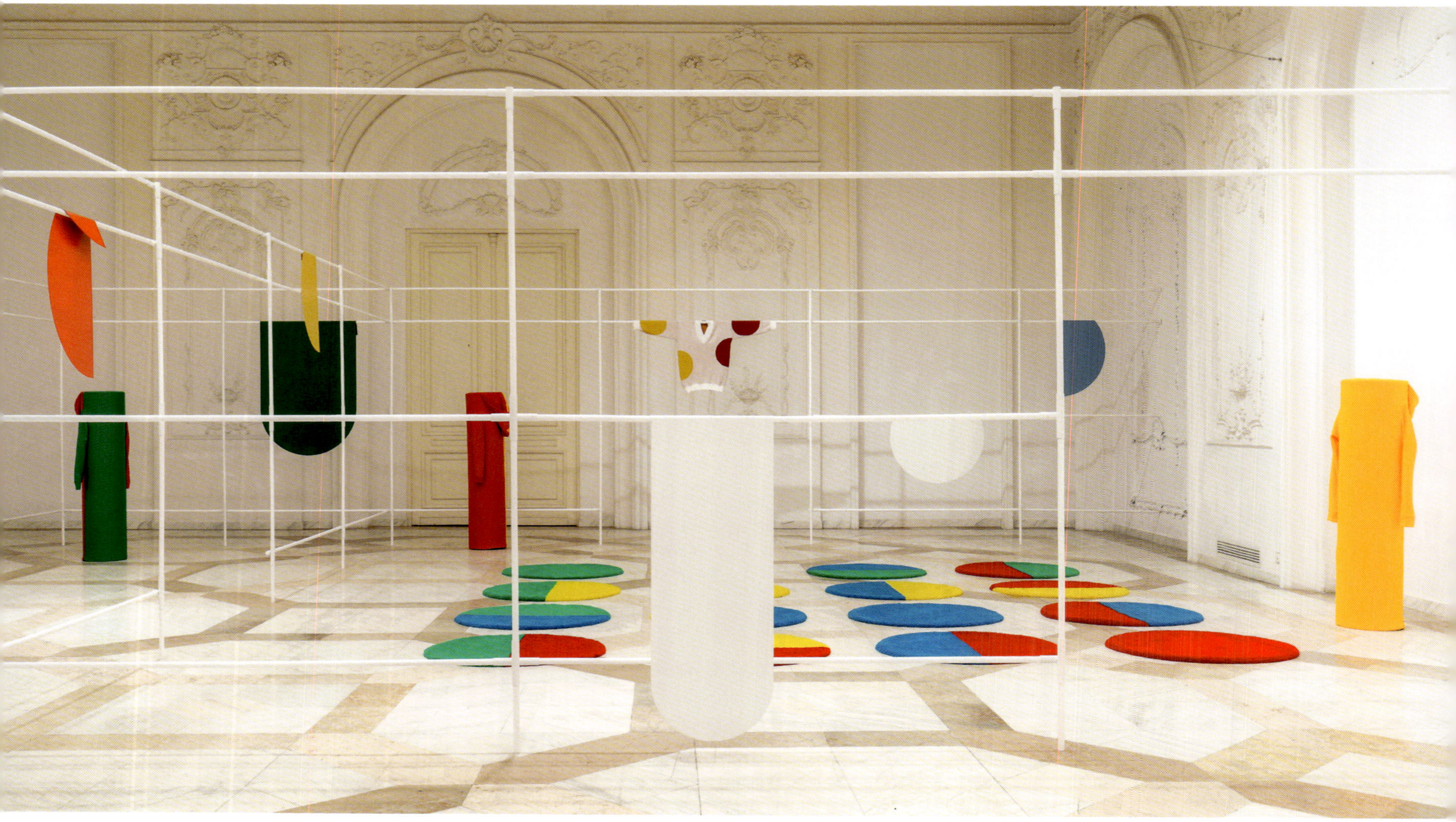

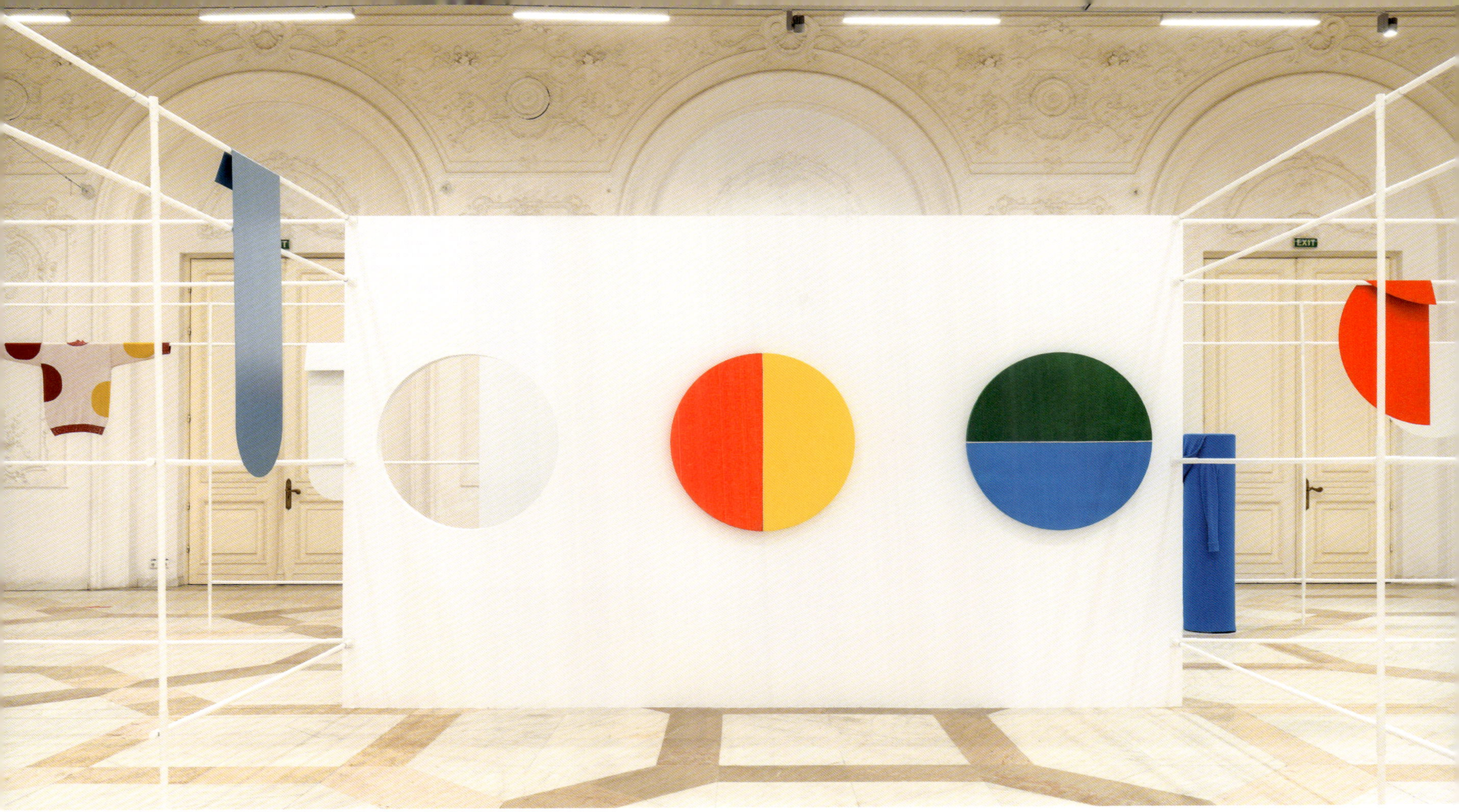
EXIT

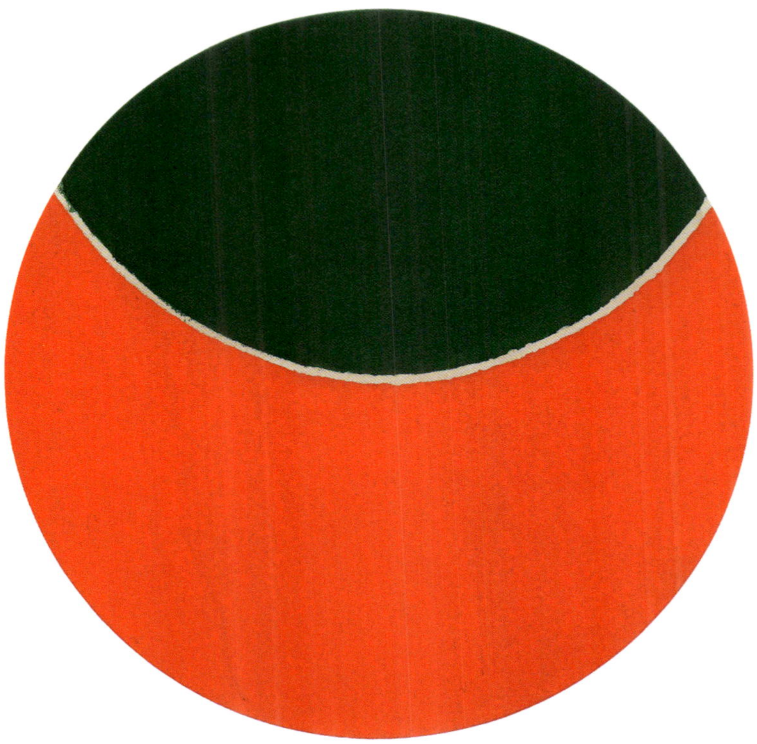

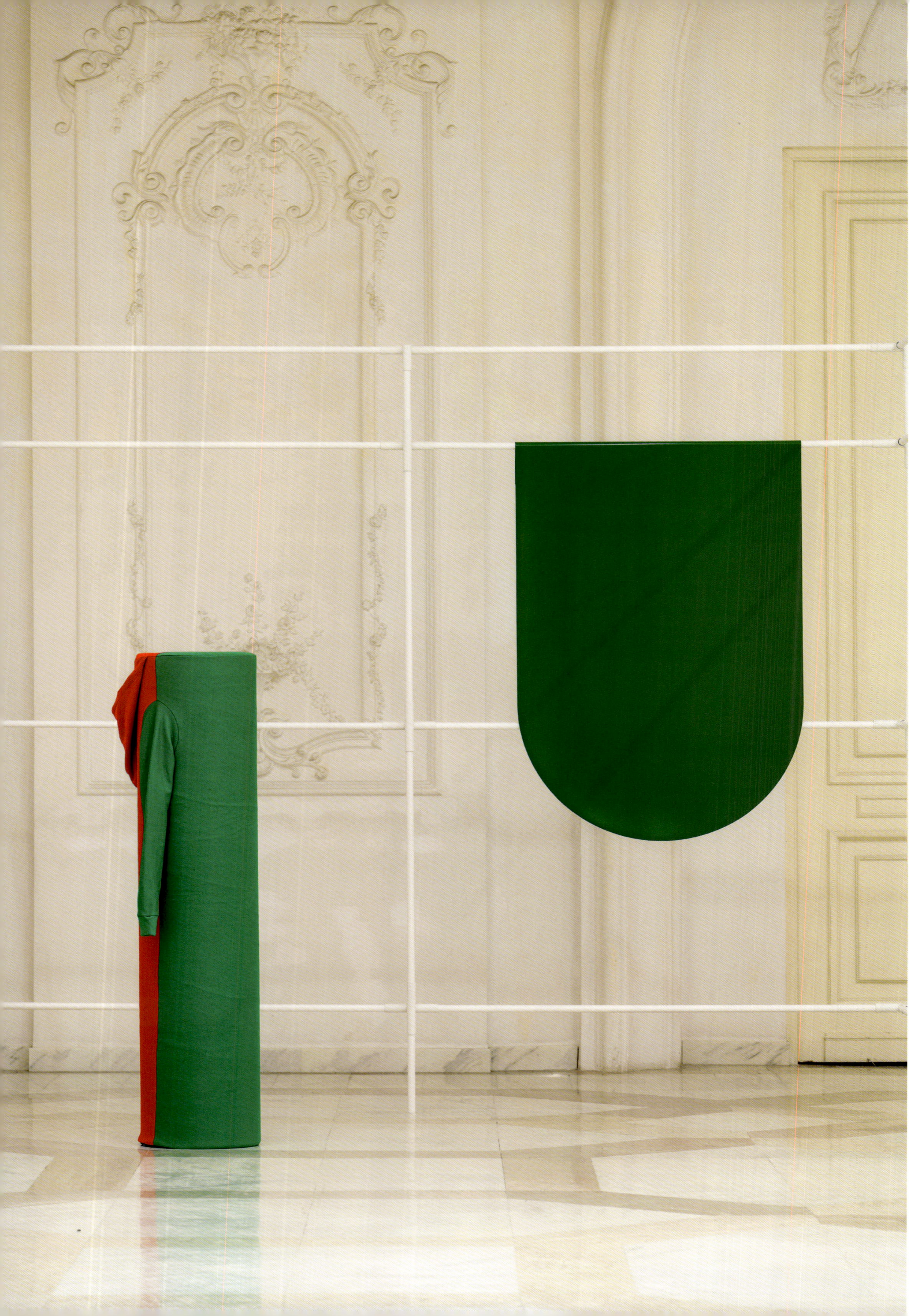

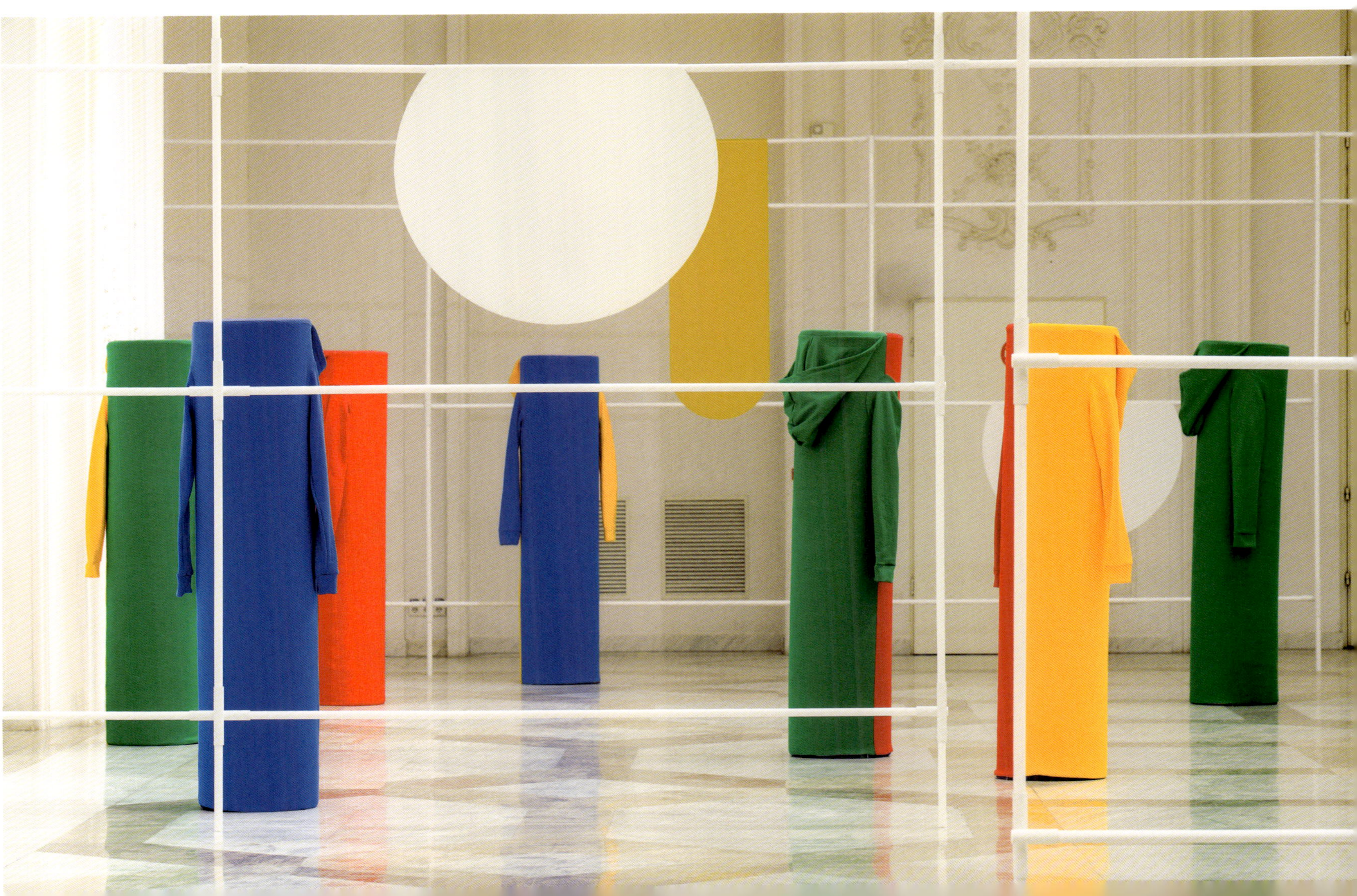

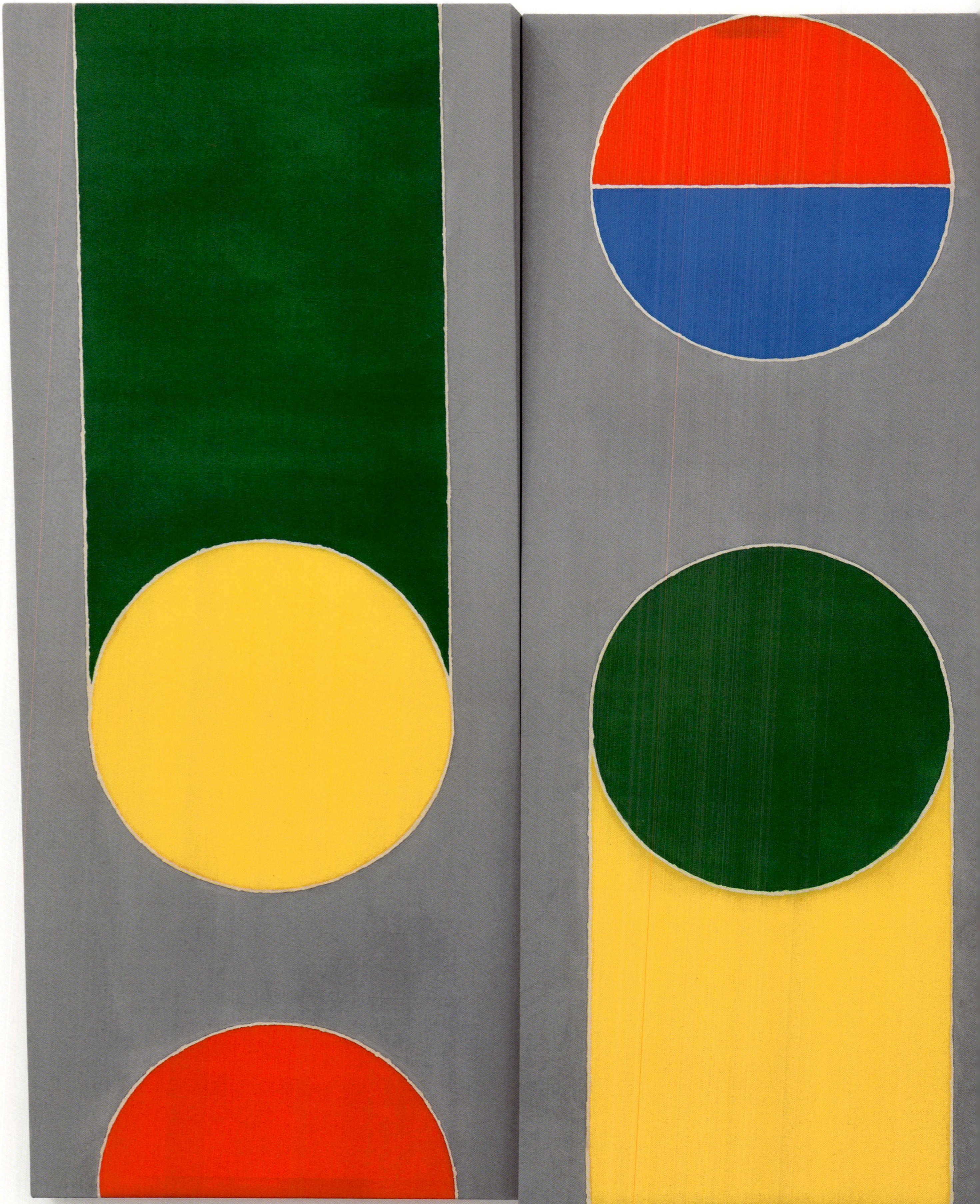

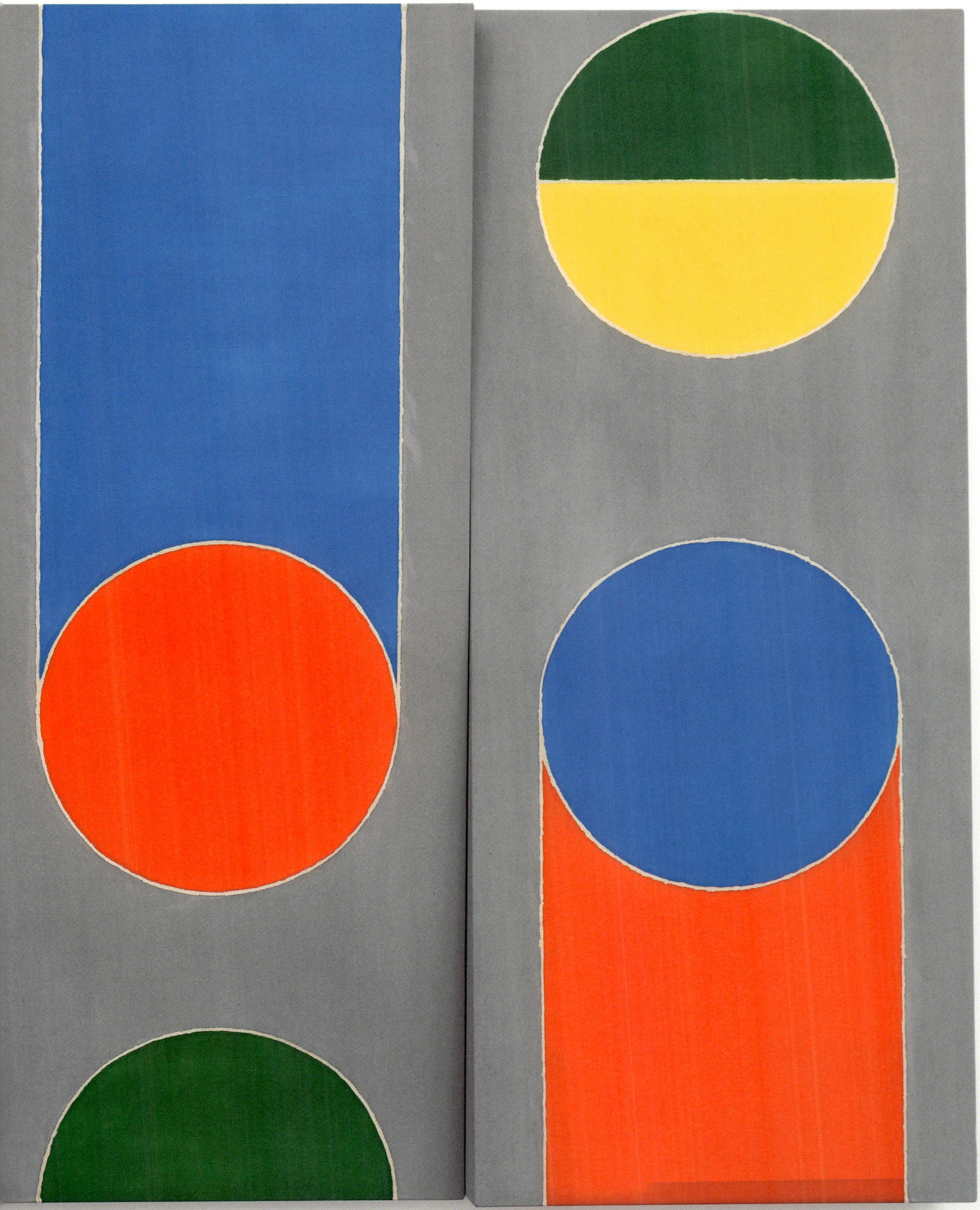

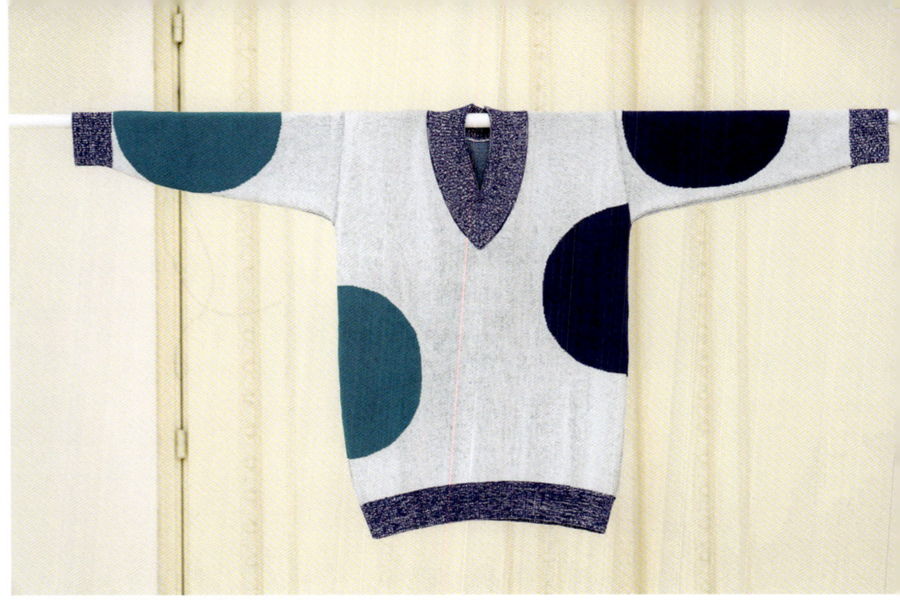

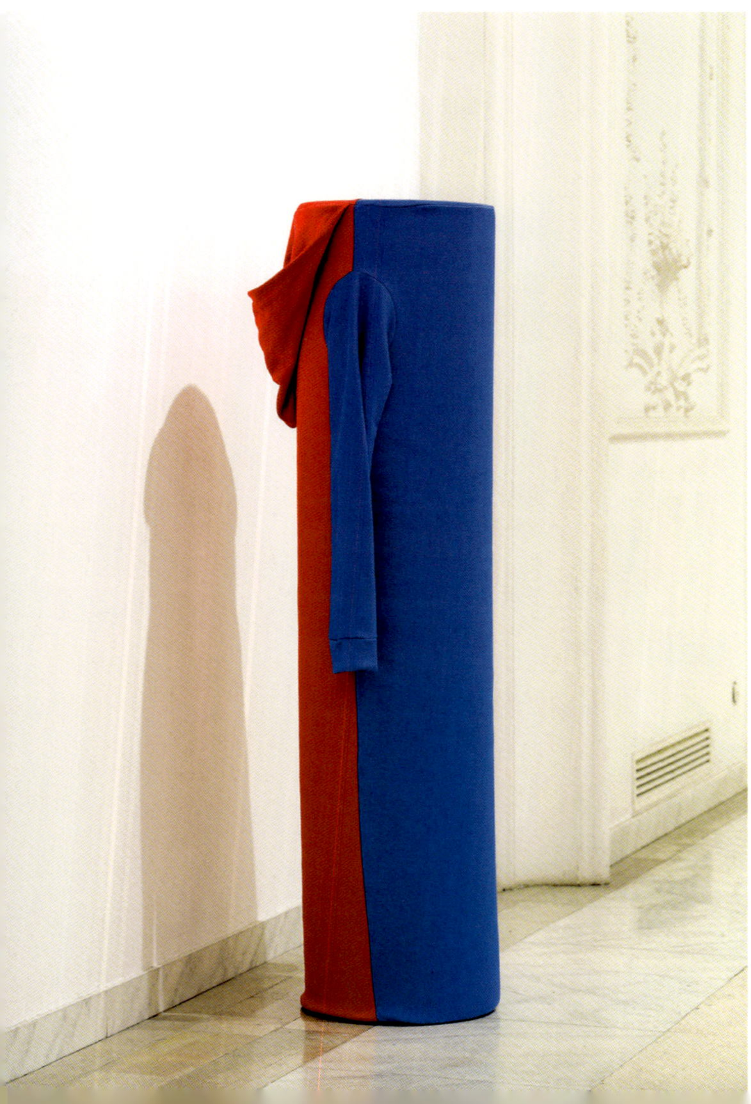

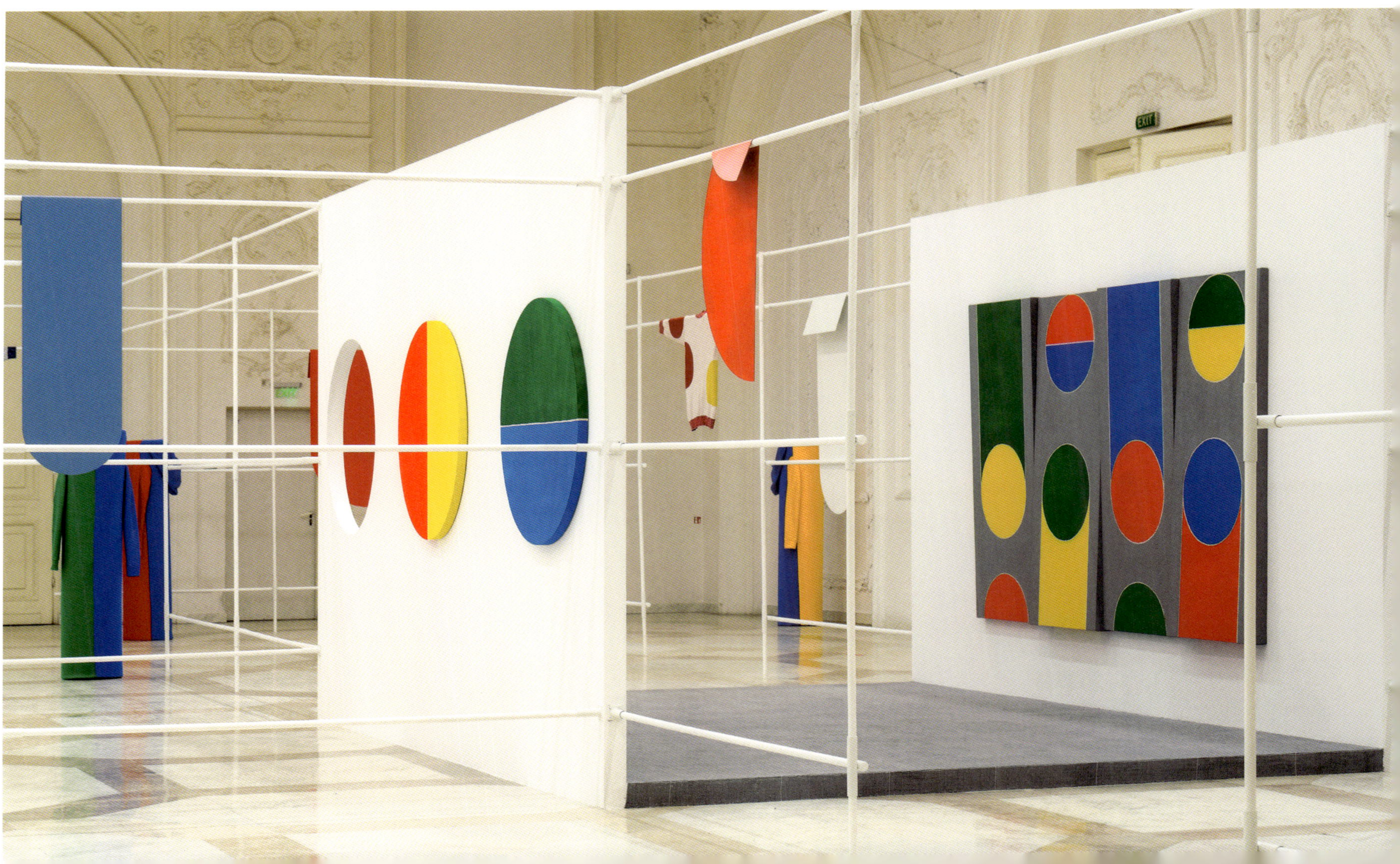

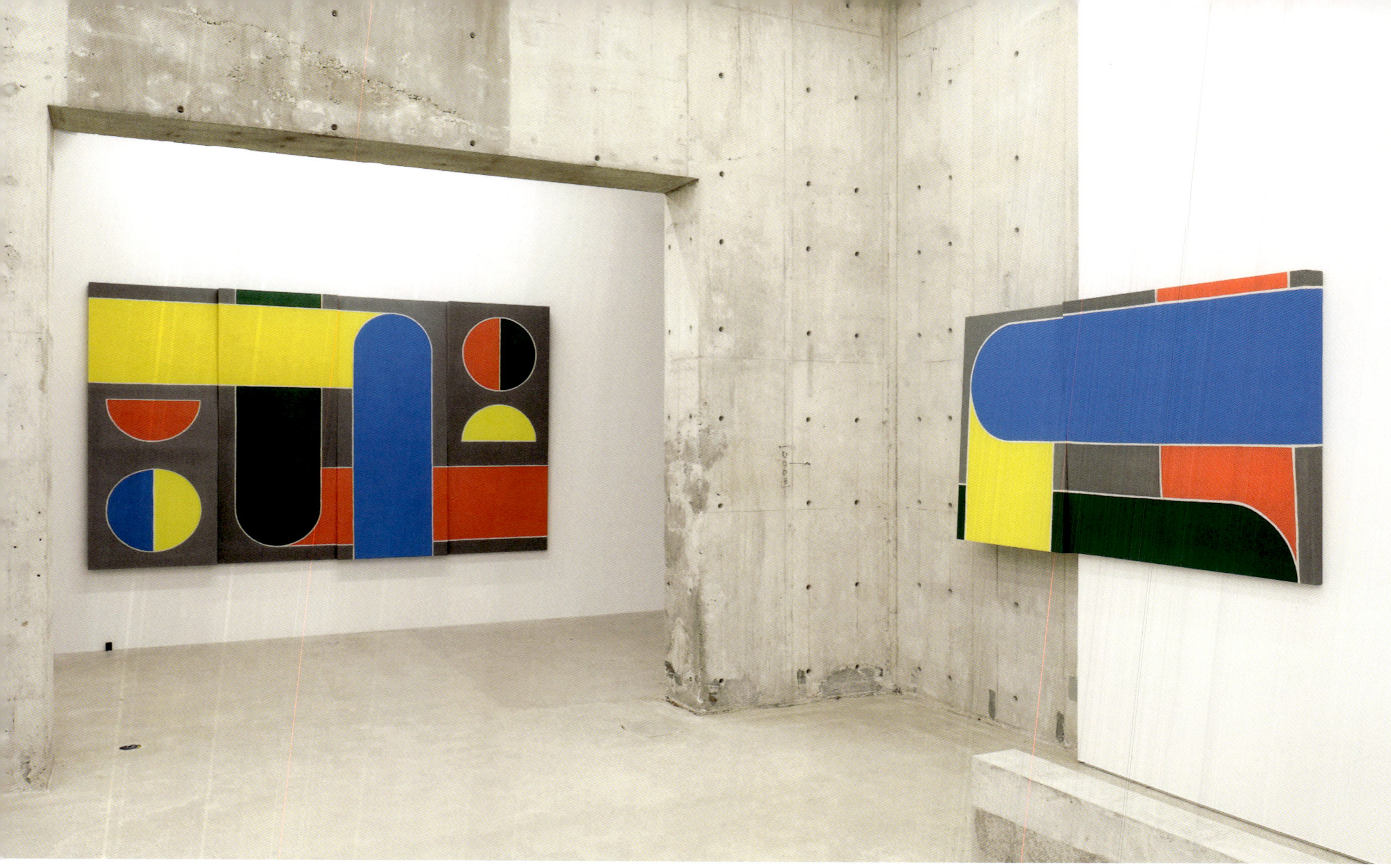

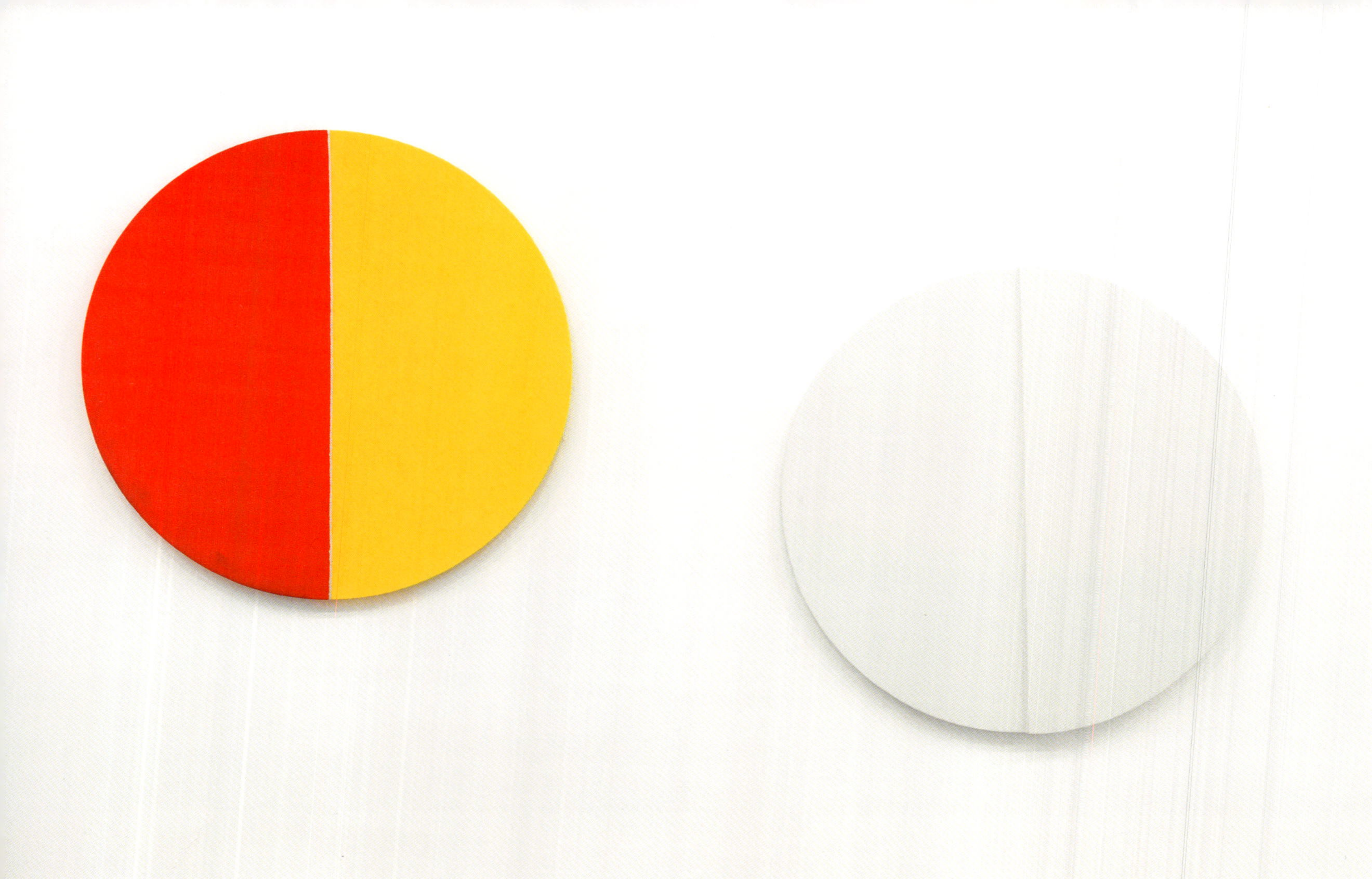

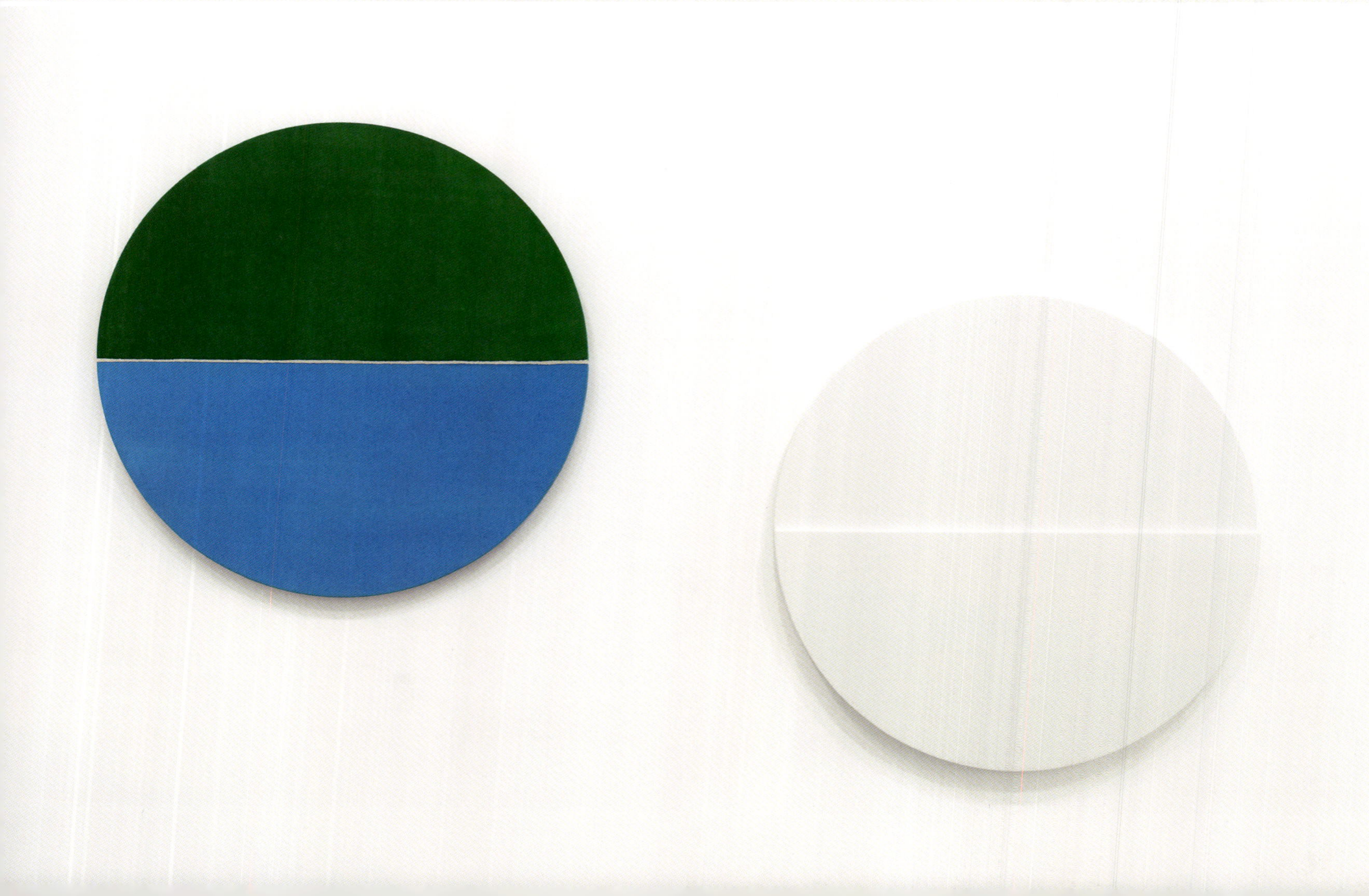

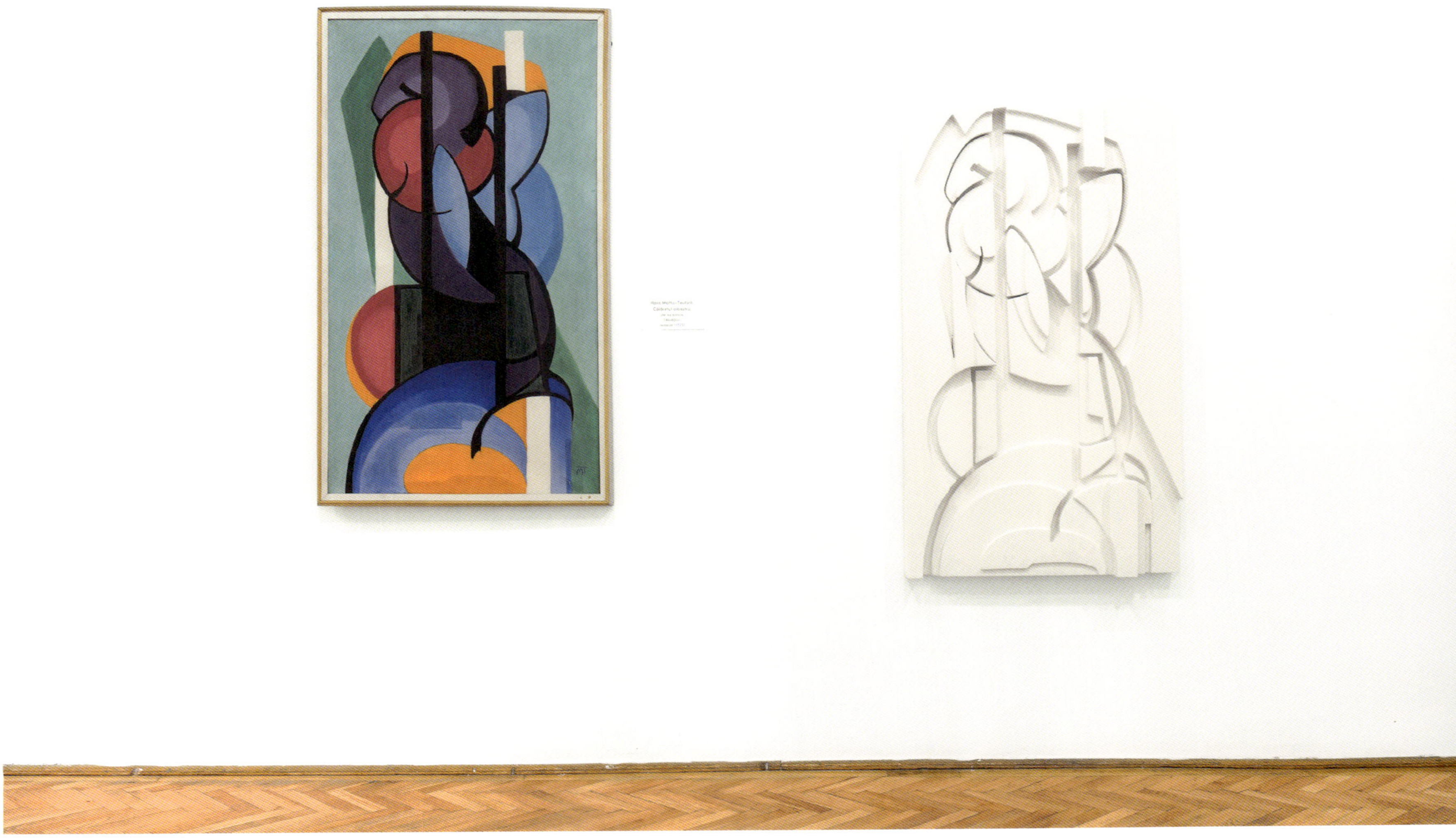

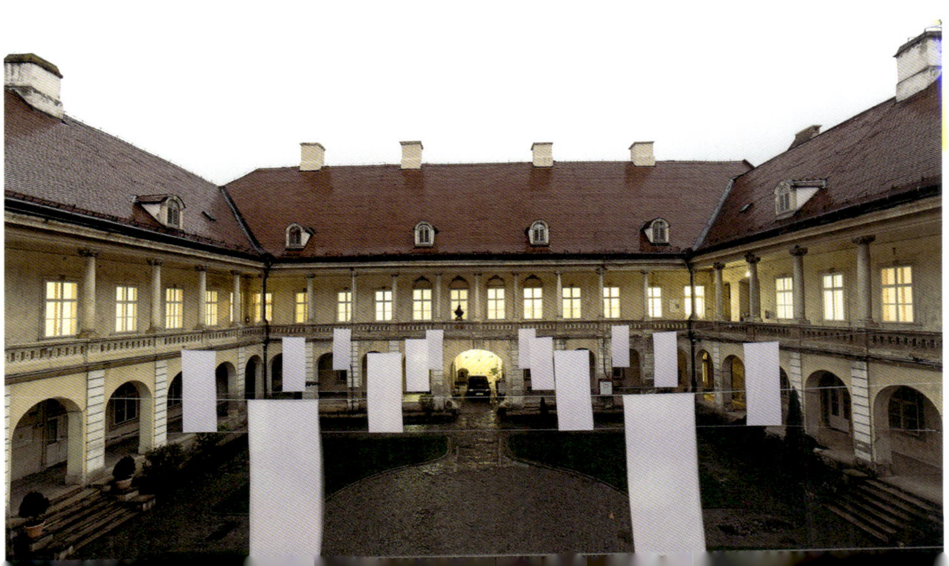

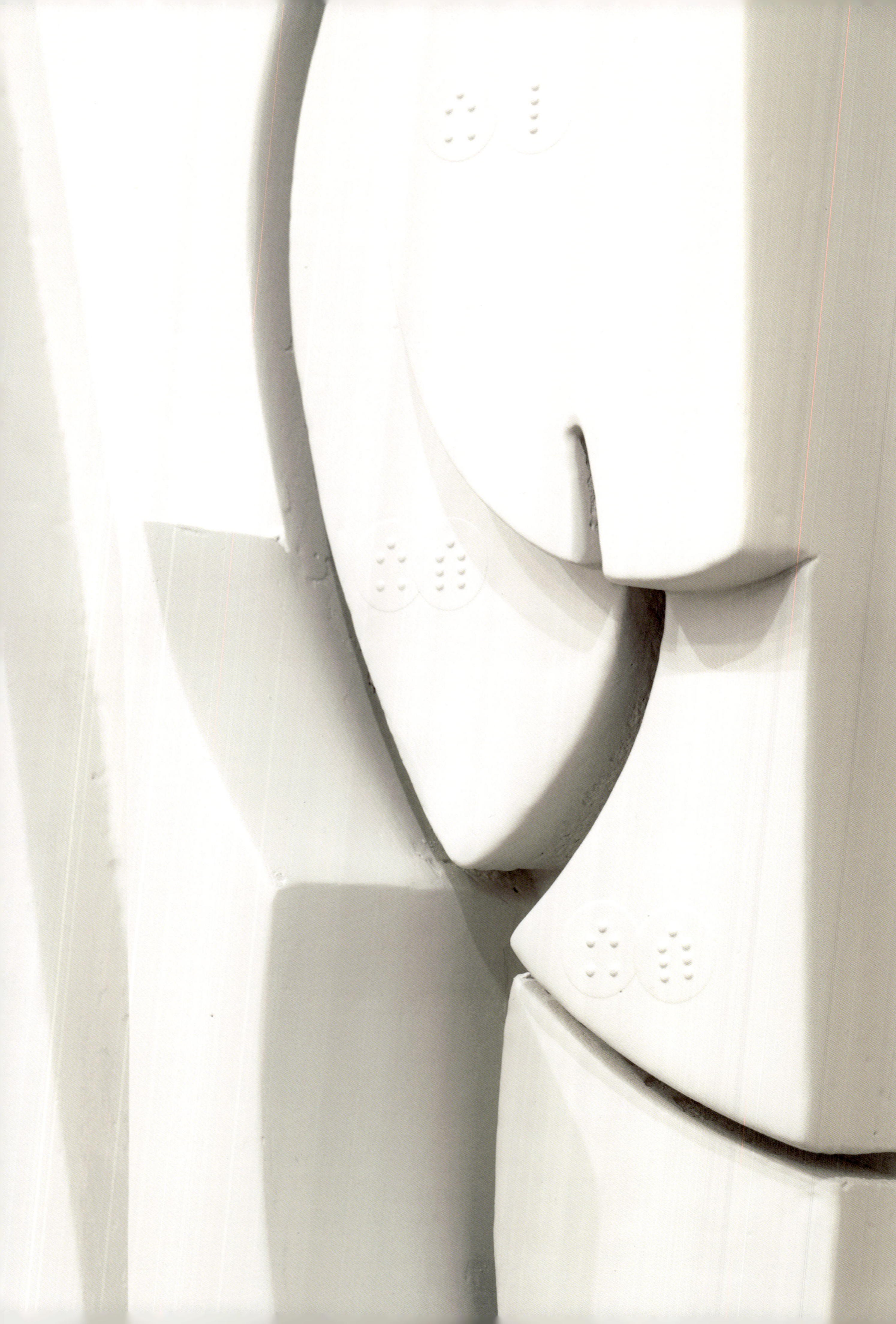

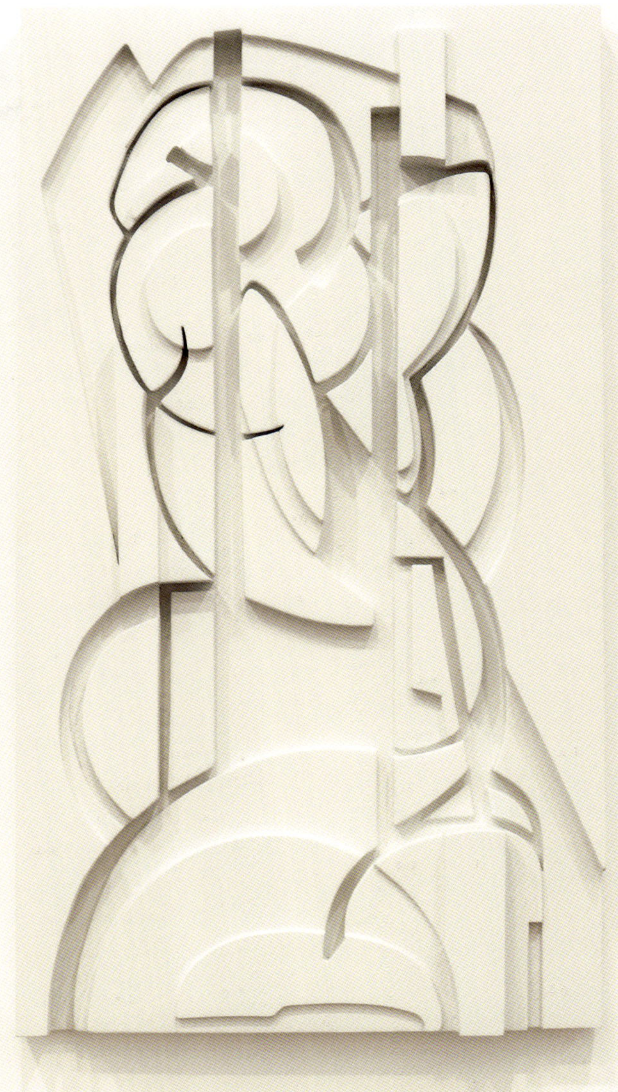

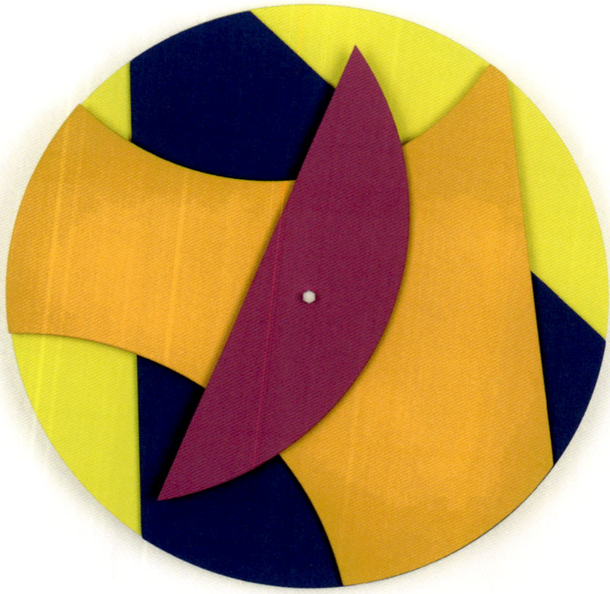

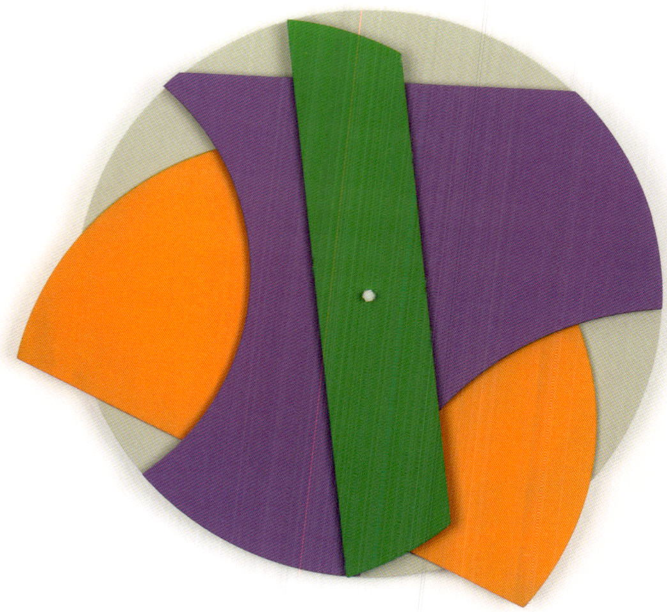

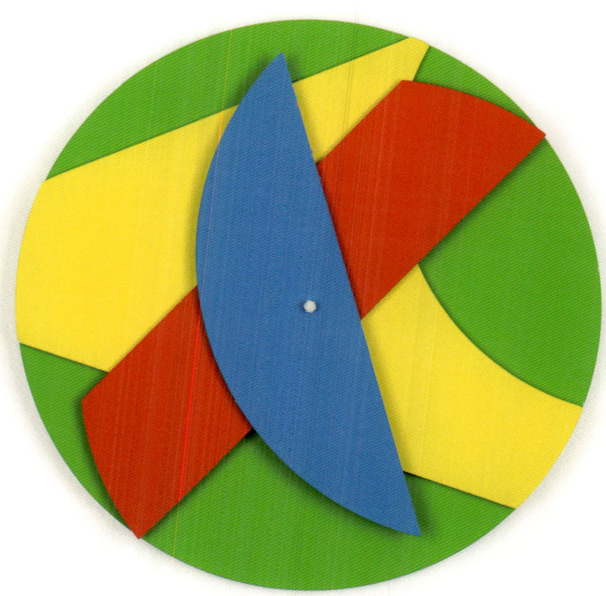

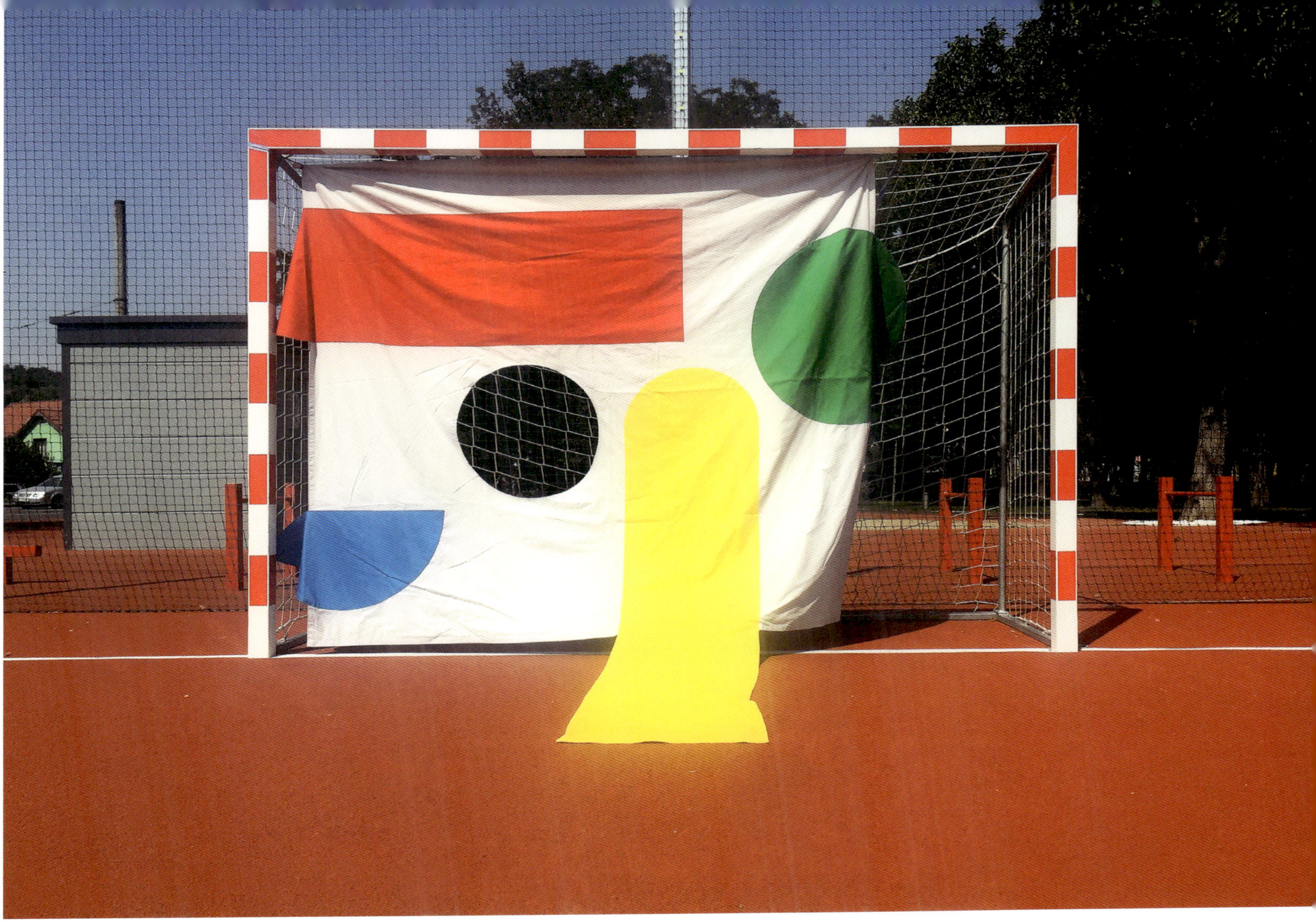

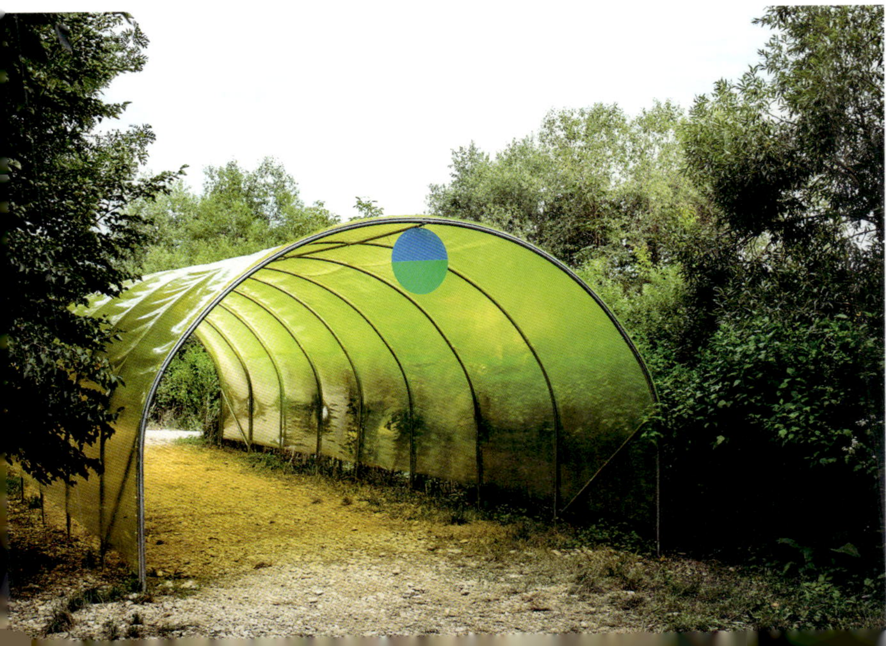

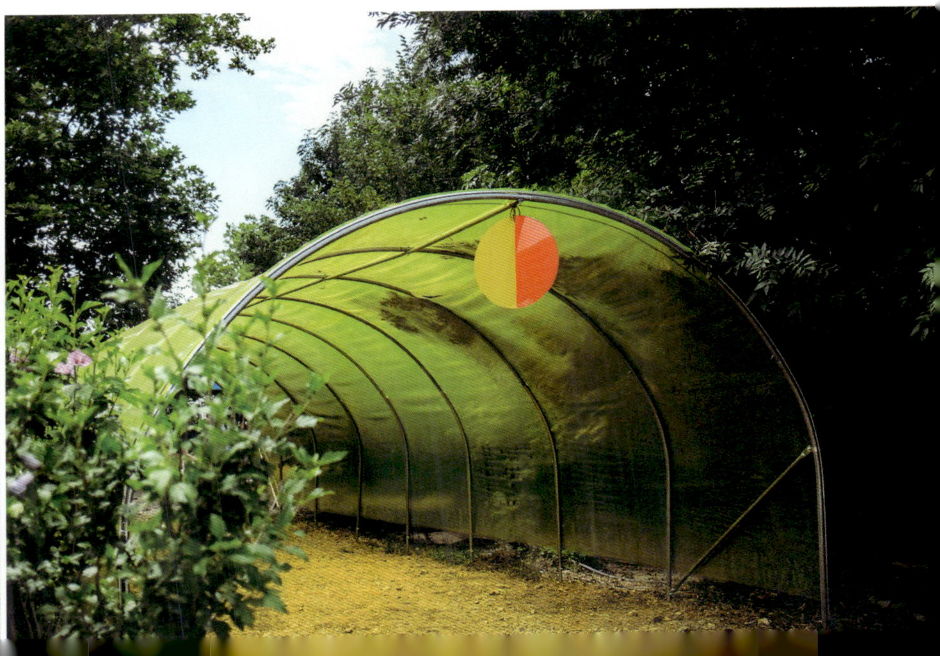

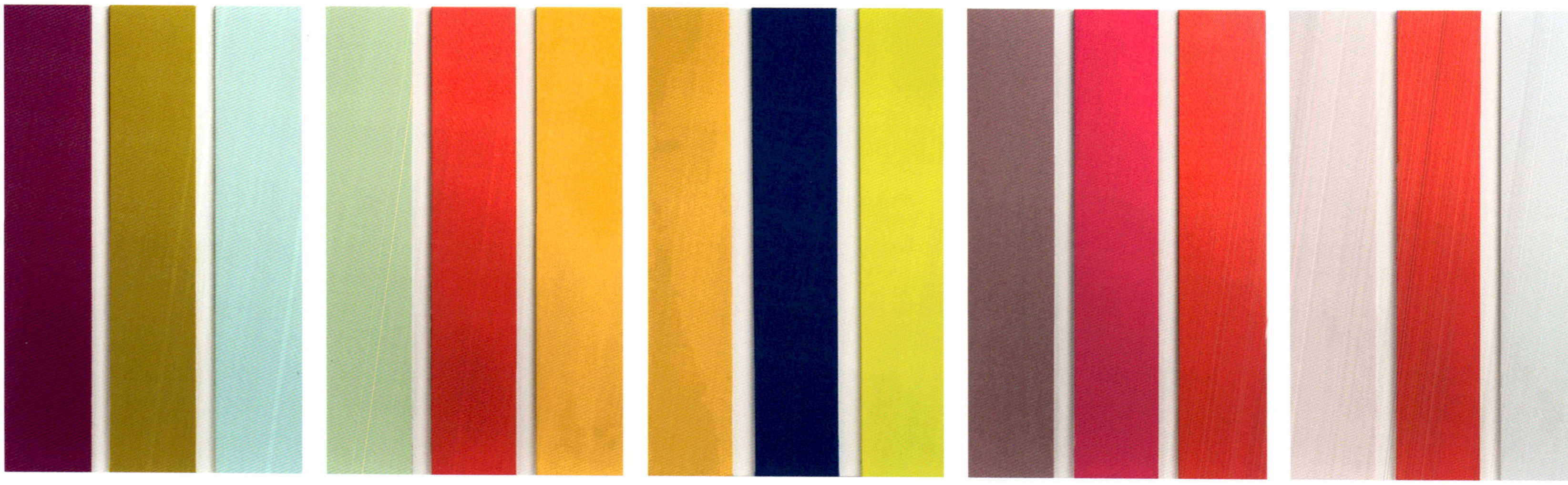

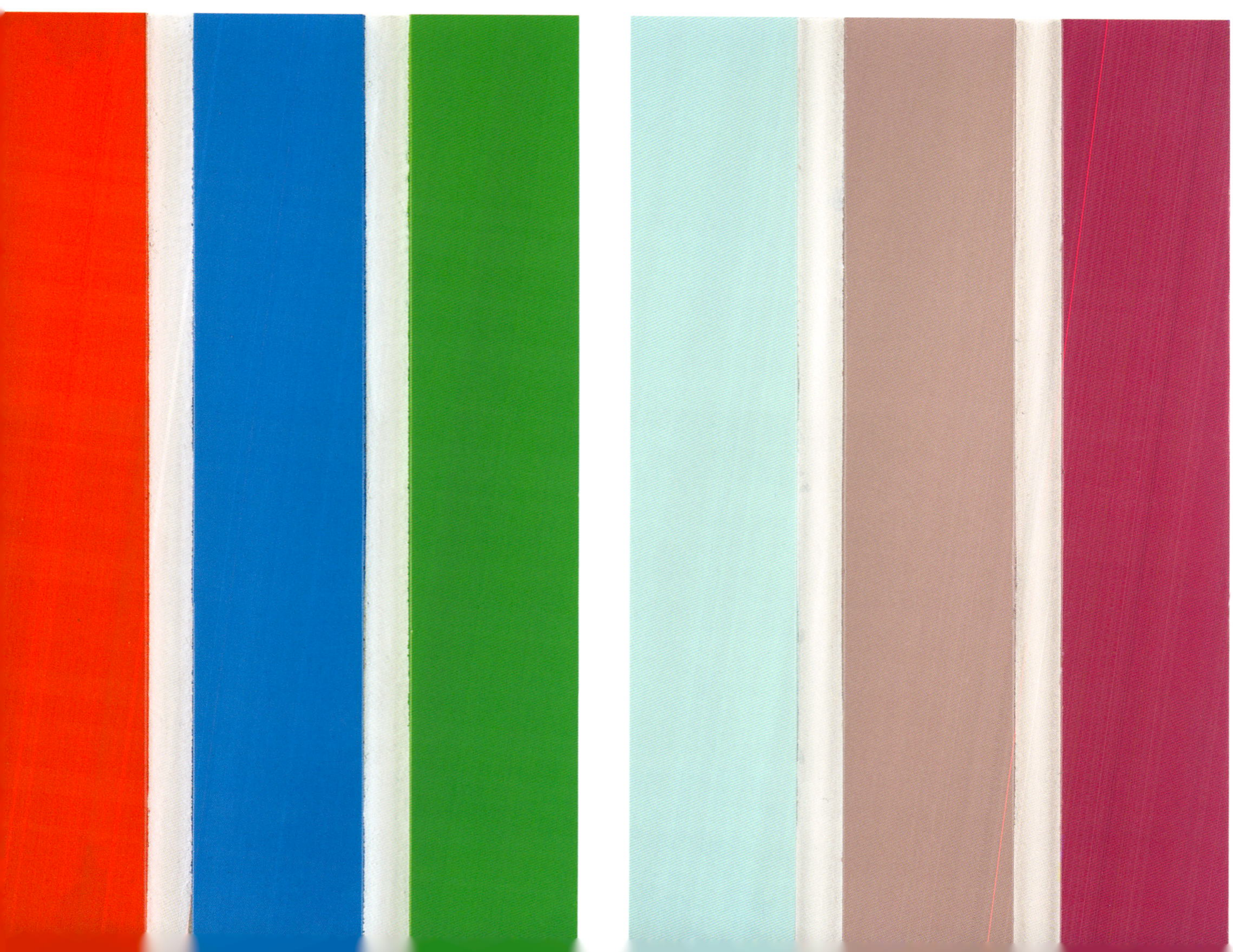

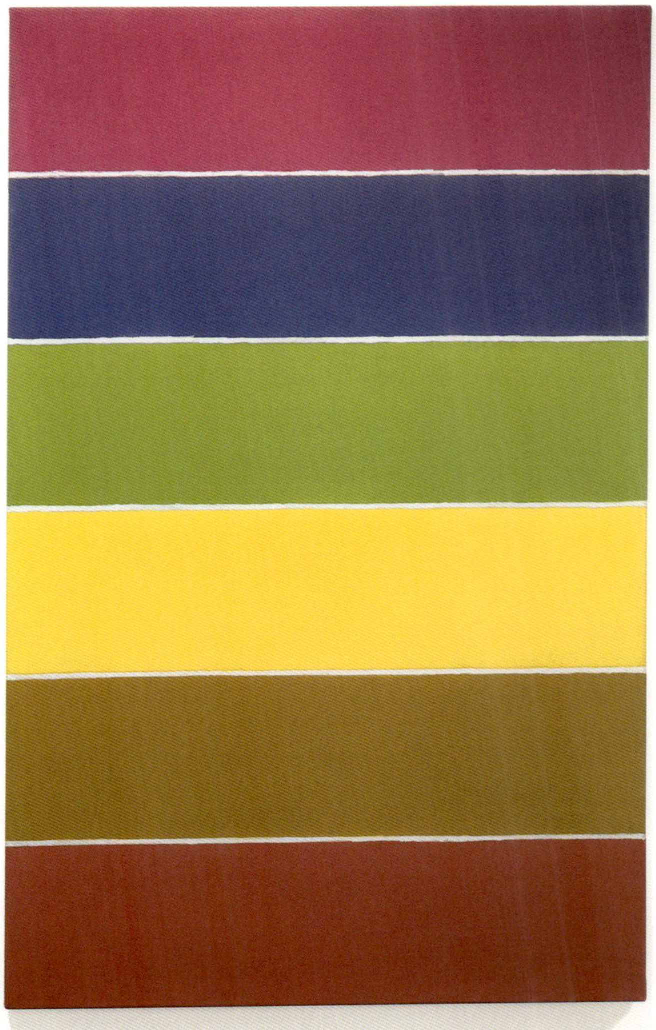

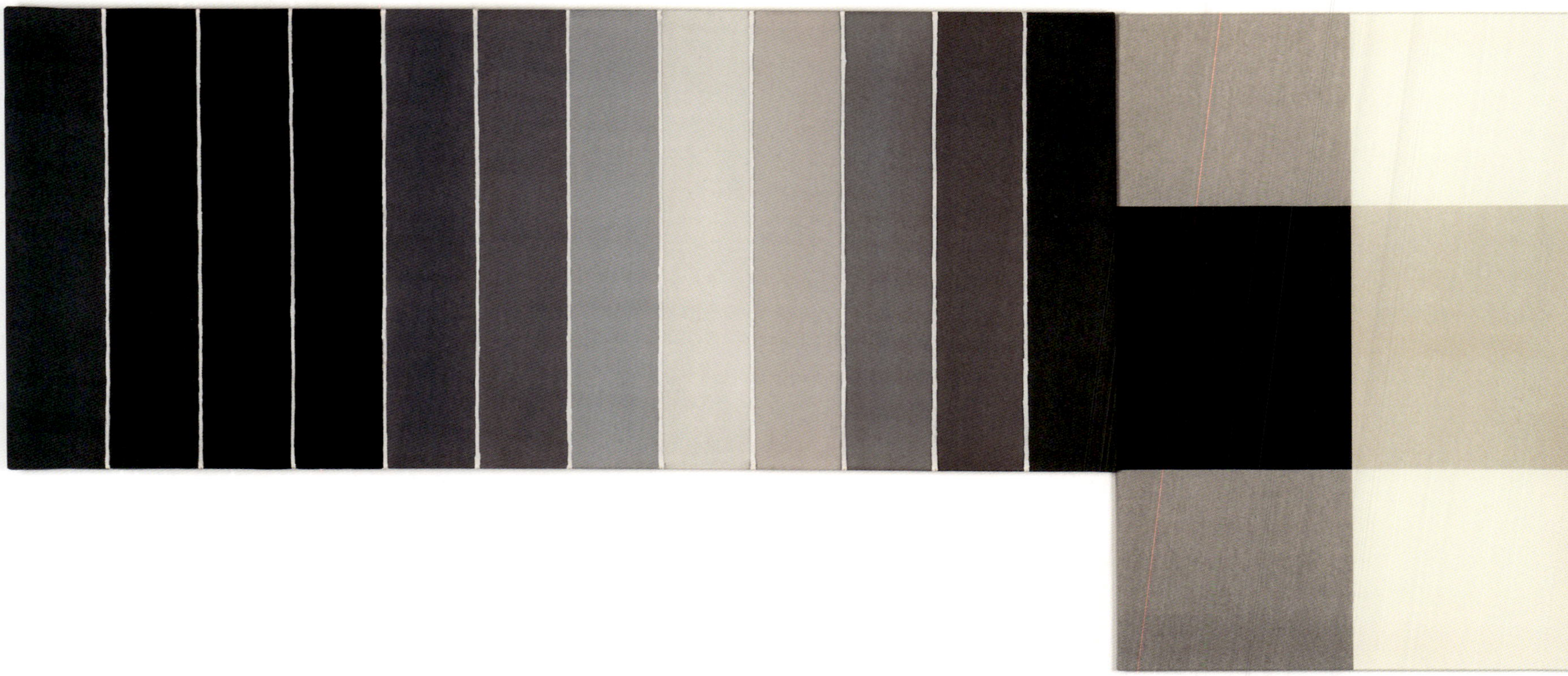

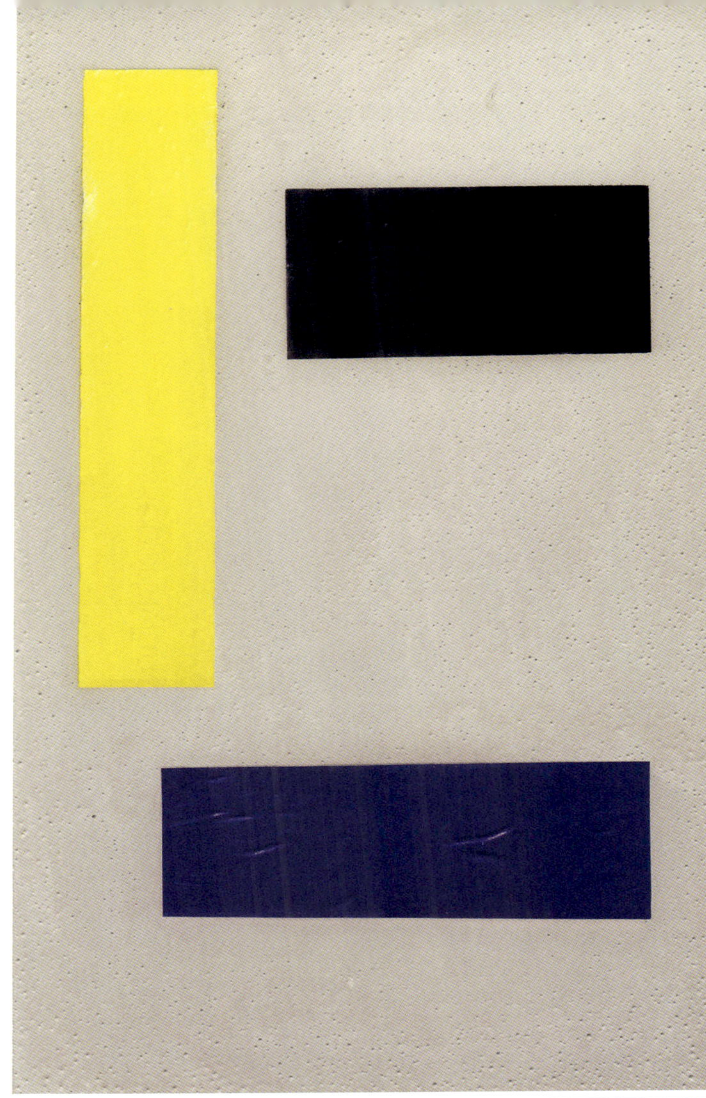

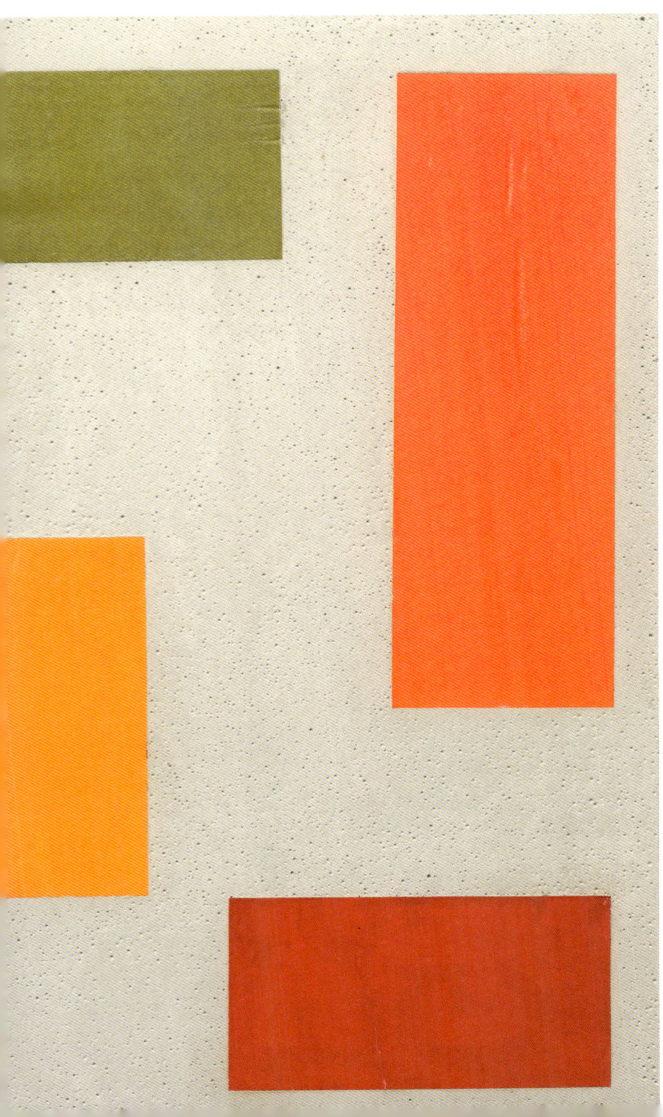

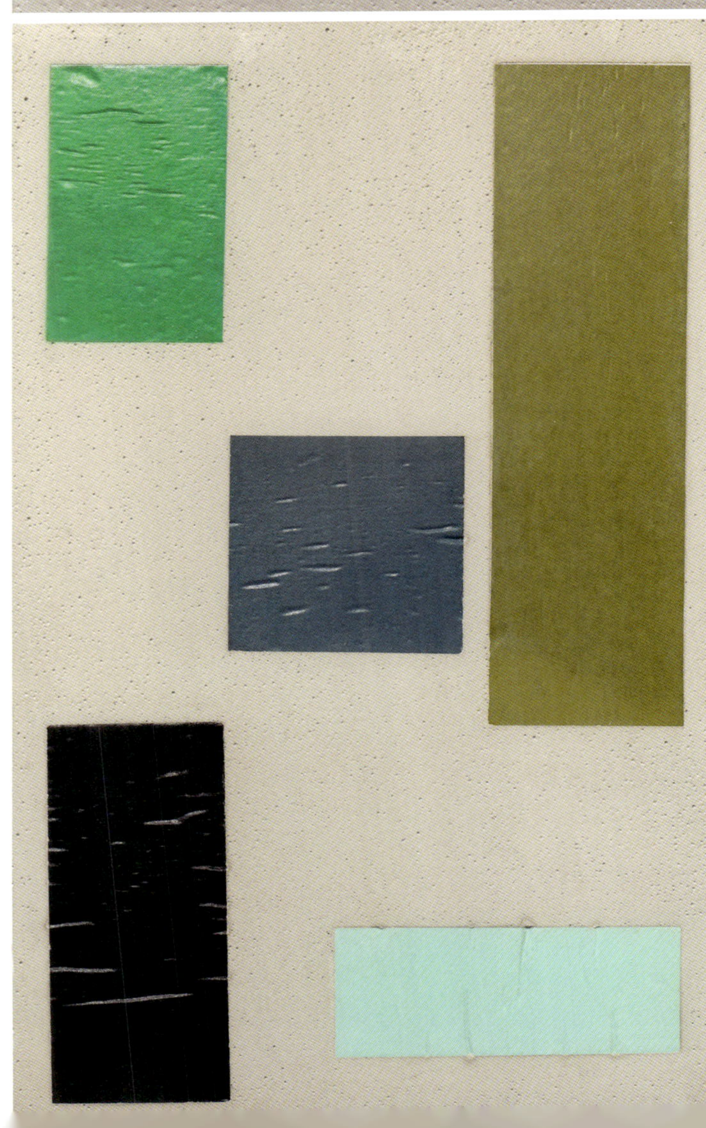

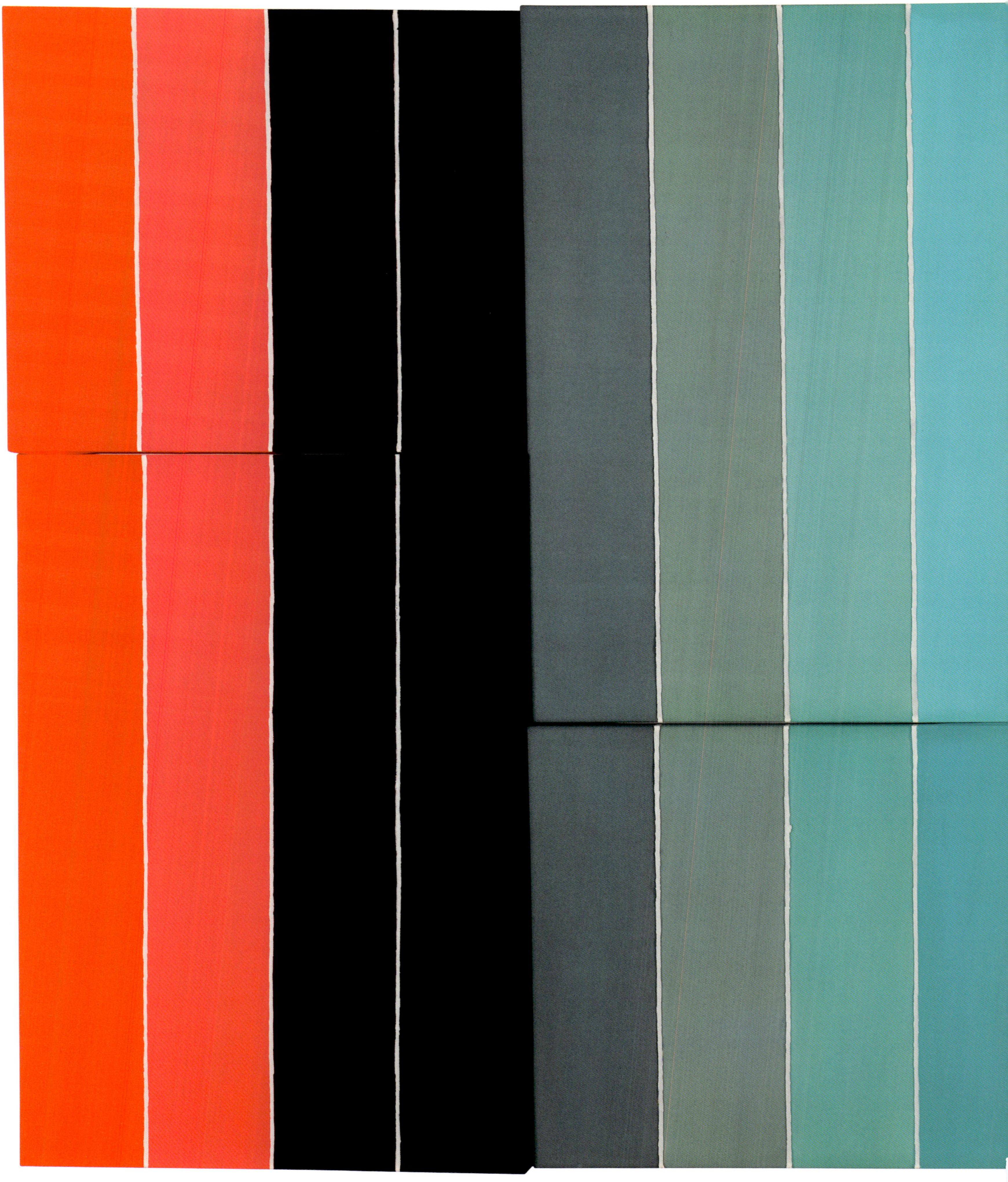

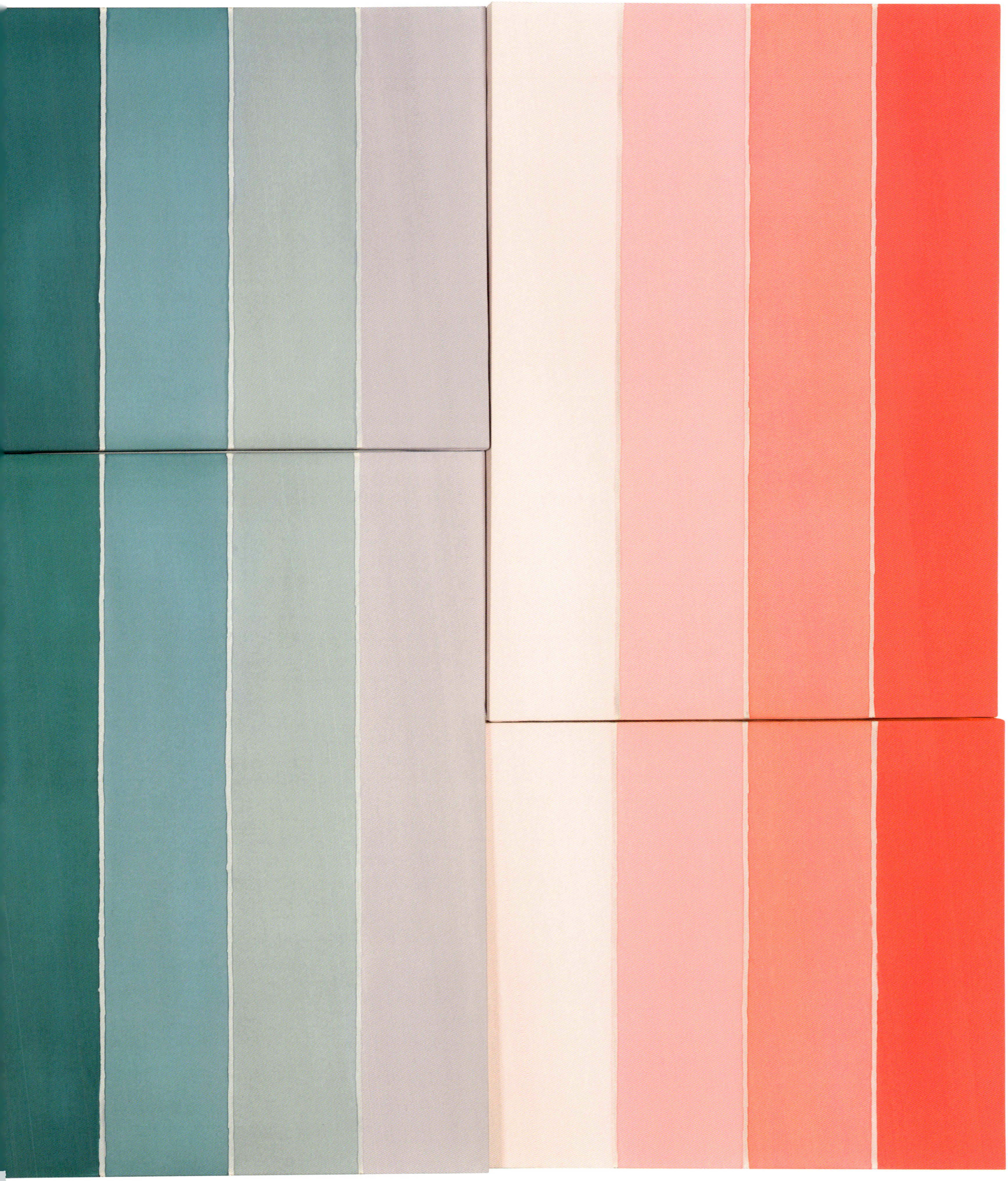

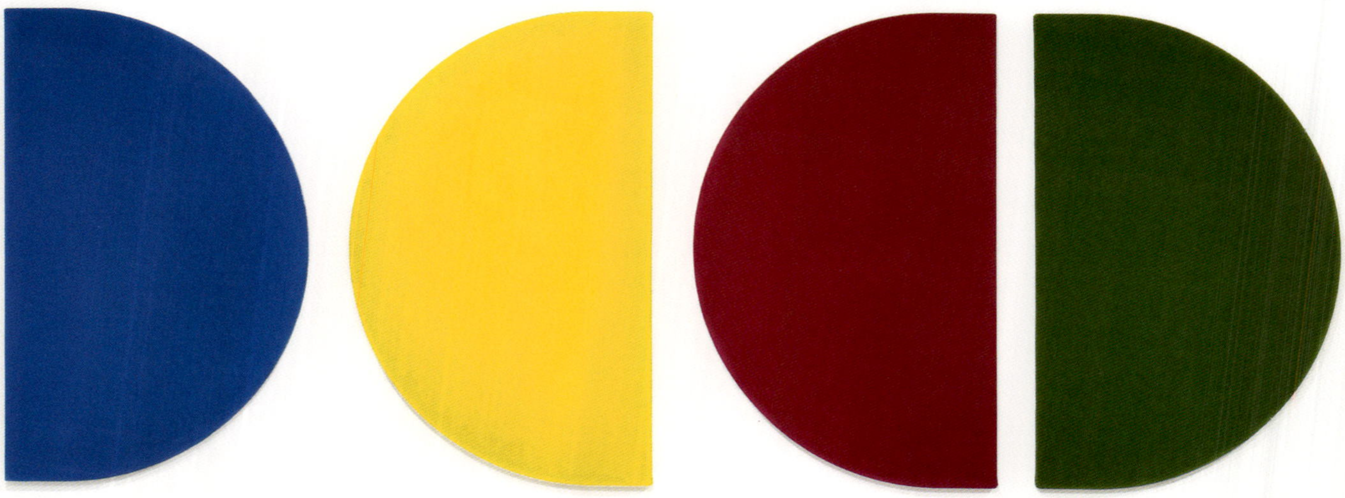

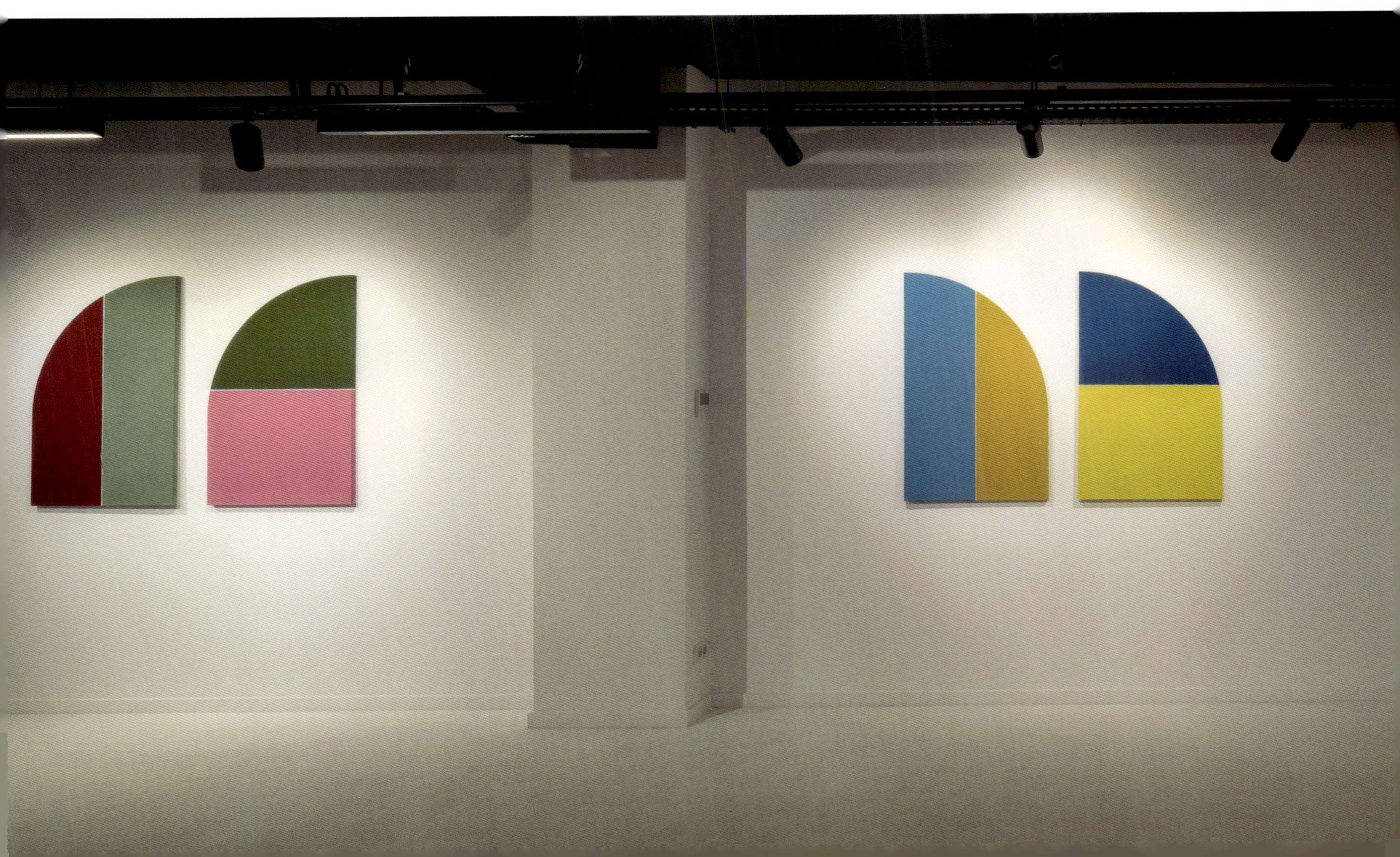

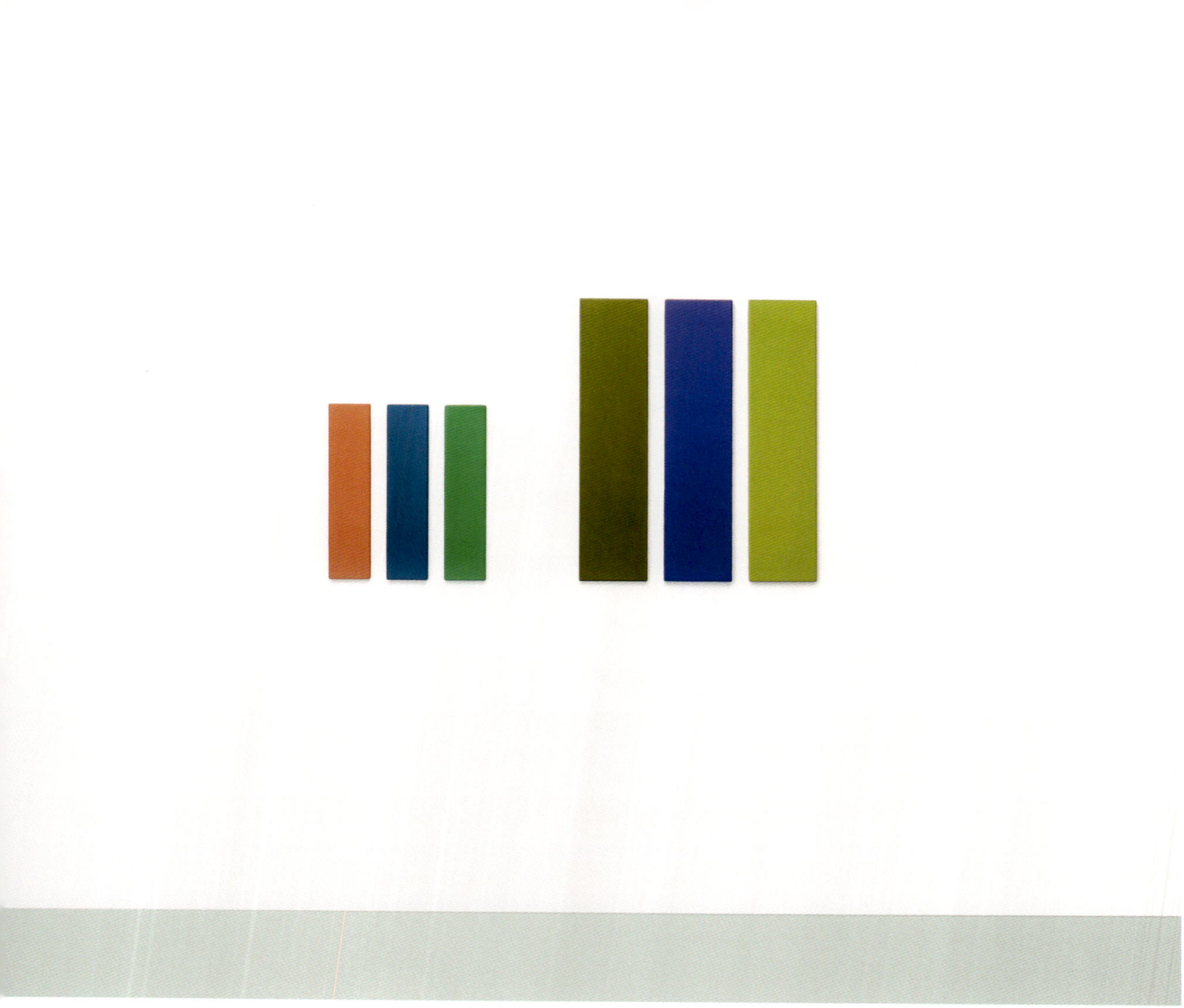

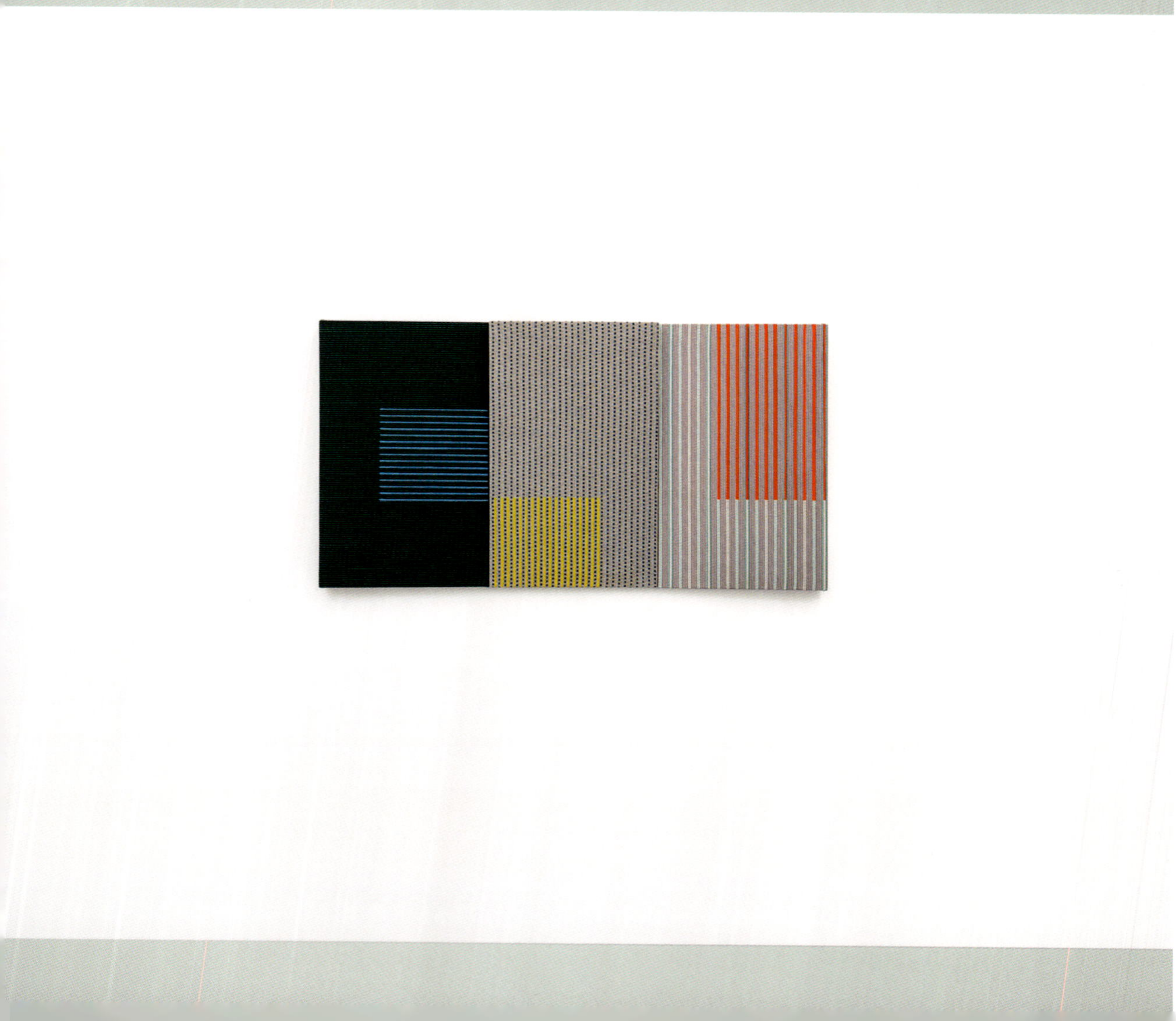

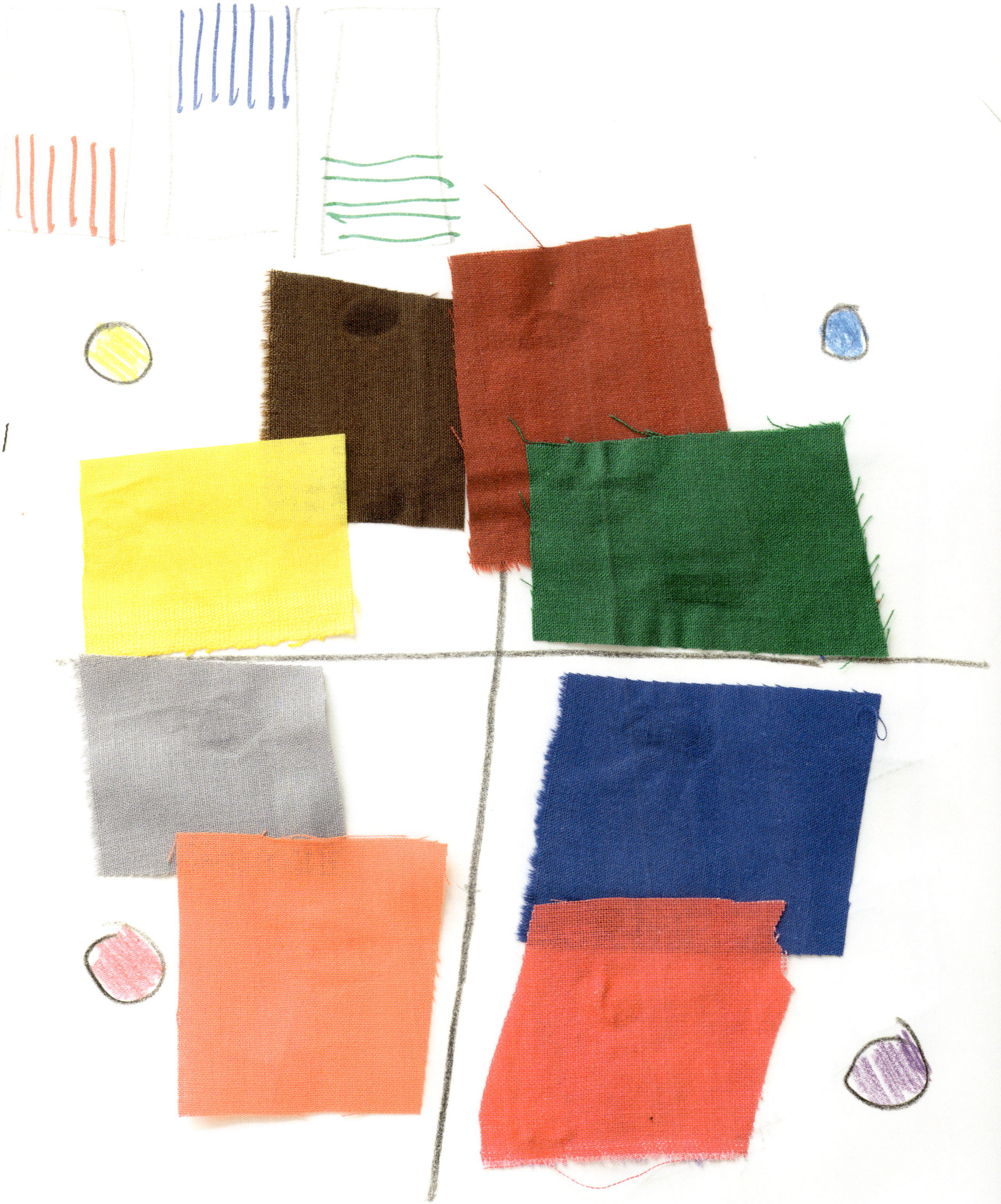

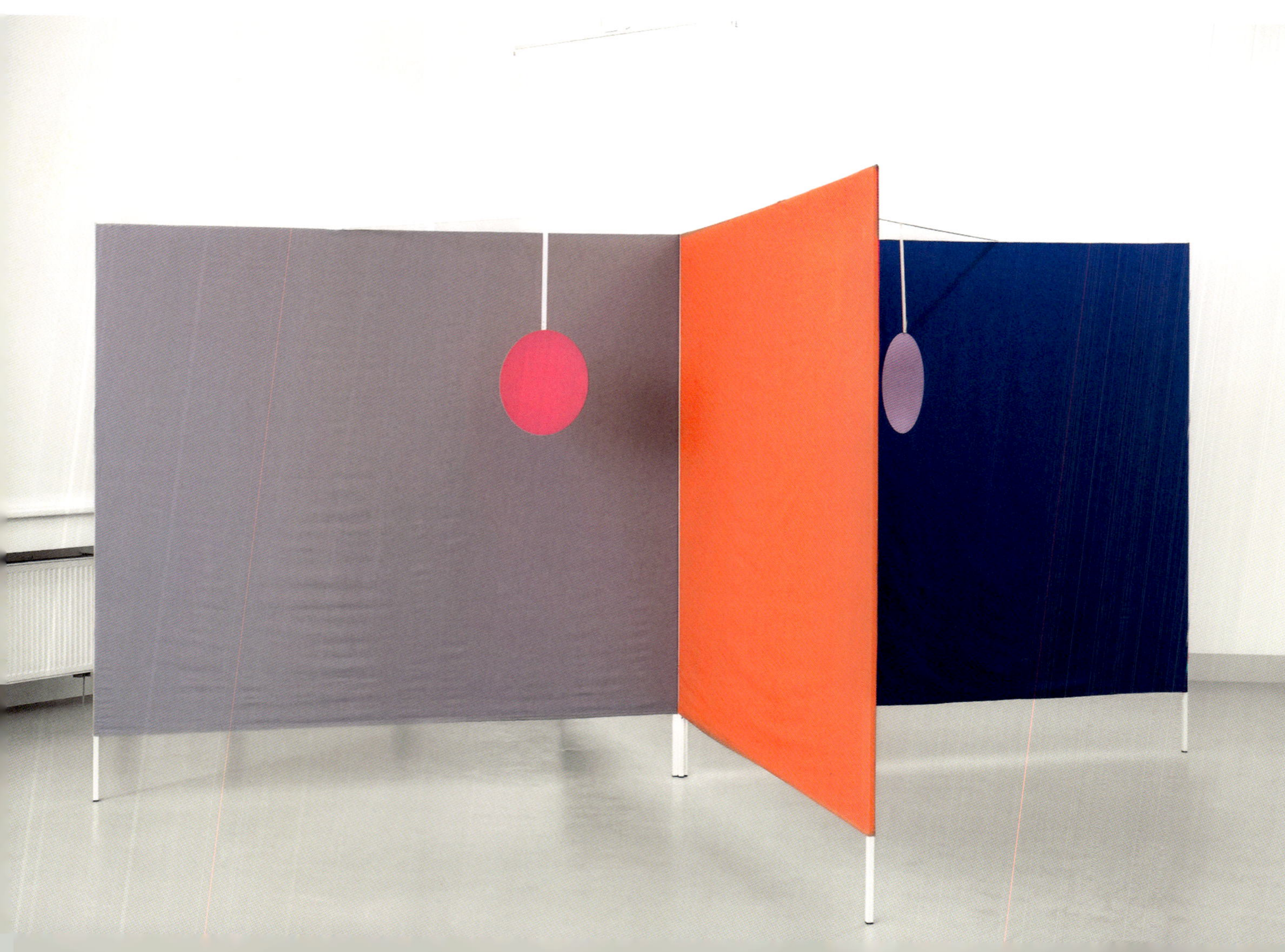

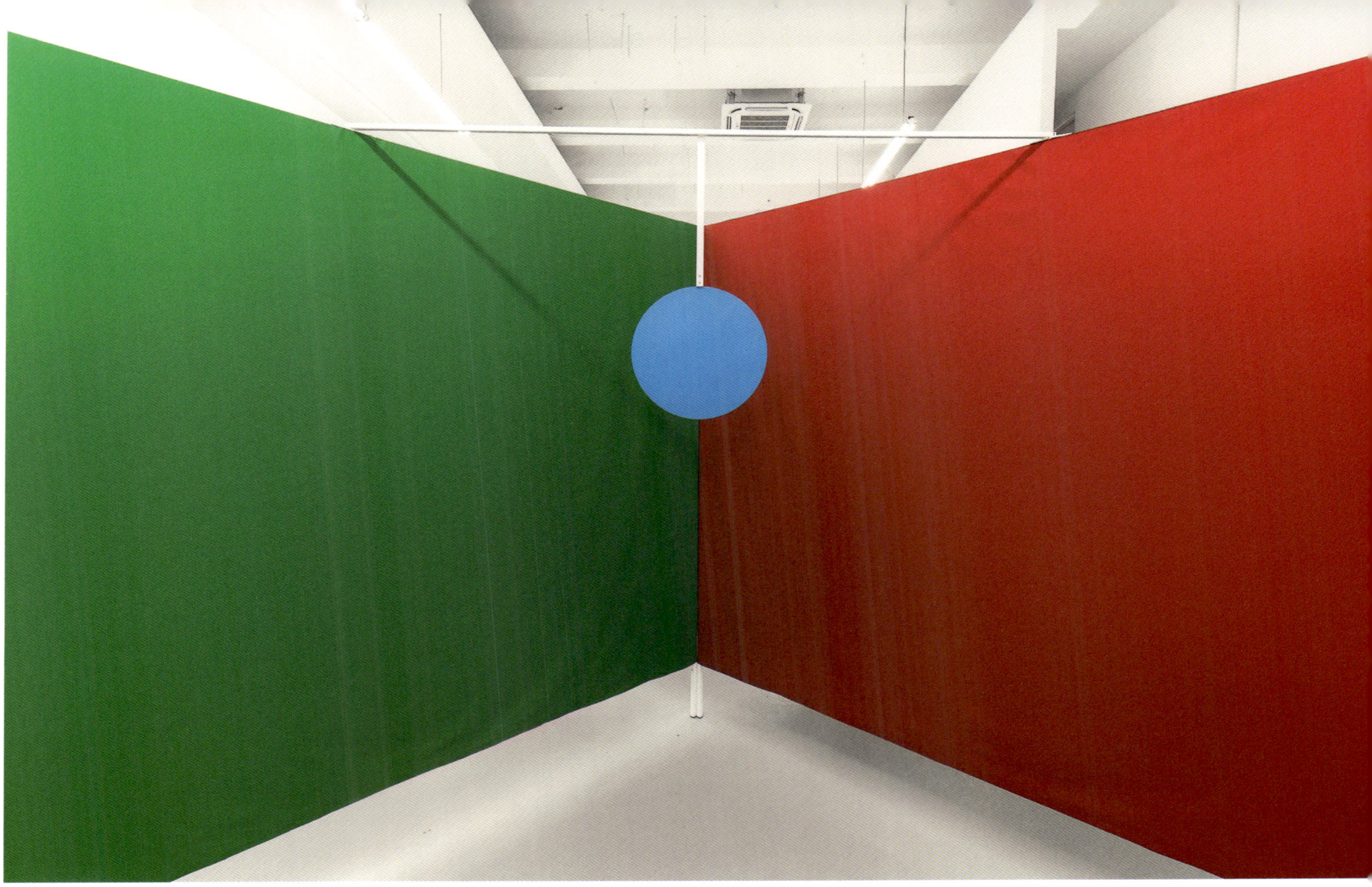

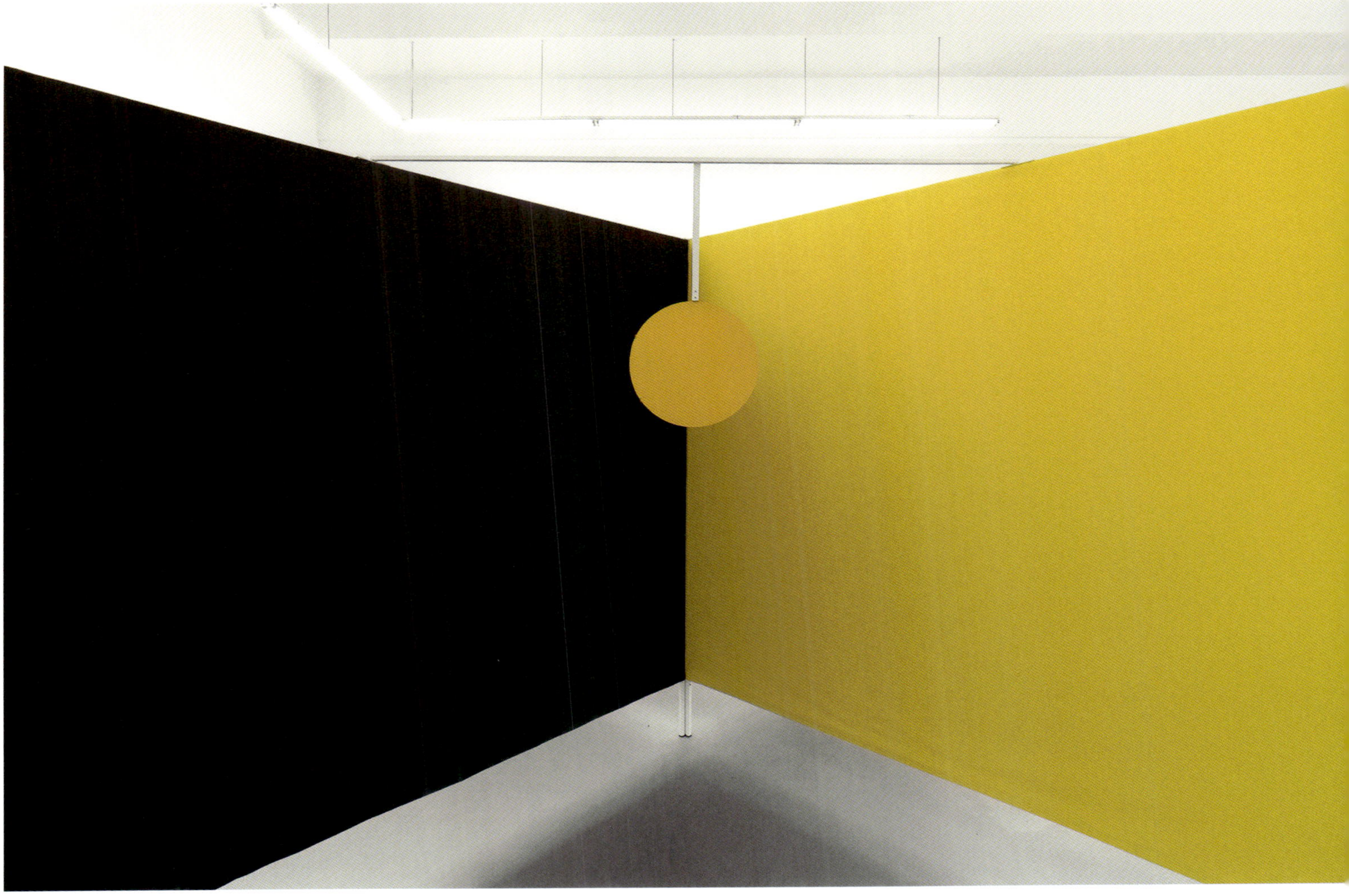

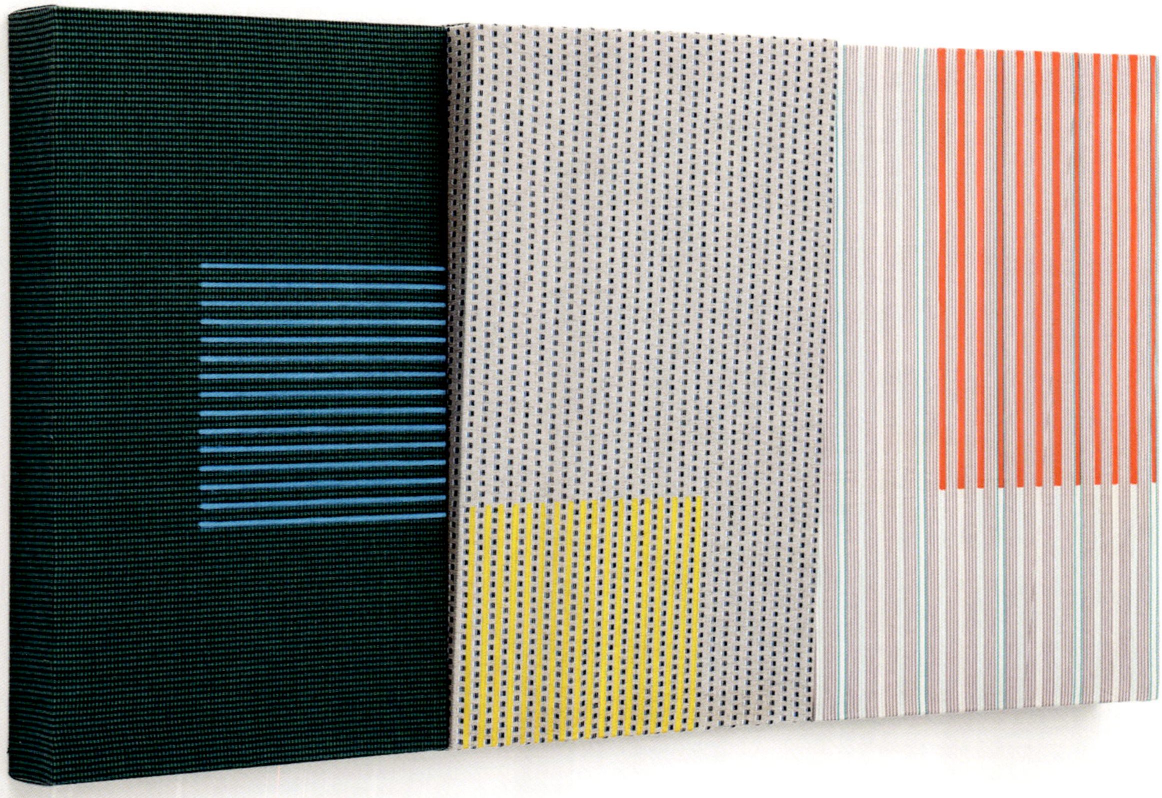

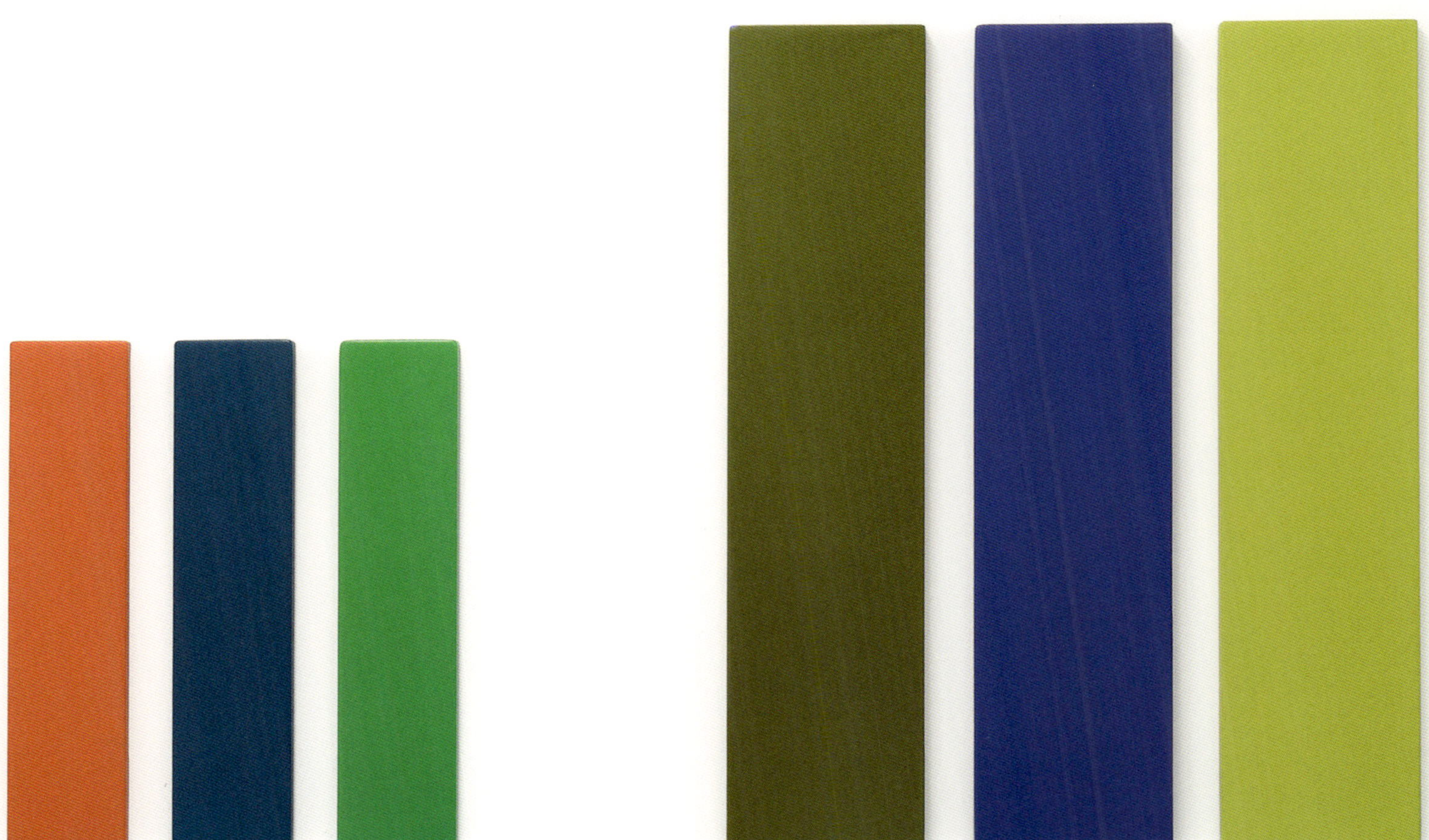

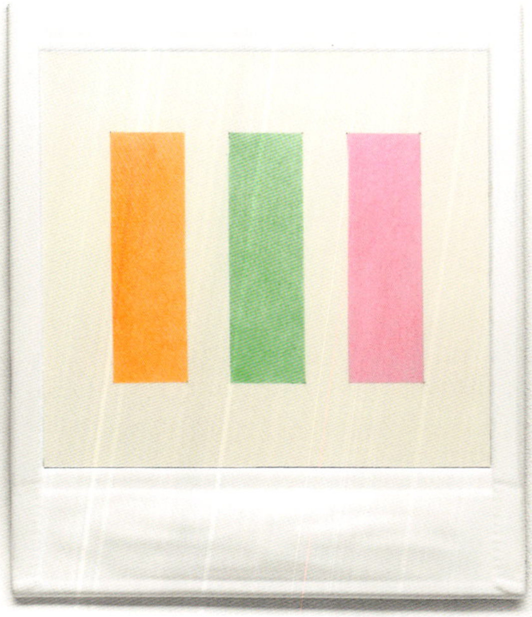

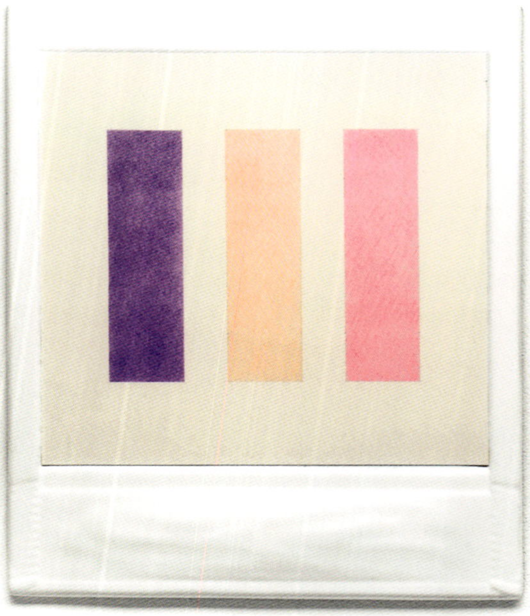

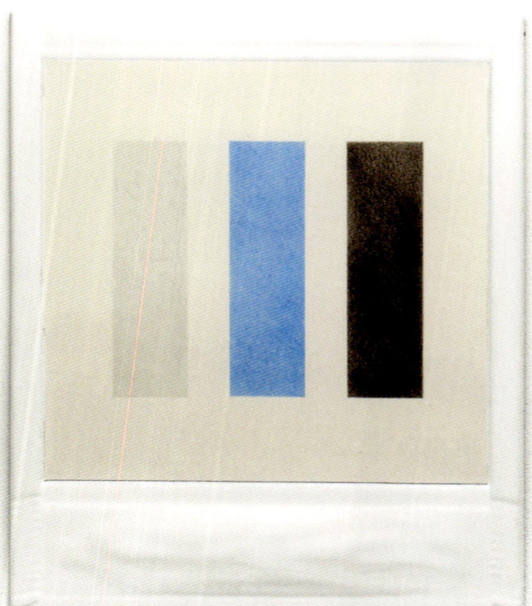

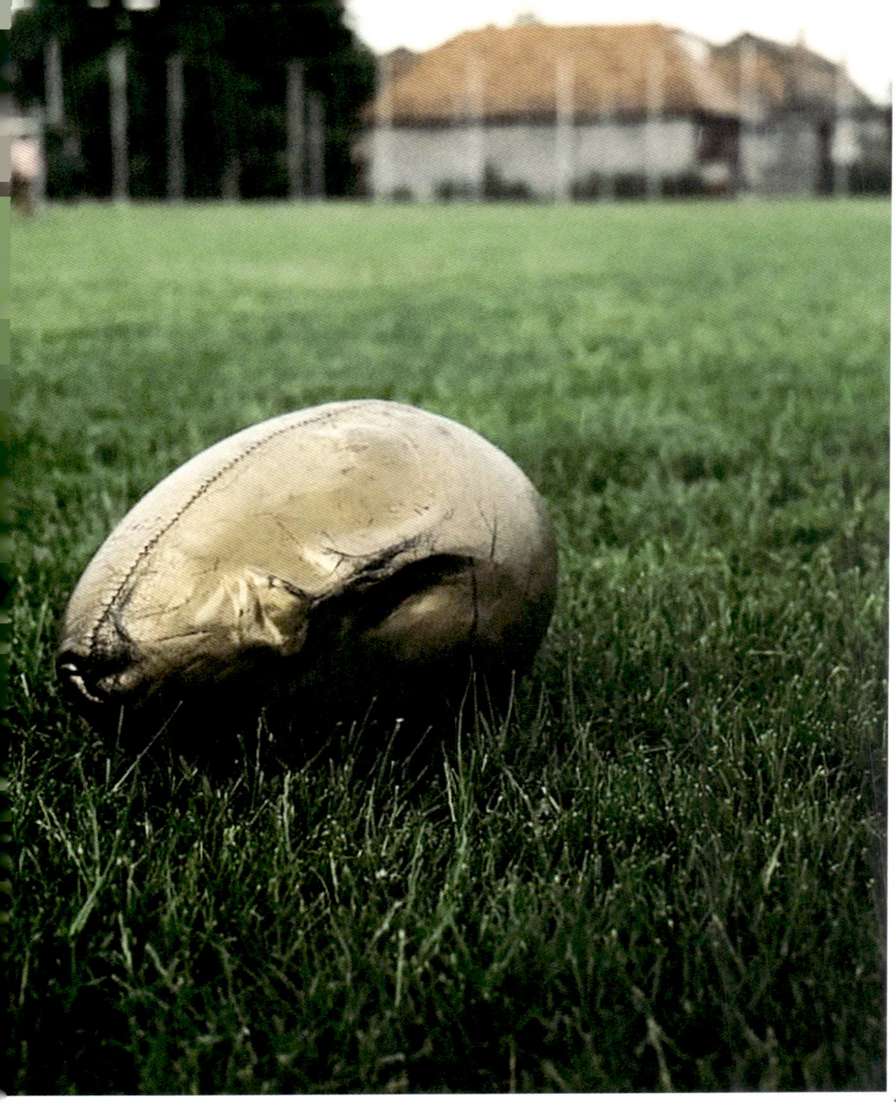

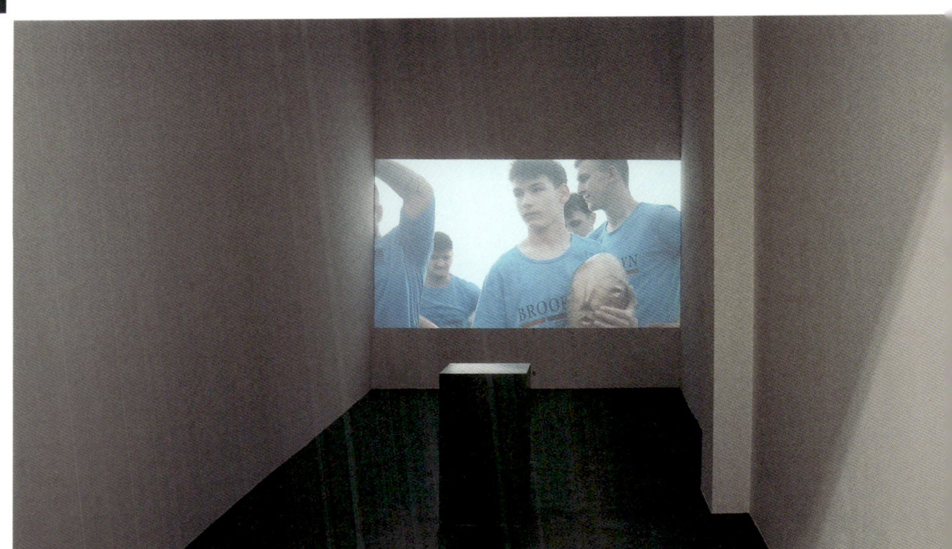

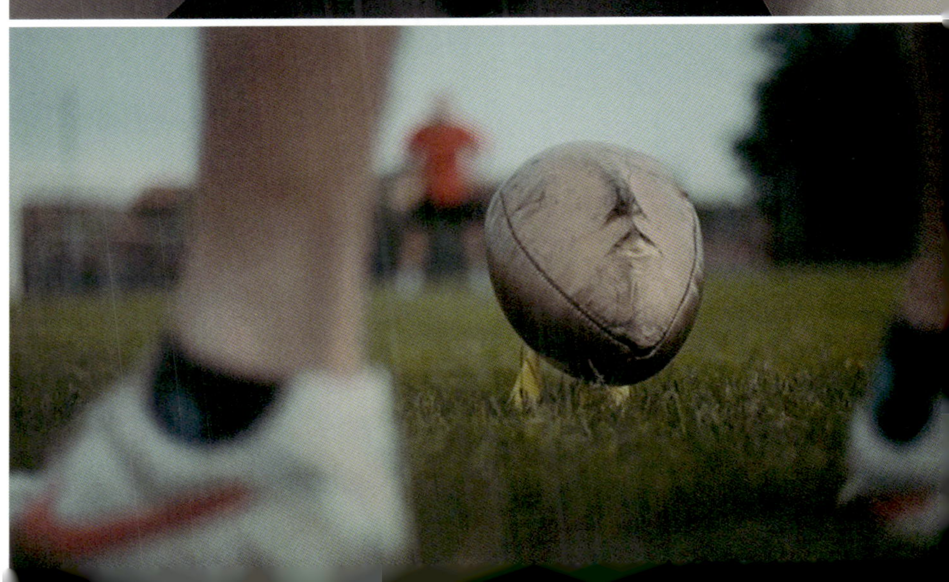

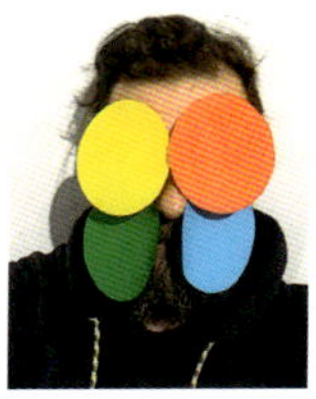

Self-portrait as a Color Problem, 2019
Digital image, variable dimensions / imagine digitală, dimensiuni variabile

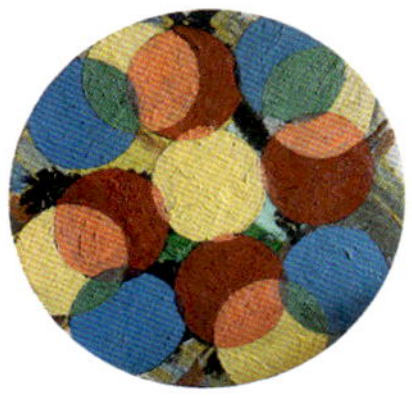

Elements, 2010
Oil on linen mounted on plywood / ulei pe pânză de in montată pe placaj stratificat, ø18 cm.
Photo / foto: YAP studio

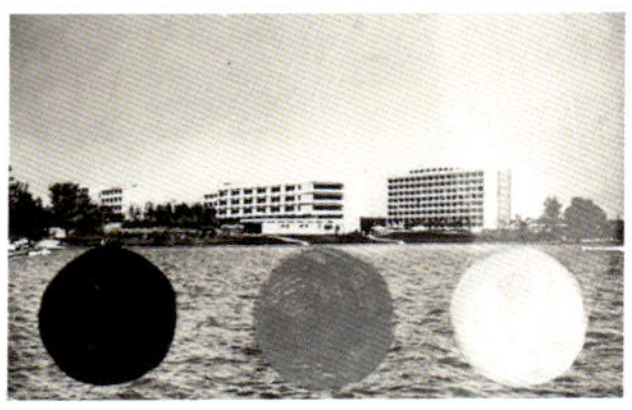

Study of Circular Obstructions 1, 2010
Acrylic on postcard / acrilic pe carte poștală, 9 × 14 cm

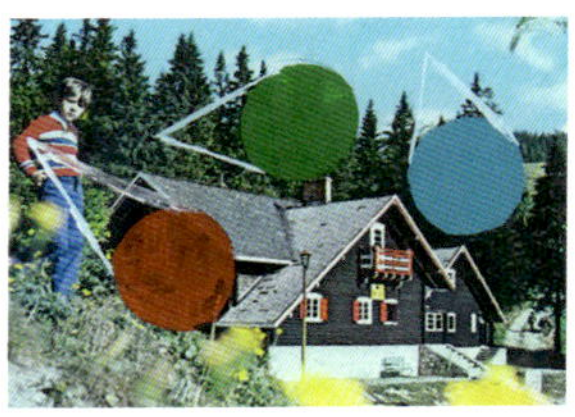

Study of Circular Obstructions 2, 2010
Acrylic on postcard / acrilic pe carte poștală, 10 × 15 cm

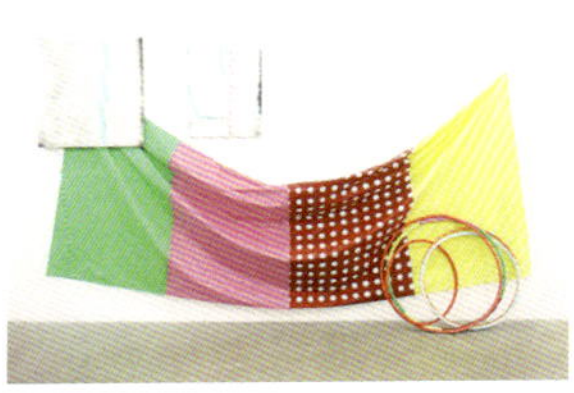

Scenography for Painting (IKEA), 2012
Ikea vinyl tablecloths, acrylic on canvas mounted on MDF, hula hoops / fețe de masă Ikea din vinil, acrilic pe pânză montată pe MDF, cercuri pentru gimnastică, 205 × 340 cm (approx. / aprox.). Courtesy of the artist and / prin amabilitatea artistului și a Hydra School Projects, Hydra Island (Greece) / insula Hydra (Grecia)

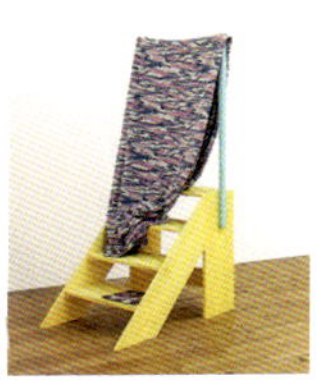

Staircased Scenography for Painting, 2011
Wooden object, textile, oil painting on plywood / obiect din lemn, material textil, pictură în ulei pe placaj stratificat, 160 × 60 × 80 cm. Photo / foto: amt_project Bratislava

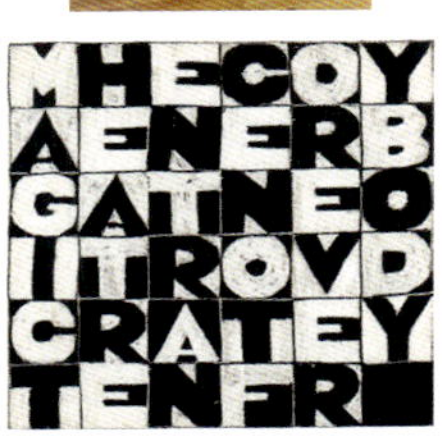

Magic Theater Entrance Not For Everybody, 2012
Embroidery on cloth / broderie pe pânză, 30 × 30 cm. Photo / foto: YAP studio

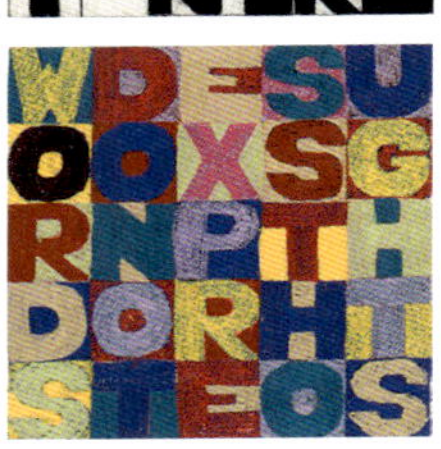

Words Do Not Express Thoughts, 2012
Embroidery on cloth / broderie pe pânză, 30 × 30 cm. Photo / foto: YAP studio

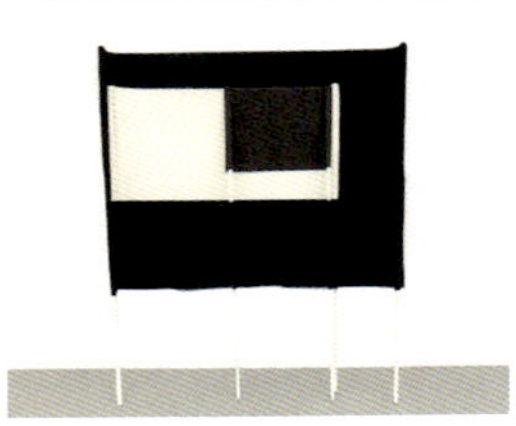

Transmuted Painting [g/w/b], 2012
Fabrics, cardboard, wooden sticks / materiale textile, carton, baghete din lemn, 280 × 200 cm.
Photo / foto: YAP studio

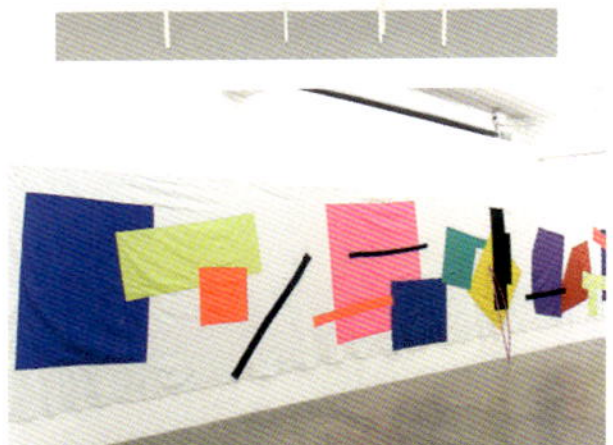

Geometrization Conjecture, 2012
Cotton fabric, patchwork / țesătură de bumbac, petice, 200 × 800 cm. Photo / foto: Zoltan Gabri

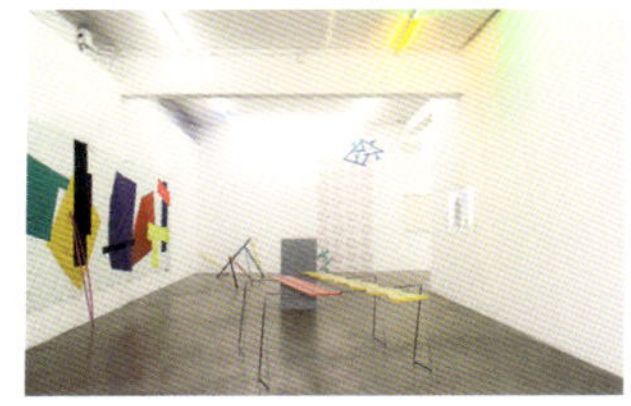

Things as They Are, 2012
Exhibition view / vedere din expoziție, Sabot, Cluj-Napoca, 2012. Photo / foto: Zoltan Gabri

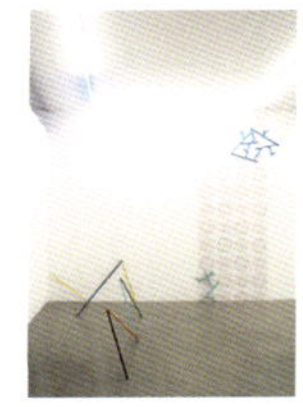

Things as They Are, 2012
Exhibition view / vedere din expoziție, Sabot, Cluj-Napoca. Photo / foto: Zoltan Gabri

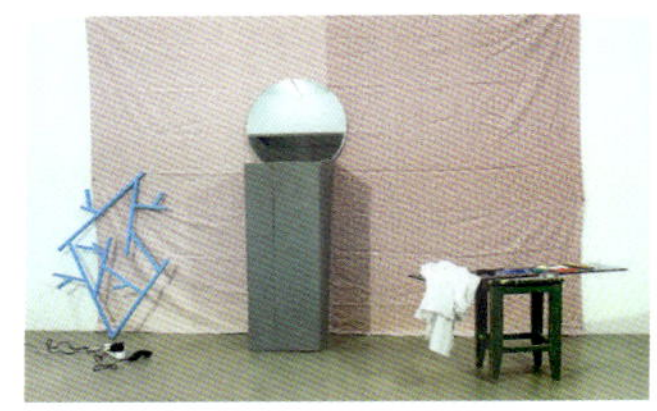

Modernist Study for Bust, 2011
HD video, color, sound / video HD, culoare, sunet, 11:26

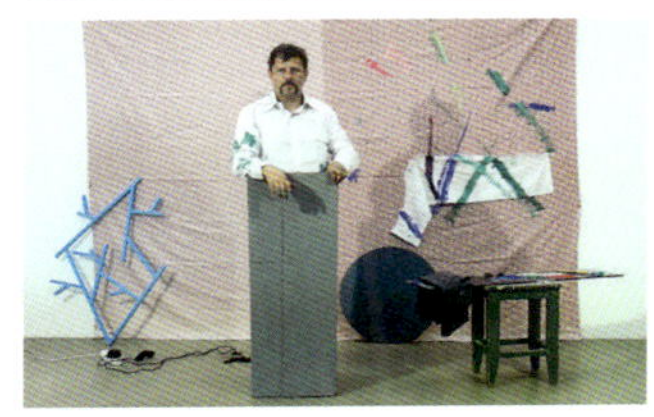

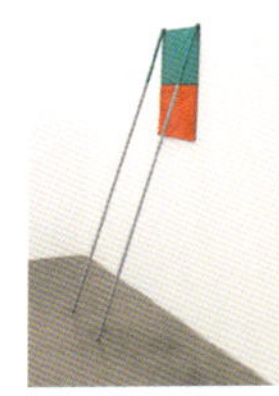

Transmuted Painting, 2012
Fabric, wooden sticks, primer / material textil, baghete din lemn, grund, 200 × 49 cm.
Photo / foto: Zoltan Gabri

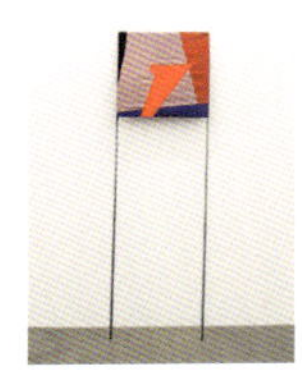

Transmuted Painting, 2011
Fabric, round steel bars / material textil, bare de oțel rotunde, 200 × 58 cm. Photo / foto: Zoltan Gabri

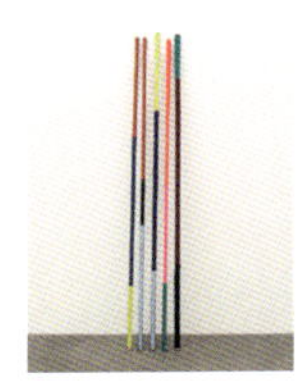

Transmuted Painting, 2011
Fabric, wooden sticks / material textil, baghete din lemn, 200 × ø3 cm. Photo / foto: Zoltan Gabri

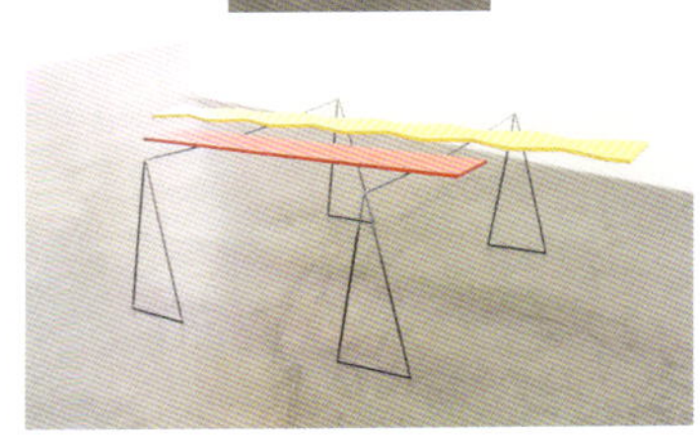

Transmuted Forms, 2012
Metal, wood, industrial paint, variable dimensions / metal, lemn, vopsea industrială, dimensiuni variabile.
Photo / foto: Zoltan Gabri

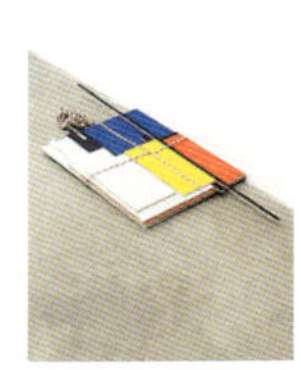

Composition with Red, Yellow and Blue [after Piet Mondrian], 2012
Oil on canvas mounted on MDF, rope, variable dimensions / ulei pe pânză montată pe MDF, sfoară, dimensiuni variabile. Photo / foto: Zoltan Gabri

Topology | Typology | Typography, 2013
Acrylic on linen / acrilic pe pânză de in, 45.5 × 45.5 cm. Photo / foto: YAP studio

Topology | Typology | Typography, 2013
Acrylic on linen / acrilic pe pânză de in, 45.5 × 45.5 cm.
Photo / foto: YAP studio

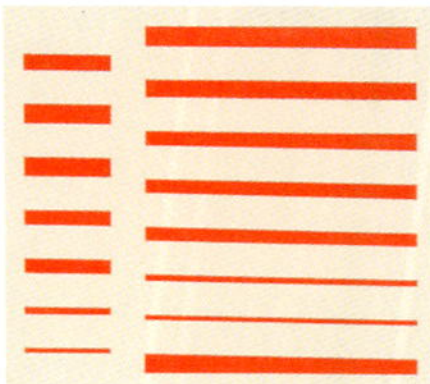

Topology | Typology | Typography, 2013
Oil on canvas / ulei pe pânză, 55.5 × 60 cm.
Photo / foto: YAP studio

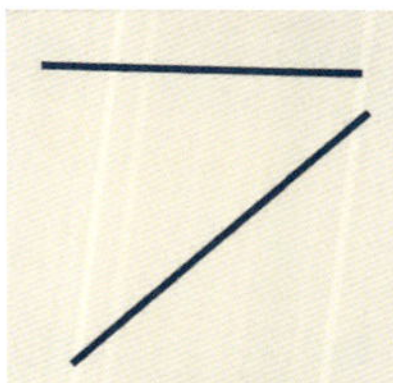

Topology | Typology | Typography, 2013
Oil on canvas / ulei pe pânză, 50.5 × 50.5 cm.
Photo / foto: YAP studio

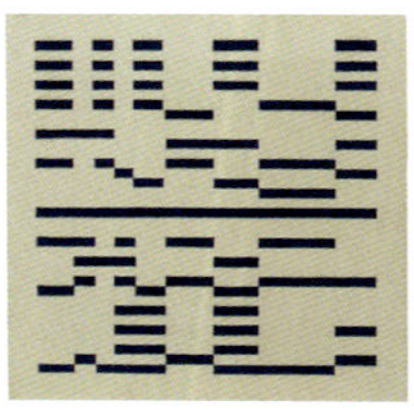

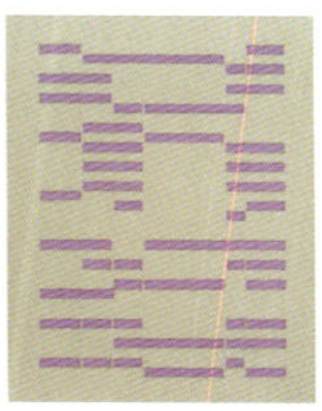

Transcript [*after Also sprach Zarathustra*], 2013
Oil on canvas / ulei pe pânză, 40 × 40 cm; 40 × 30 cm.
Collection of / colecția James Keith Brown and / și Eric G. Diefenbach. Photo / foto: YAP studio

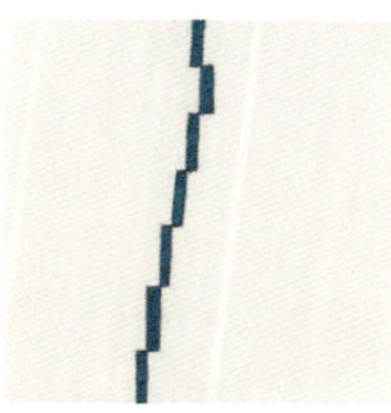

Diametric Abstraction (*Transmuted Form*), 2013
Embroidery on canvas mounted on MDF / broderie pe pânză montată pe MDF, 30 × 30 cm. Collection of / colecția Geanina and / și Tudor Grecu. Photo / foto: YAP studio

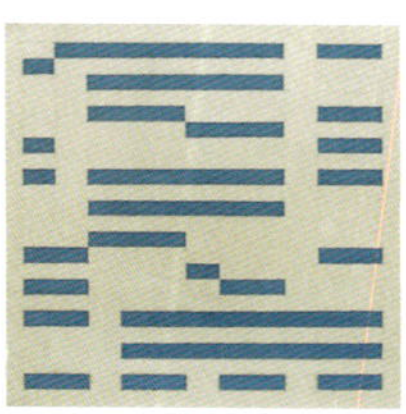

Transcript [*after Rolling in the Deep*], 2013
Oil on canvas / ulei pe pânză, 50 × 50 cm. Collection of / colecția Graham Steele. Photo / foto: YAP studio

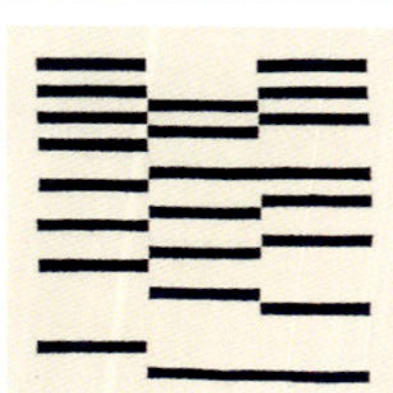

Transcript [*after Beethoven's Symphony № 5*], 2013
Oil on canvas / ulei pe pânză, 30 × 30 cm. Collection of / colecția Răzvan Bănescu. Photo / foto: YAP studio

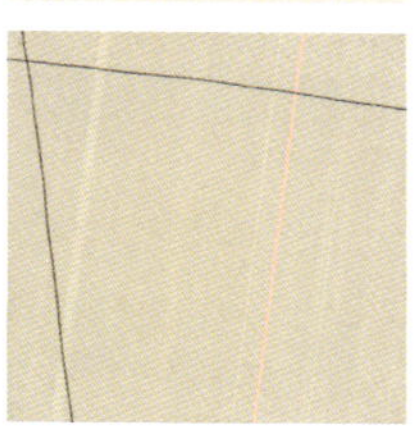

Transmuted Form / Transcription 2, 2013
Embroidery on canvas / broderie pe pânză, 30 × 30 cm.
Photo / foto: YAP studio

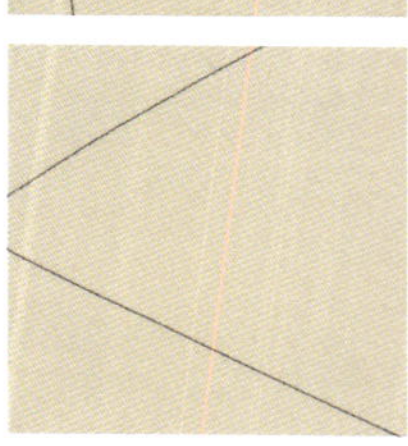

Transmuted Form / Transcription 1, 2013
Embroidery on canvas / broderie pe pânză, 30 × 30 cm.
Photo / foto: YAP studio

Transcriptions and Notes on Paper, 2013
Woodcut / xilogravură, 42 × 30 cm. Collection of / colecția Renata and / și Mihai Tretelnițchi. Photo / foto: YAP studio

Transmuted Form, 2013
Powder coated aluminum / aluminiu vopsit în câmp electrostatic, 135 × 123 cm. Collection of / colecția Andrei Picoș. Photo / foto: YAP studio

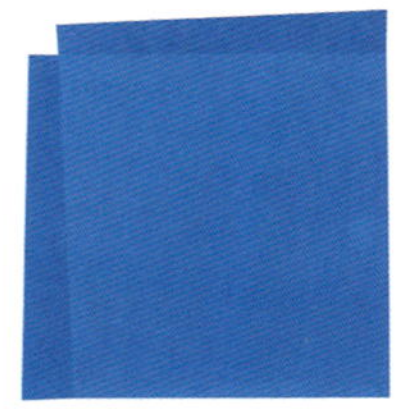

Transmuted Form, 2013
Powder coated aluminum / aluminiu vopsit în câmp electrostatic, 135 × 123 cm. Collection of Conector Foundation / colecția Fundației Conector, Cluj-Napoca. Photo / foto: YAP studio

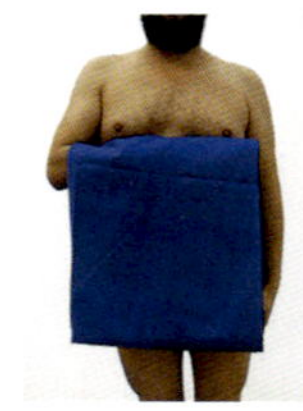

Blue, 2013
Photographic documentation of the performance, thirteen digital images, variable dimensions / documentația fotografică a acțiunii performative, treisprezece imagini digitale, dimensiuni variabile

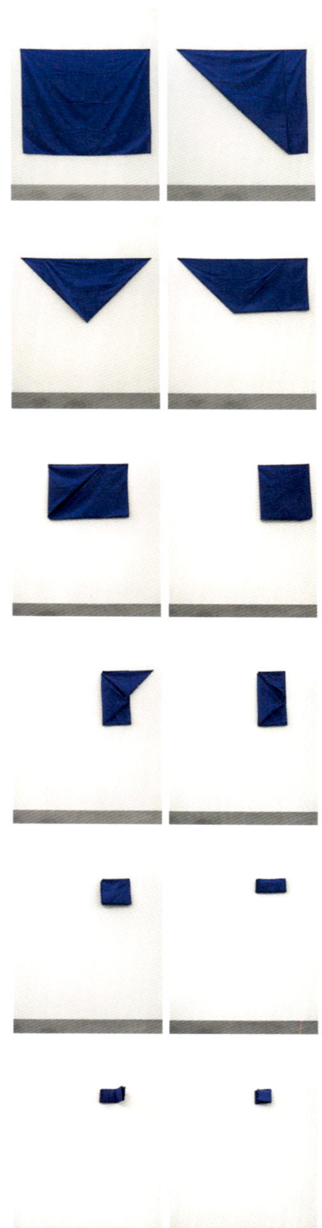

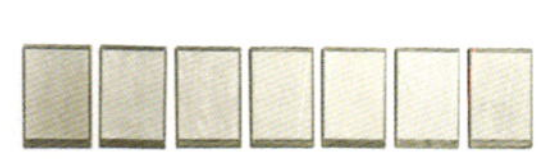

Transcription – Grey [*after Claude Debussy's Nocturnes*], 2014
Seven plates of cast concrete, inlays of offset prints (CMYK color code of concrete) / șapte plăci de beton turnat, inserții din hârtie imprimată offset (codul CMYK al betonului), 54 × 33.5 cm (each / fiecare), 54 × 295 cm (overall / în ansamblu). Collection of / colecția Ovidiu Șandor. Photo / foto: YAP studio

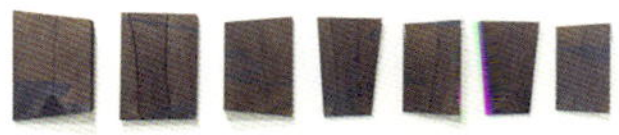

Impromptu for 7 Irregular Shades, 2014
Seven wooden panels, acrylic, grey tights / șapte panouri de lemn, acrilic, ciorapi de damă, 60 × 40 cm (each / fiecare); 60 × 370 cm (overall / în ansamblu). Photo / foto: YAP studio

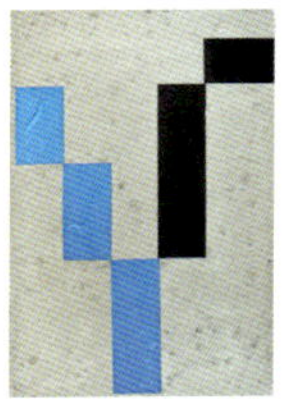

Transcription, 2013
Cast concrete, inlaid art magazine cutouts / beton turnat, inserții de decupaje din reviste de artă, 50 × 33 cm. Collection of / colecția Alain Féliu. Photo / foto: YAP studio

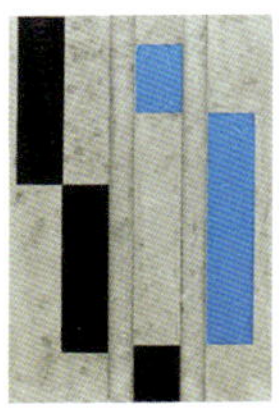

Transcription, 2013
Cast concrete, inlaid art magazine cutouts / beton turnat, inserții de decupaje din reviste de artă, 50 × 33 cm. Collection of / colecția Julia Koropoulos. Photo / foto: YAP studio

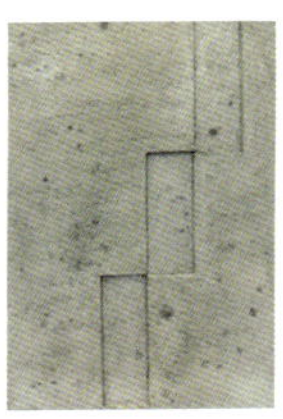

Transcription, 2013
Cast concrete / beton turnat, 50 × 33 cm. Collection of / colecția James Keith Brown and / și Eric G. Diefenbach. Photo / foto: YAP studio

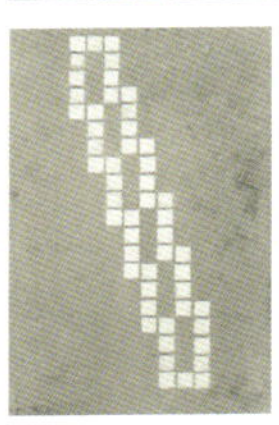

Transcription, 2013
Cast concrete, mosaic tiles / beton turnat, mozaic ceramic, 50 × 33 cm. Collection of / colecția James Keith Brown and / și Eric G. Diefenbach. Photo / foto: YAP studio

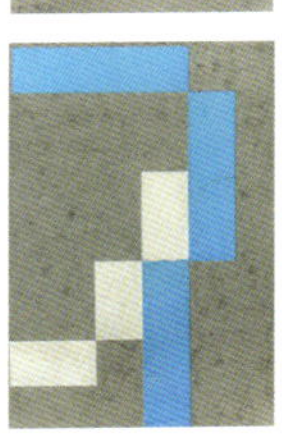

Transcription, 2013
Cast concrete, inlaid art magazine cutouts / beton turnat, inserții de decupaje din reviste de artă, 50 × 33 cm. Collection of / colecția James Keith Brown and / și Eric G. Diefenbach. Photo / foto: YAP studio

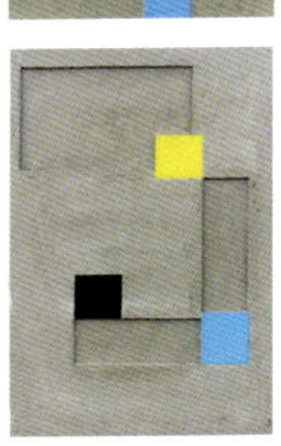

Transcription [after Le Corbusier], 2013
Cast concrete, inlaid art magazine cutouts / beton turnat, inserții de decupaje din reviste de artă, 50 × 33 cm. Collection of / colecția Arthur Taubman Trust. Photo / foto: YAP studio

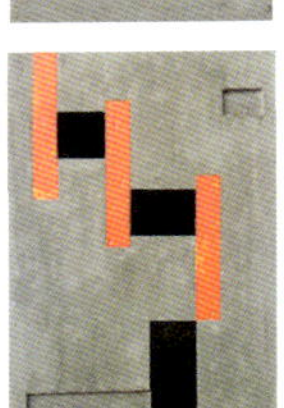

Transcription, 2014
Cast concrete, inlaid art magazine cutouts / beton turnat, inserții de decupaje din reviste de artă, 54 × 33.5 cm. Photo / foto: YAP studio

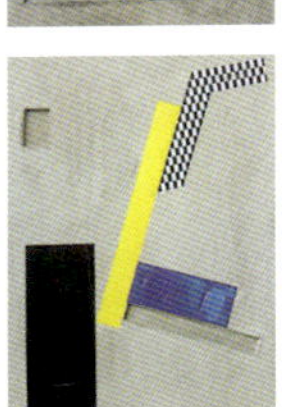

Transcription [Dada Rhapsody on Gray], 2014
Cast concrete, inlaid art magazine cutouts / beton turnat, inserții de decupaje din reviste de artă, 54 × 33.5 cm. Photo / foto: YAP studio

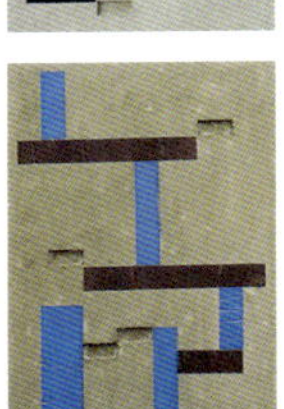

Transcription, 2014
Cast concrete, inlaid art magazine cutouts / beton turnat, inserții de decupaje din reviste de artă, 54 × 33.5 cm. Collection of / colecția Răzvan Bănescu. Photo / foto: YAP studio

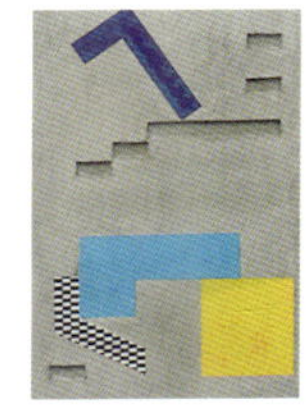

Transcription [Dada Rhapsody on Gray], 2014
Cast concrete, inlaid art magazine cutouts / beton turnat, inserții de decupaje din reviste de artă, 54 × 33.5 cm. Photo / foto: YAP studio

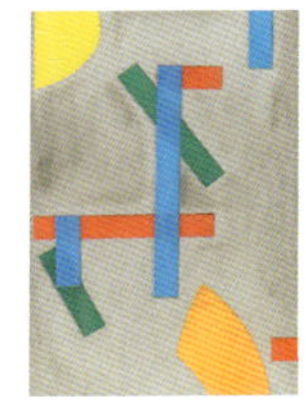

Transcription [Dada Rhapsody on Gray], 2014
Cast concrete, inlaid art magazine cutouts / beton turnat, inserții de decupaje din reviste de artă, 54 × 33.5 cm. Collection of / colecția Geanina and / și Tudor Grecu. Photo / foto: YAP studio

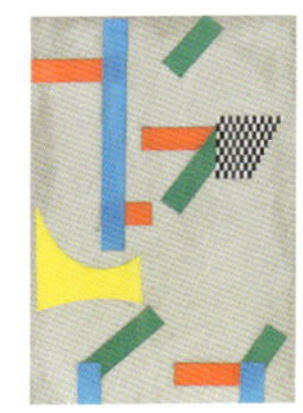

Transcription [Dada Rhapsody on Gray], 2014
Cast concrete, inlaid art magazine cutouts / beton turnat, inserții de decupaje din reviste de artă, 54 × 33.5 cm. Collection of / colecția Geanina and / și Tudor Grecu. Photo / foto: YAP studio

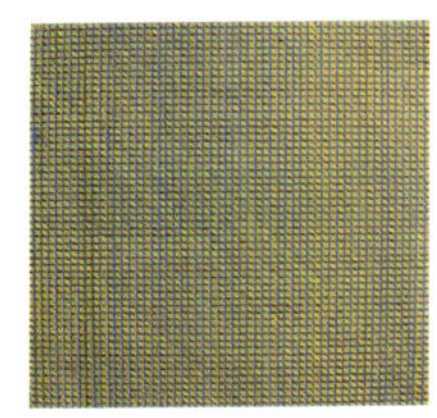

Phase, 2014
Cement paste and oil-based paint markers on linen / pastă de ciment și markere pe bază de ulei pe pânză de in, 55 × 55 cm. Private collection / colecție privată. Photo / foto: YAP studio

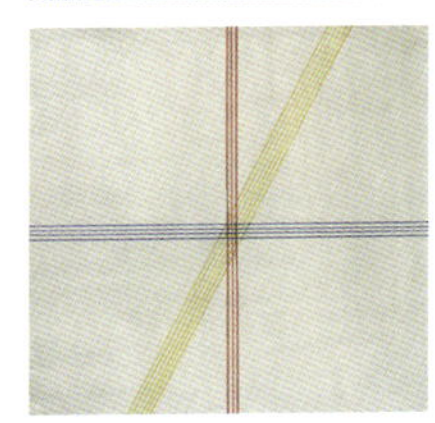

Phase 3-4-6, 2014
Cement paste and oil-based paint markers on linen / pastă de ciment și markere pe bază de ulei pe pânză de in, 100 × 100 cm. Photo / foto: YAP studio

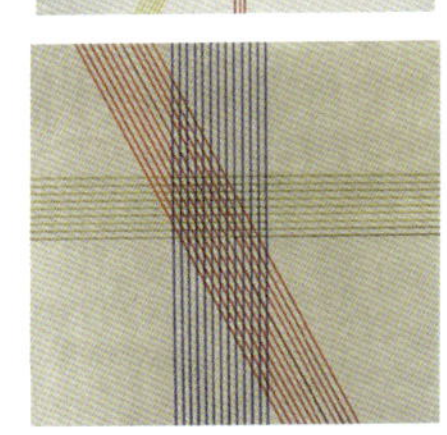

Phase 9-11-13, 2014
Cement paste and oil-based paint markers on linen / pastă de ciment și markere pe bază de ulei pe pânză de in, 55 × 55 cm. Collection of / colecția James Keith Brown and / și Eric G. Diefenbach. Photo / foto: YAP studio

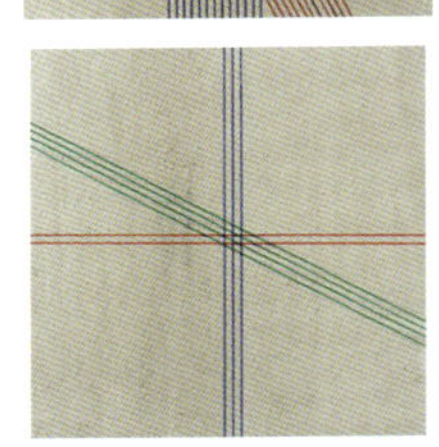

Phase 2-3-4, 2014
Cement paste and oil-based paint markers on linen / pastă de ciment și markere pe bază de ulei pe pânză de in, 55 × 55 cm. Collection of / colecția Alain Féliu. Photo / foto: YAP studio

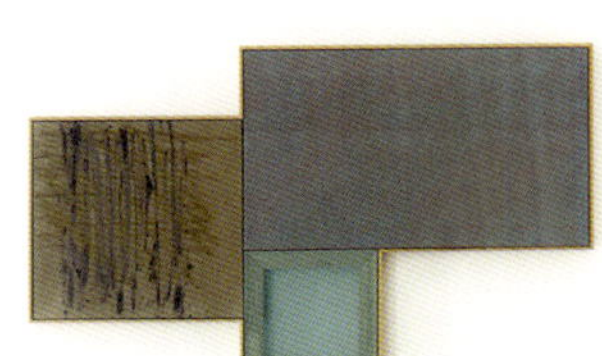

Atonal Geometry [Cross-Rhythms] – RGB Grid on Grey | Grey Noise_RGB | Random Grid on Grey, 2015
Oil markers over cement paste on canvas; layered tulle nettings; R/beetroot, G/Nicotiana Alata leaves, B/blackcurrant over cement paste on canvas / markere de ulei peste pastă de ciment pe pânză; țesături tul suprapuse; R/sfeclă, G/frunze de Regina Nopții, B/coacăze negre peste pastă de ciment pe pânză, 100 × 160 cm. Collection of / colecția MNAC, Bucharest / București. Photo / foto: YAP studio

Atonal Geometry [Cross-Rhythms] – CMYK Grid on Grey | Grey Noise_CMYK | Random Grid on Grey, 2015
Oil markers over cement paste on canvas; layered tulle nettings; C/blackcurrant, M/beetroot, Y/pollen, K/cement paste / markere de ulei peste pastă de ciment pe pânză; țesături tul suprapuse; C/coacăze negre, M/sfeclă, Y/polen, K/pastă de ciment, 80 × 180 cm. Photo / foto: YAP studio

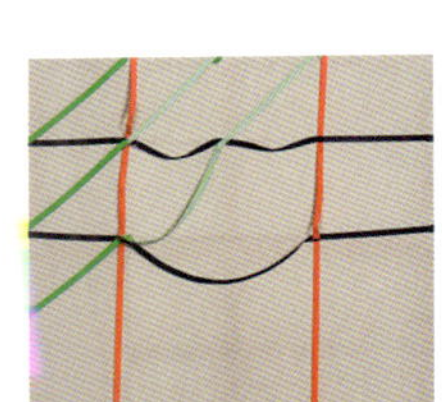

Quodlibet [Tromp l'oeil after Samuel van Hoogstraten], 2016
Elastic straps on cotton fabric / benzi elastice pe țesătură de bumbac, 100 × 100 cm. Photo / foto: YAP studio

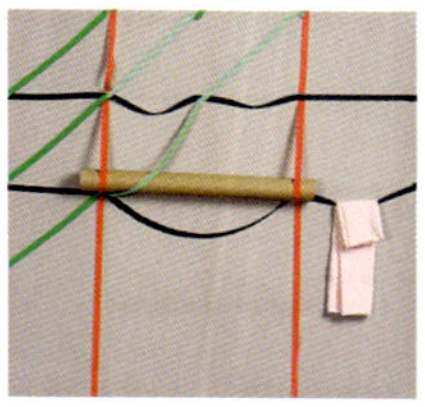

Quodlibet [*Tromp l'oeil after Samuel van Hoogstraten*], 2016
Elastic straps on cotton fabric, carboard tube, cotton towel / benzi elastice pe țesătură de bumbac, tub de carton, prosop de bumbac, 100 × 100 cm. Photo / foto: YAP studio

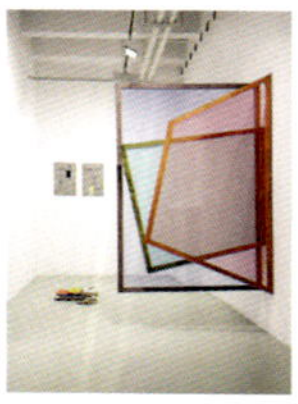

Transcription [*RGB_Grey*], 2014
Three irregular wooden stretchers, tulle netting / trei șasiuri neregulate din lemn, țesătură tul, installation view / vedere de ansamblu, *Boogie Woogie*, Trafó, Budapest / Budapesta. Photo / foto: Áron Fenyvesi

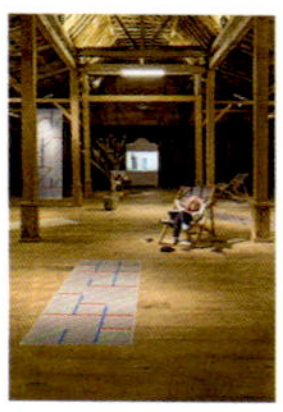

Basa Walikan [*Batik Transcriptions*], 2015
Exhibition view / vedere din expoziție, Kayu – Lucie Fontaine's branch in Bali, Indonesia / Indonezia. Photo / foto: Evelyn Pritt

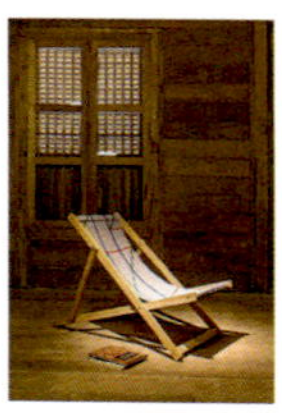

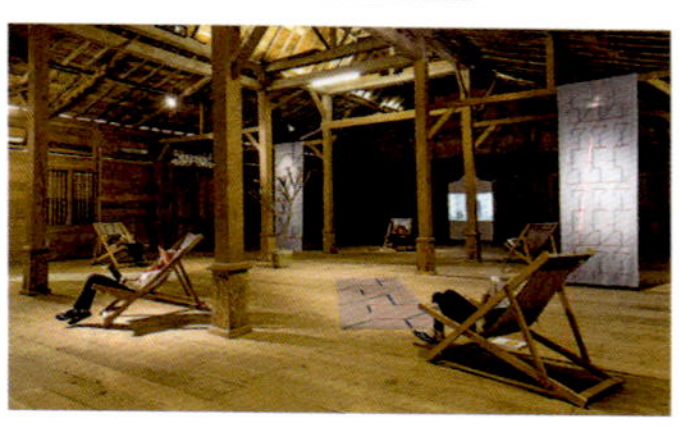

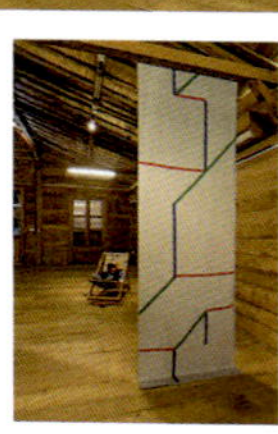

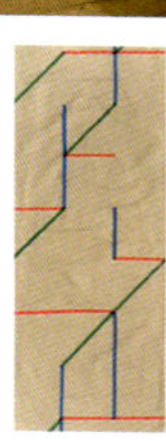

Unfolded Joglo, 2015
Acrylic on cotton / acrilic pe bumbac, 180 × 60 cm. Photo / foto: YAP studio

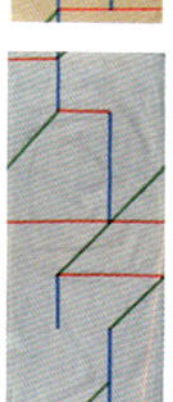

Unfolded Joglo, 2015
Acrylic on cotton / acrilic pe bumbac, 180 × 60 cm. Photo / foto: YAP studio

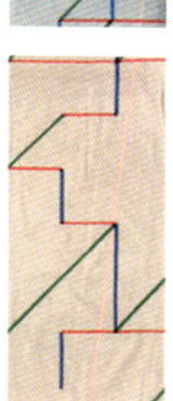

Unfolded Joglo, 2015
Acrylic on cotton / acrilic pe bumbac, 180 × 60 cm. Photo / foto: YAP studio

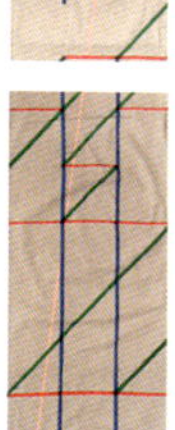

Unfolded Joglo, 2015
Acrylic on cotton / acrilic pe bumbac, 180 × 60 cm. Photo / foto: YAP studio

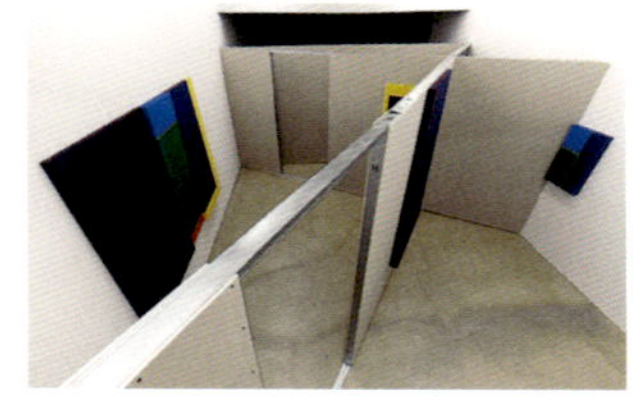

Naked and Drawing with a Compass, 2016
Exhibition view / vedere din expoziție, Sabot, Cluj-Napoca. Photo / foto: YAP studio

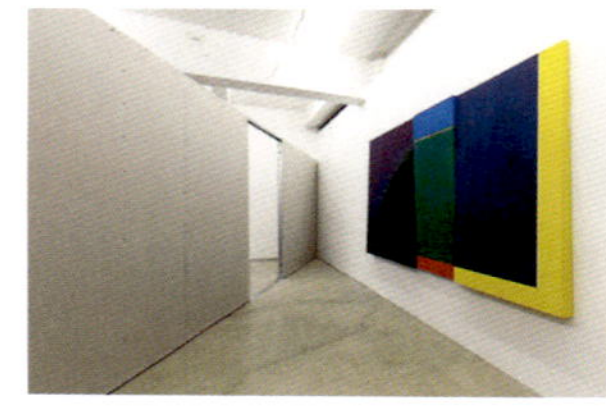

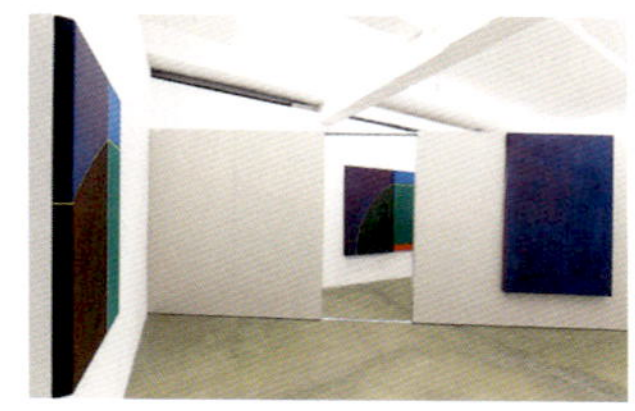

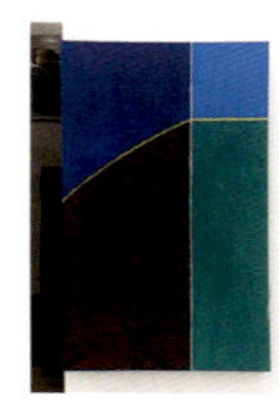

Golden Ratio 8/13, 2015
Textile pigments on cotton fabric (batik) / pigmenți textili pe țesătură de bumbac (batik), 130 × 80 cm. Collection of / colecția Avi Cicirean. Photo / foto: YAP studio

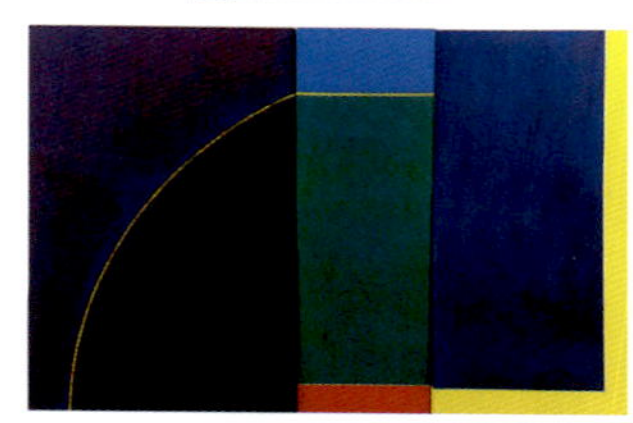

Double Diapente 4/6/9, 2015
Textile pigments on cotton fabric (batik), three joined asymmetrical elements / pigmenți textili pe țesătură de bumbac (batik), trei elemente asimetrice, 180 × 270 cm. Collection of / colecția Geanina and / și Tudor Grecu. Photo / foto: YAP studio

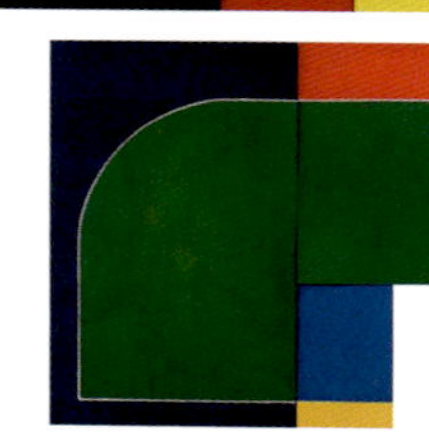

Golden Ratio [*Color Impromptu on Josep Lluís Sert's Fundació Joan Miró, Barcelona*], 2017
Textile pigments on cotton fabric (batik), three joined asymmetrical elements / pigmenți textili pe țesătură de bumbac (batik), trei elemente asimetrice, 175 × 175 cm. Collection of / colecția Artur Trawiński. Photo / foto: YAP studio

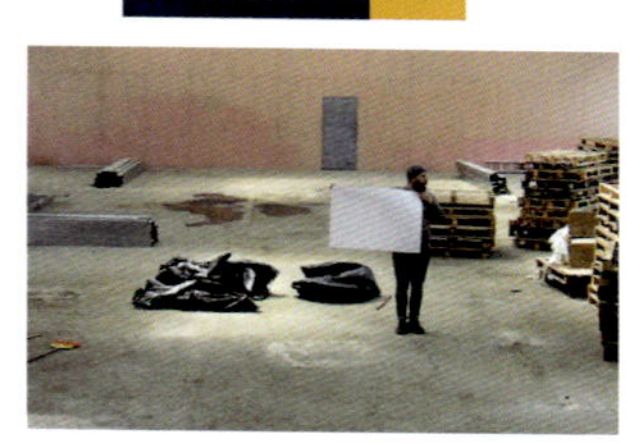

Untitled [*Impromptu*], 2017
Photographic documentation of the performance / documentația fotografică a acțiunii performative. Photo / foto: Sung Jae Rēvo Kim

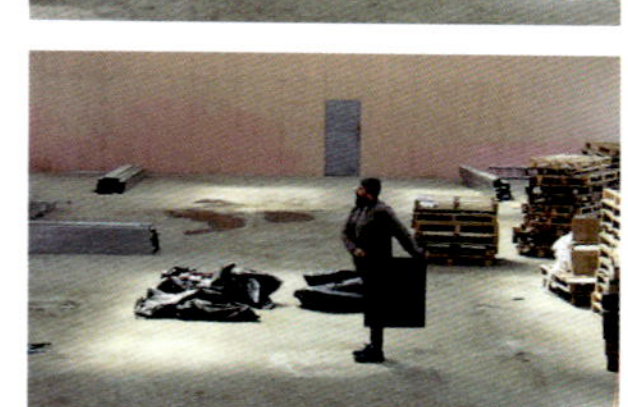

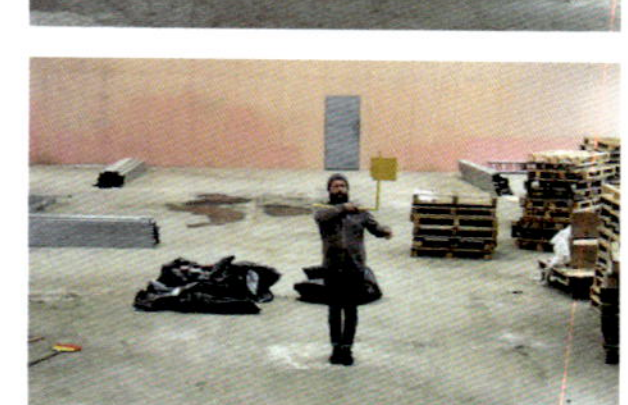

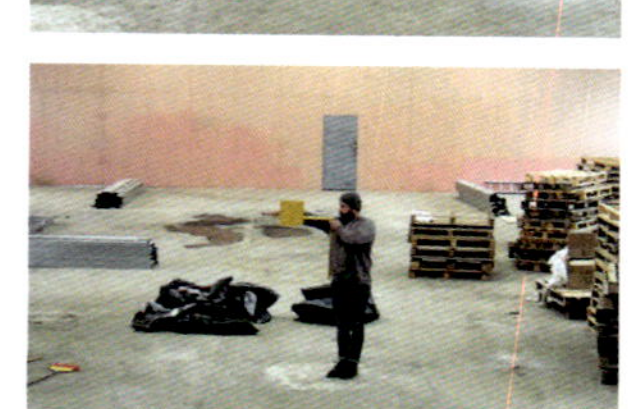

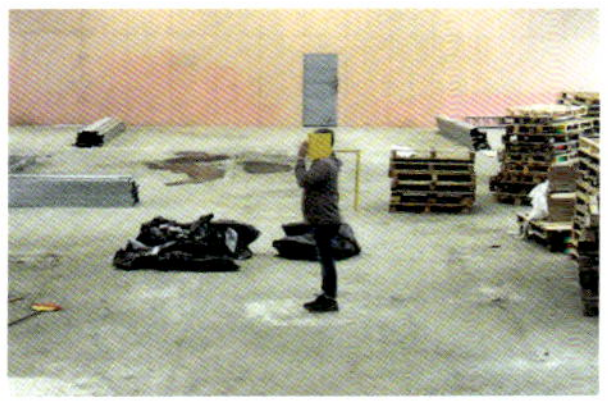

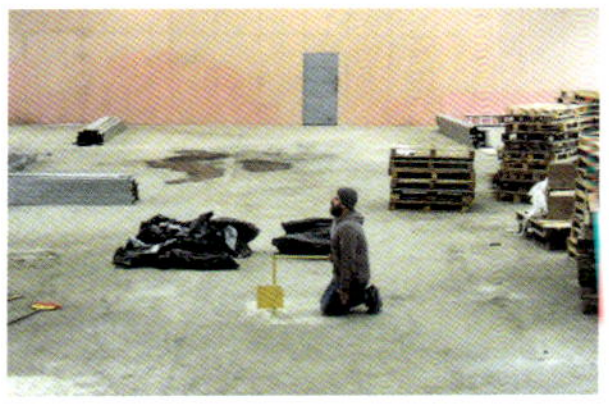

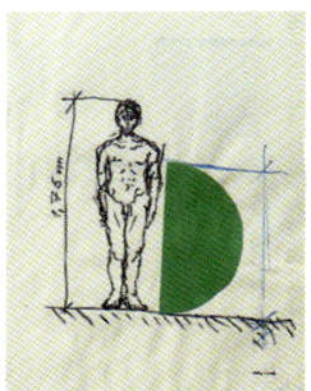

Study for Breakdance [*color analytics & anthropometry*], 2018
Ink, paper collage / tuș, colaj pe hârtie, 26 × 19 cm. Photo / foto: YAP studio

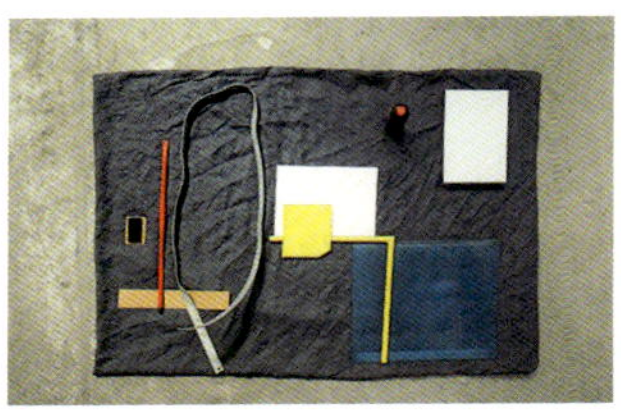

Étude [*Tablecloth for Leftovers*], 2017
Cotton fabric, broken phone, paper, plastic, metal, wood / țesătură de bumbac, telefon defect, hârtie, plastic, metal, lemn. Photo / foto: Sung Jae Rēvo Kim

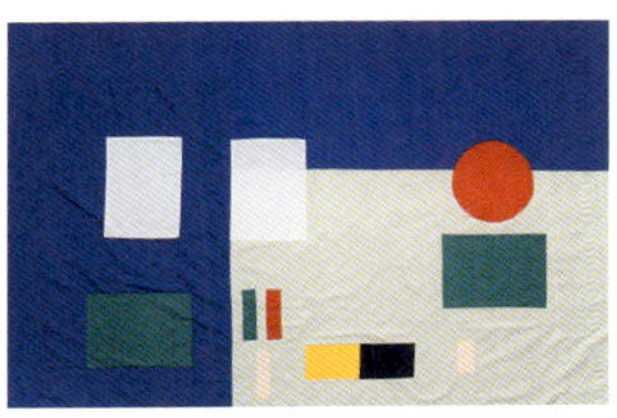

Tablecloth [*Surface for Ideas*] *1*, 2017
Cotton fabric, patchwork / țesătură de bumbac, petice, 140 × 220 cm. Photo / foto: YAP studio

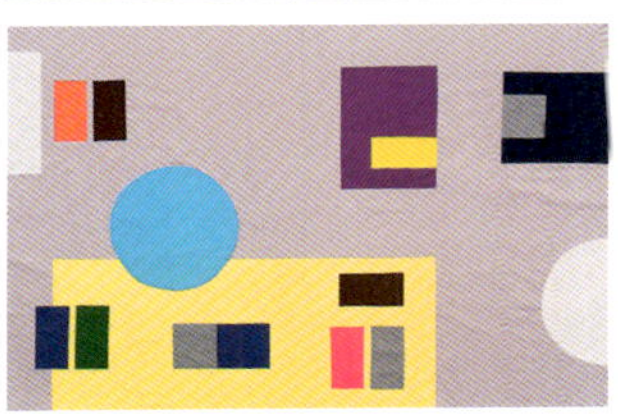

Tablecloth [*Surface for Ideas*] *2*, 2017–2023
Cotton fabric, patchwork / țesătură de bumbac, petice, 120 × 240 cm. Photo / foto: YAP studio

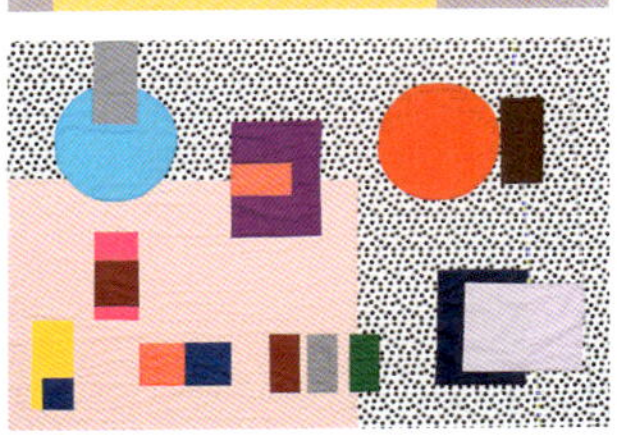

Tablecloth [*Surface for Ideas*] *3*, 2017–2023
Cotton fabric, patchwork / țesătură de bumbac, petice, 120 × 200 cm. Photo / foto: YAP studio

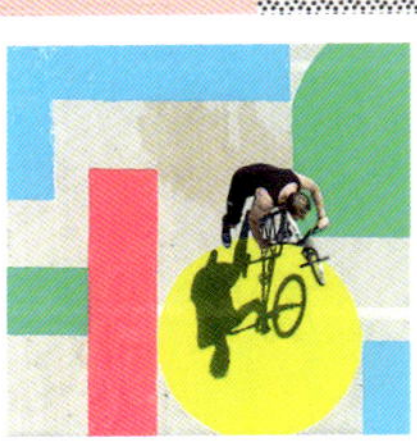

Après le disco, 2018
4k video, color, no sound / video 4k, culoare, fără sunet, 09:20. Courtesy of the artist and / prin amabilitatea artistului și a Galerie Emmanuel Hervé, Marseille (France) / Marsilia (Franța). Shooting and video editing / filmare și editare video: Alexandru Don

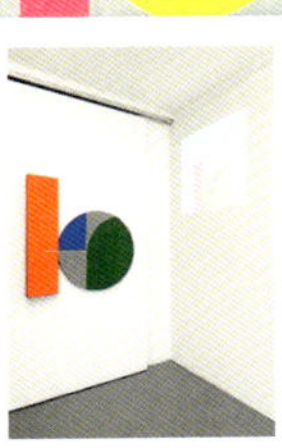

Après le Disco, 2017
Exhibition view / vedere din expoziție, Galerie Emmanuel Hervé, Paris. Courtesy of the artist and / prin amabilitatea artistului și a Galerie Emmanuel Hervé, Marseille (France) / Marsilia (Franța). Photo / foto: Aurélien Mole

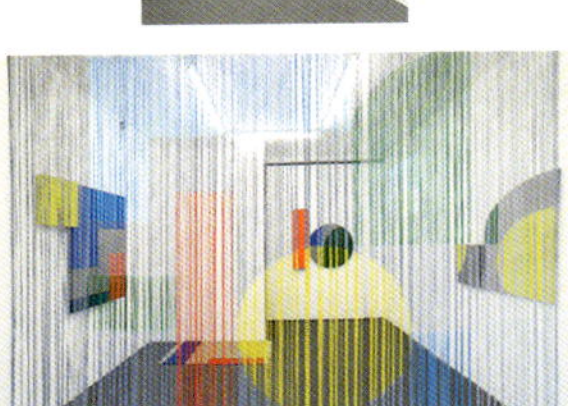

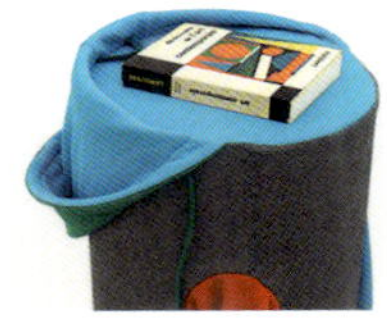

Body-Painting [*Free-standing Cylinder and Larousse*], 2017
Medium density polyurethane foam (30kg/m^3), patchwork (cotton hoodie) / spumă poliuretanică cu densitate medie (30kg/m3), petice (hanorac de bumbac), ***Dictionnaire de l'art contemporain*** (Larousse, 1965), 120 × ø30 cm. Collection of / colecția FRAC-Artothèque Nouvelle-Aquitaine, Limousin (France / Franța). Photo / foto: YAP studio

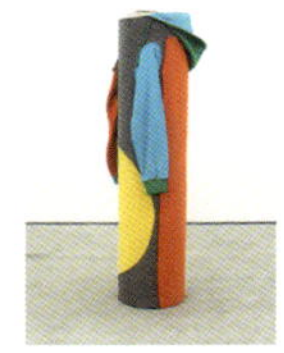

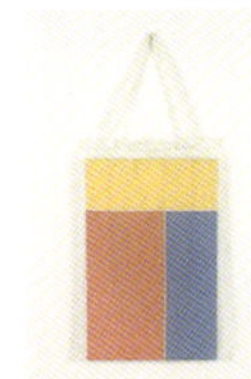

Carry-on painting, 2018
Textile pigments on cotton fabric (batik), tulle netting bag / pigmenți textili pe țesătură de bumbac (batik), sacoșă din țesătură tul, 135 × 60 cm; collection of / colecția Renata and / și Mihai Tretelnițchi. Photo / foto: YAP studio

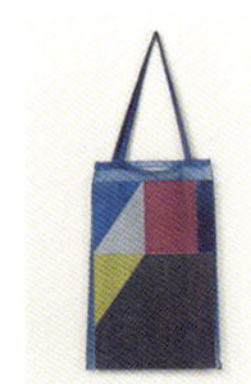

Carry-on Painting, 2018
Textile pigments on cotton fabric (batik), tulle netting bag / pigmenți textili pe țesătură de bumbac (batik), sacoșă din țesătură tul, 135 × 60 cm. Photo / foto: YAP studio

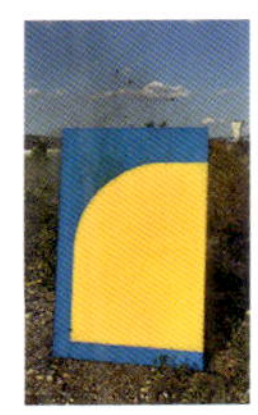

Return to sender (*re-action*), 2019
HD video, color, sound / video HD, culoare, sunet, 03:41

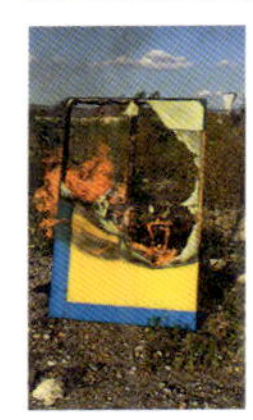

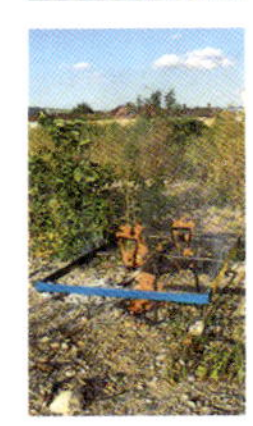

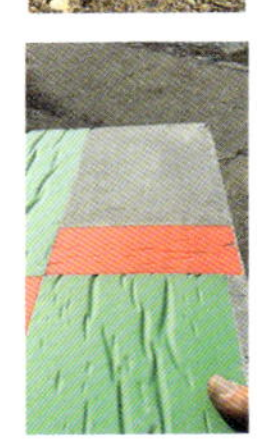

Return to sender (*re-action*), 2019
HD video, color, sound / video HD, culoare, sunet, 00:43

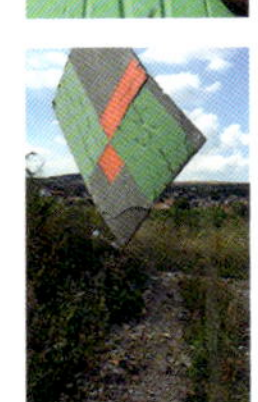

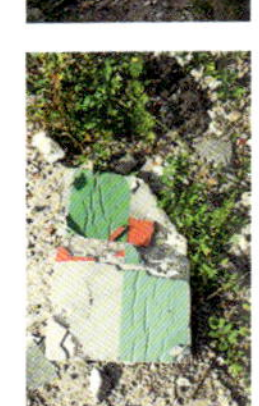

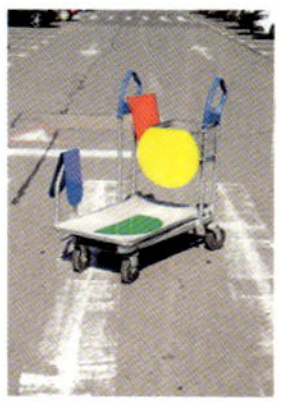

Abstract Displacement of Color, 2022
Shopping cart, powder coated aluminum plates / cărucior de cumpărături, plăci de aluminiu vopsite în câmp electrostatic, 104 × 104 × 51 cm.
Photo / foto: YAP studio

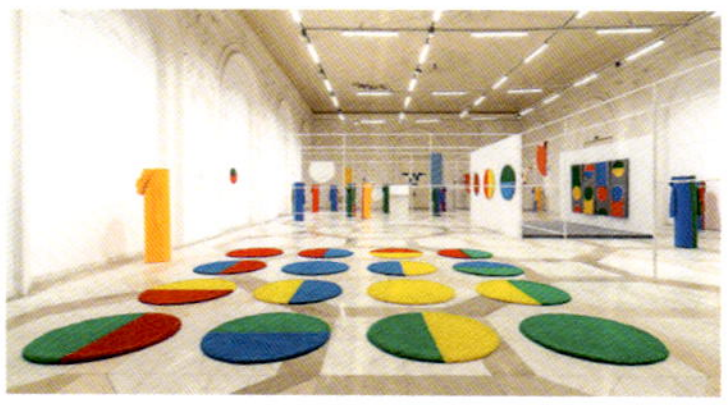

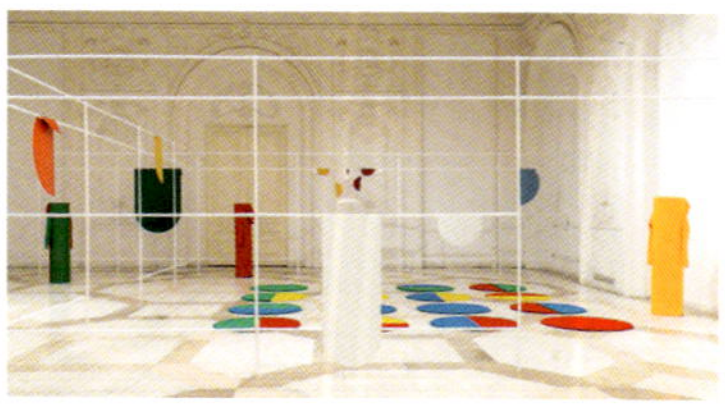

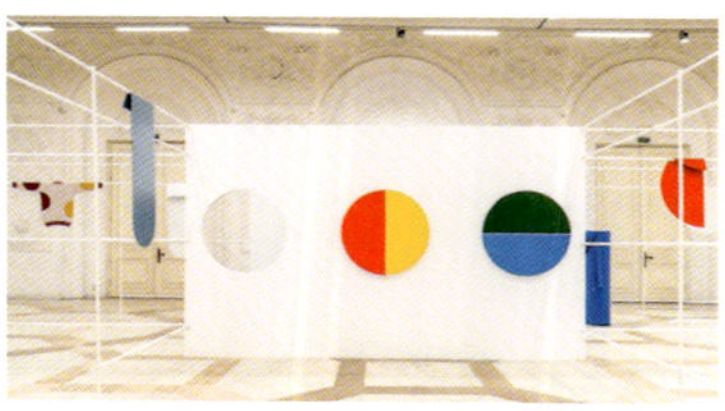

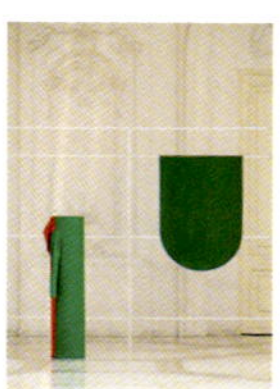

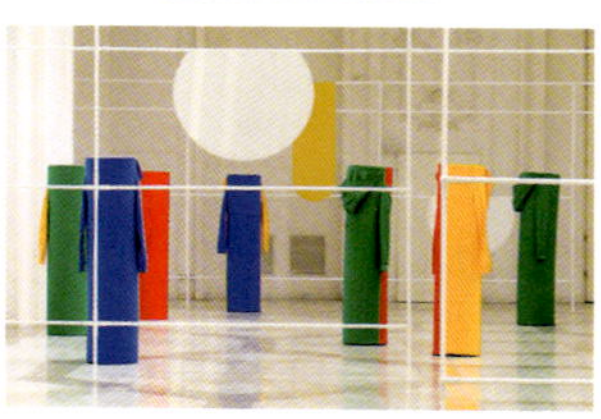

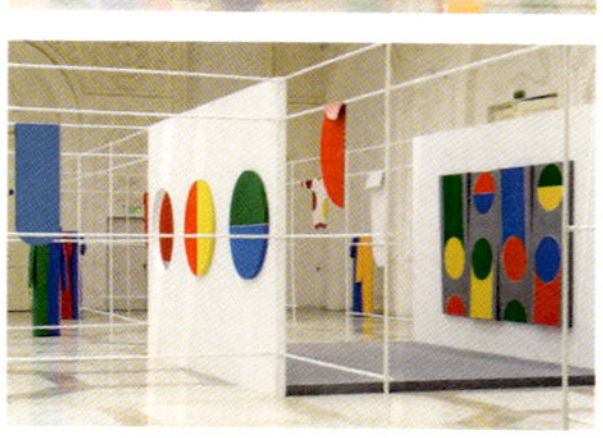

Reductionist Debate in 4 Colors / *Discuție Reducționistă în 4 Culori*, 2020
Exhibition view / vedere din expoziție, MNAC, Bucharest / București. Photo / foto: YAP studio

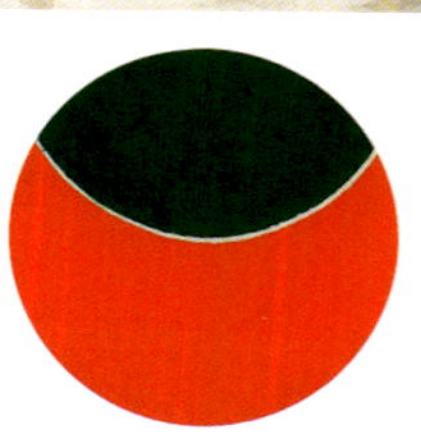

Intermediate Phase, 2020
Textile pigments and acrylic dispersion on cotton canvas (batik) / pigmeți textili și dispersie acrilică pe pânză de bumbac (batik), ø54 cm. Private collection / colecție privată. Photo / foto: YAP studio

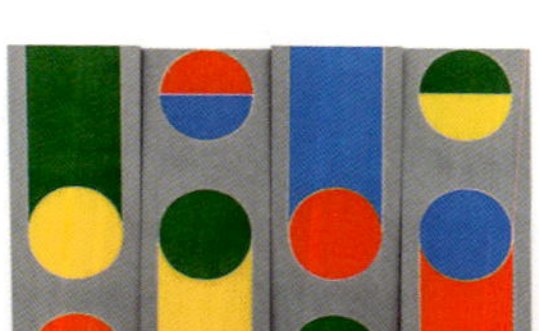

Chromatic Tetrachord, 2020
Textile pigments and acrylic dispersion on cotton canvas (batik), four joined asymmetrical elements / pigmeți textili și dispersie acrilică pe pânză de bumbac (batik), patru elemente asimetrice, 185 × 300 × 9 cm. Collection of / colecția MARe, Bucharest / București. Photo / foto: YAP studio

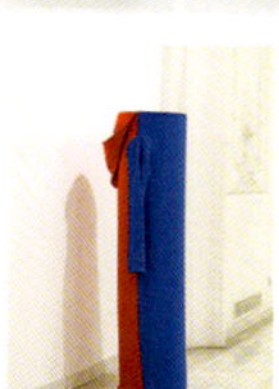

Painting Transposition [Blue-Red], 2020
Medium density polyurethane foam (30kg/m^3), cotton jersey / spumă poliuretanică cu densitate medie (30kg/m^3), jerse de bumbac, 175 × ø54 cm. Photo / foto: YAP studio

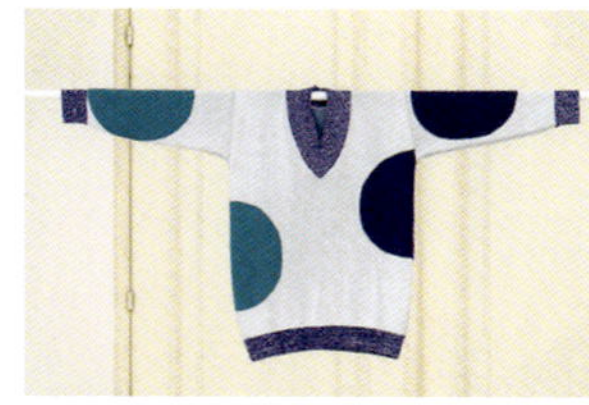

Painting Transposition (Pullover), 2020
Modal blend, variable dimensions / amestec de modal, dimensiuni variabile. Photo / foto: YAP studio

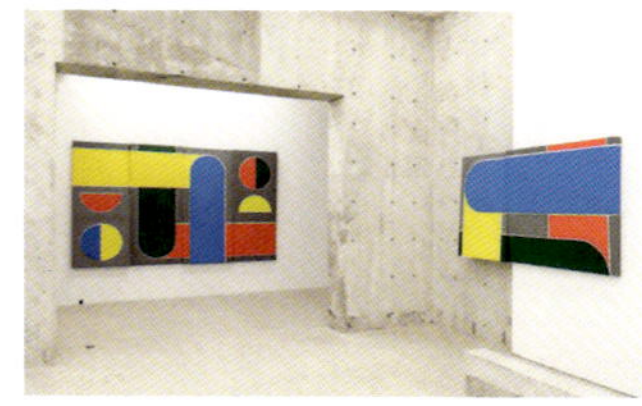

Left / stânga: *Chromatic Chromatic Tetrachord II (Excerpt)*, 2021
Textile pigments and acrylic dispersion on cotton canvas (batik), four joined asymmetrical elements / pigmeți textili și dispersie acrilică pe pânză de bumbac (batik), două elemente asimetrice, 185 × 300 × 10 cm
Right / dreapta: *Chromatic Chromatic Tetrachord II*, 2021
Textile pigments and acrylic dispersion on cotton canvas (batik), two joined asymmetrical elements / pigmeți textili și dispersie acrilică pe pânză de bumbac (batik), patru elemente asimetrice, 108 × 175 × 10 cm. Courtesy of the artist and / prin amabilitatea artistului și a 104GALERIE, Tokyo

The Earth is Almost Flat, 2021
Powder coated aluminum / aluminiu vopsit în câmp electrostatic, 80 × 60 cm (each / fiecare). Collection of / colecția MARe, Bucharest / București.
Photo / foto: Alexandru Paul

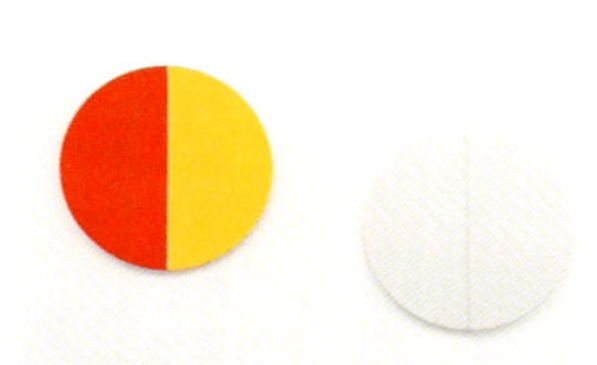

Optical Fusion II & Tactile Replica, 2020–2022
Textile pigments and acrylic dispersion on cotton canvas (batik) and polyurea, synthetic coating, and Scripor tactile color code stickers on polystyrene / pigmeți textili și dispersie acrilică pe pânză de bumbac (batik) și poliuree, vopsea sintetică și autocolant cu codul tactil al culorilor Scripor pe polistiren, ø108 cm (each / fiecare). Collection of / colecția Sebastian I. Gulya. Photo / foto: YAP studio

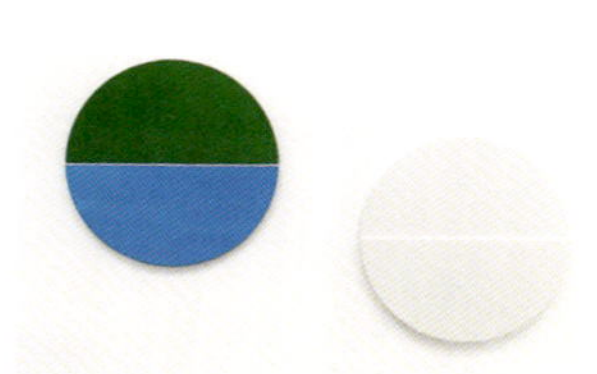

Optical Fusion I & Tactile Replica, 2020–2022
Textile pigments and acrylic dispersion on cotton canvas (batik) and polyurea, synthetic coating, and Scripor tactile color code stickers on polystyrene / pigmeți textili și dispersie acrilică pe pânză de bumbac (batik) și poliuree, vopsea sintetică și autocolant cu codul tactil al culorilor Scripor pe polistiren, ø108 cm (each / fiecare). Collection of / colecția Geanina and / și Tudor Grecu. Photo / foto: YAP studio

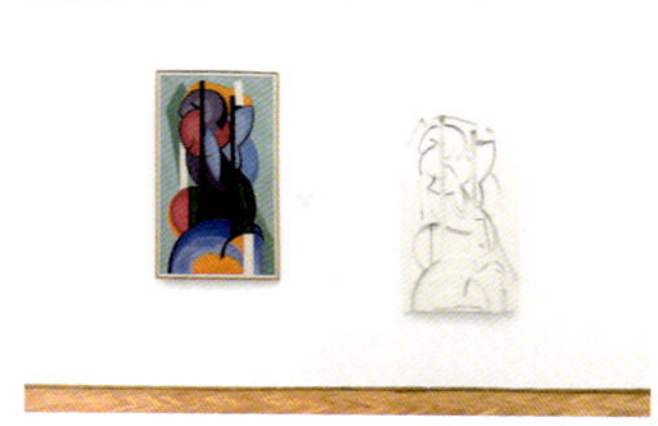

Counterpoint, 2022
Exhibition view, Cluj-Napoca Art Museum / vedere din expoziție, Muzeul de Artă din Cluj-Napoca. Left / stânga: Hans Mattis-Teutsch, *The Blue Rider* / *Călărețul Albastru*, 1925, oil on canvas / ulei pe pânză, 146 × 80 cm. Right / dreapta: *Tactile Replica of "The Blue Rider" by Hans Mattis-Teutsch* / *Replică Tactilă a Lucrării "Călărețul Albastru" de Hans Mattis-Teutsch*, 2022, polyurea, synthetic coating, and Scripor tactile color code stickers on polystyrene / poliuree, vopsea sintetică și autocolant cu codul tactil al culorilor Scripor pe polistiren, 146 × 80 cm.
Photo / foto: YAP studio

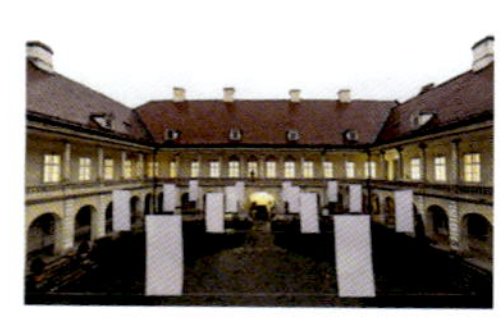

Counterpoint, 2022
Exhibition view / vedere din expoziție, Cluj-Napoca Art Museum / Muzeul de Artă din Cluj-Napoca.
Photo / foto: YAP studio

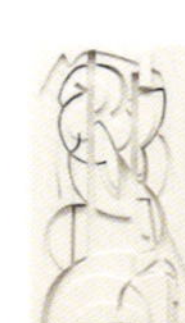

Tactile Replica of "The Blue Rider" by Hans Mattis-Teutsch / *Replică Tactilă a Lucrării "Călărețul Albastru" de Hans Mattis-Teutsch*, 2022
Polyurea, synthetic coating, and Scripor tactile color code stickers on polystyrene / poliuree, vopsea sintetică și autocolant cu codul tactil al culorilor Scripor pe polistiren, 146 × 80 cm. Collection of Cluj-Napoca Art Museum / colecția Muzeului de Artă din Cluj-Napoca. Photo / foto: YAP studio

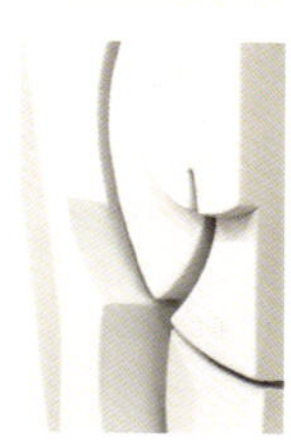

Tactile Replica of "The Blue Rider" by Hans Mattis-Teutsch / *Replică Tactilă a Lucrării "Călărețul Albastru" de Hans Mattis-Teutsch* (detail / detaliu), 2022

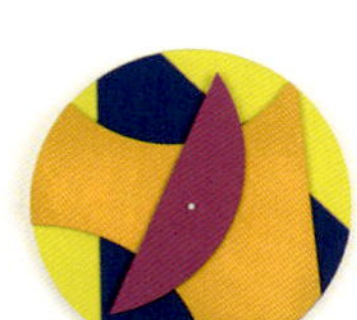

Chrombinatory System, 2023
Synthetic coating on aluminum / vopsea sintetică pe aluminiu, ø40 cm. Collection of Conector Foundation / colecția Fundației Conector, Cluj-Napoca.
Photo / foto: YAP studio

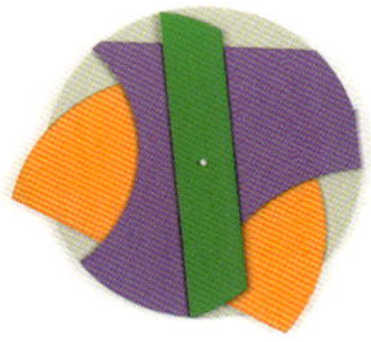

Chrombinatory System, 2023
Synthetic coating on aluminum / vopsea sintetică pe aluminiu, ø40 cm. Collection of Conector Foundation / colecția Fundației Conector, Cluj-Napoca.
Photo / foto: YAP studio

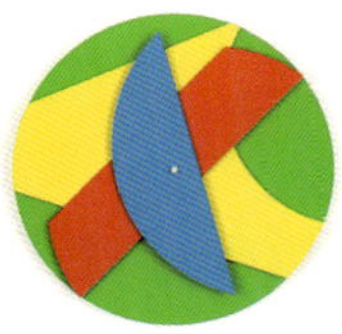

Chrombinatory System, 2023
Synthetic coating on aluminum / vopsea sintetică pe aluminiu, ø40 cm. Photo / foto: YAP studio

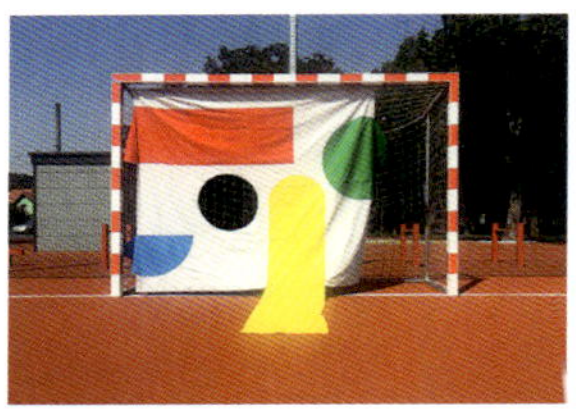

Chromatic Tetrachord III, 2023
Cotton fabric, patchwork / țesătură de bumbac, petice, 200 × 287 cm

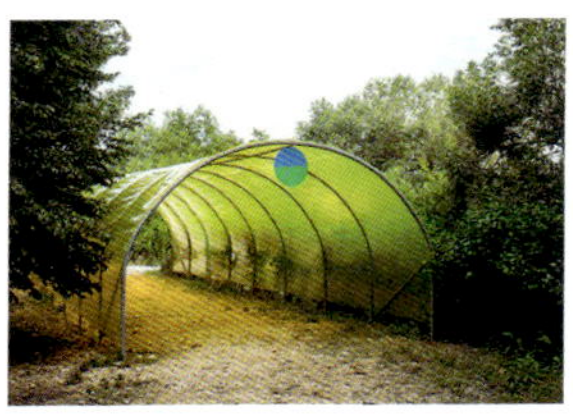

Solarium, 2023
Site-specific intervention for Electric Castle Festival / intervenție în peisaj pentru festivalul Electric Castle, Cluj-Napoca, 400 × 400 × 1200 cm. Photo / foto: YAP studio

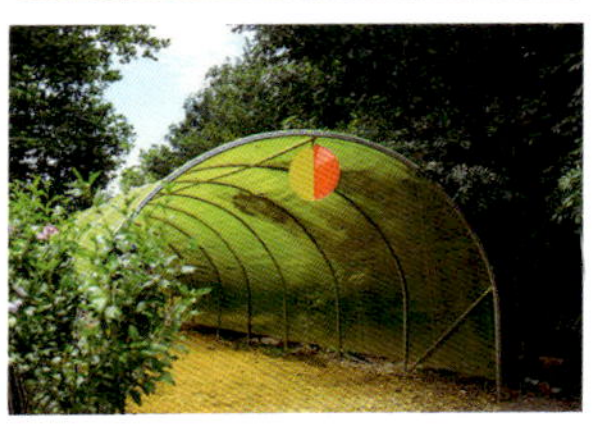

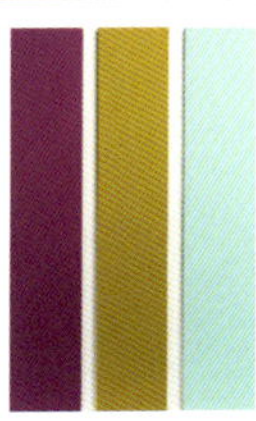

Dichromatic Impromptu (*RGB*), 2023
Synthetic coating on MDF / vopsea sintetică pe MDF, 66.6 × 41.2 cm. Photo / foto: YAP studio

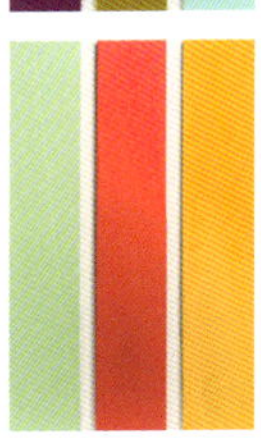

Dichromatic Impromptu (*RGB*), 2023
Synthetic coating on MDF / vopsea sintetică pe MDF, 66.6 × 41.2 cm. Photo / foto: YAP studio

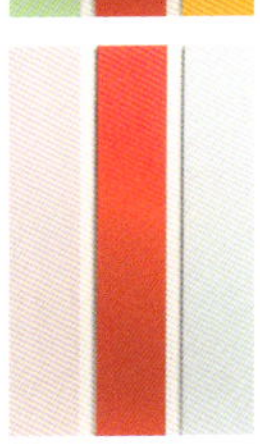

Dichromatic Impromptu (*RGB*), 2023
Synthetic coating on MDF / vopsea sintetică pe MDF, 66.6 × 41.2 cm. Photo / foto: YAP studio

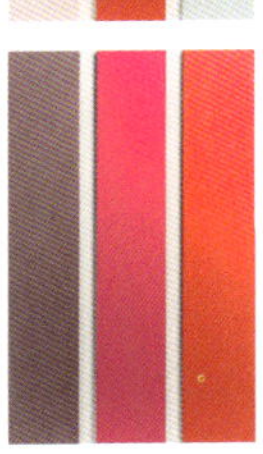

Dichromatic Impromptu (*RGB*), 2023
Synthetic coating on MDF / vopsea sintetică pe MDF, 66.6 × 41.2 cm. Photo / foto: YAP studio

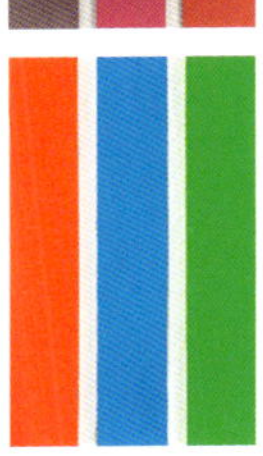

Dichromatic Impromptu (*RGB*), 2023
Synthetic coating on MDF / vopsea sintetică pe MDF, 41.2 × 25.5 cm. Collection of / colecția Răzvan Bănescu.
Photo / foto: YAP studio

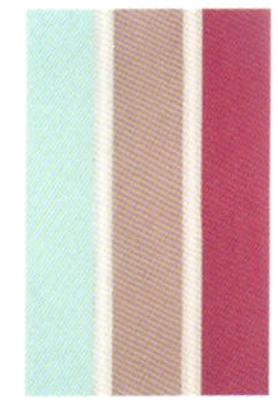

Dichromatic Impromptu (*RGB*), 2023
Synthetic coating on MDF / vopsea sintetică pe MDF, 41.2 × 25.5 cm. Collection of / colecția Geanina and / și Tudor Grecu. Photo / foto: YAP studio

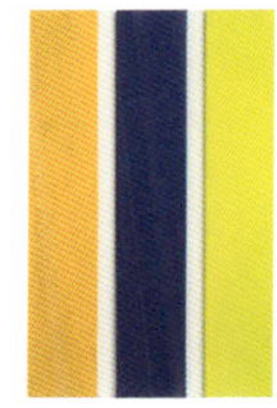

Dichromatic Impromptu (*RGB*), 2023
Synthetic coating on MDF / vopsea sintetică pe MDF, 41.2 × 25.5 cm. Collection of / colecția Mircea Samuilă.
Photo / foto: YAP studio

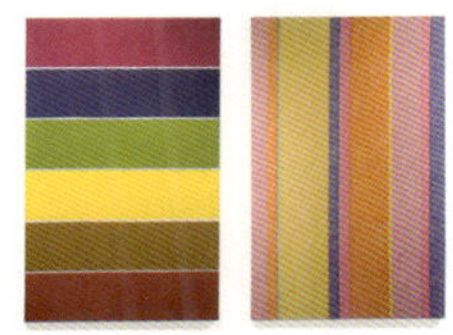

Opticks (*Protanomaly*), 2023
Acrylic dispersion on cotton canvas (batik) and repurposed cotton fabric (inside-out) / dispersie acrilică pe pânză de bumbac (batik) și țesătură de bumbac reutilizată (pe dos), 108 × 75 cm (each / fiecare).
Photo / foto: YAP studio

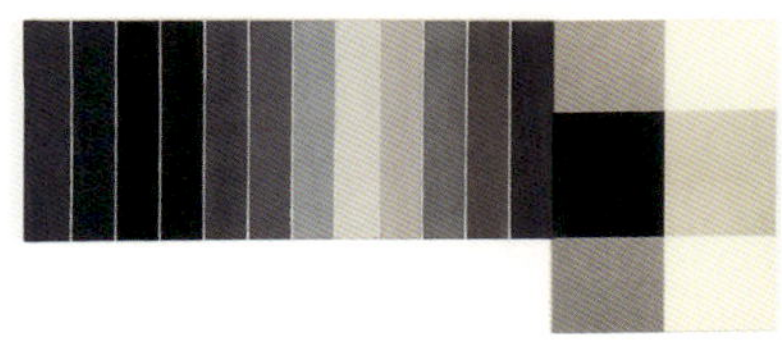

Opticks (*Monocromacy*), 2023
Acrylic dispersion on cotton canvas (batik) and repurposed cotton sheet, two joined asymmetrical elements / dispersie acrilică pe pânză de bumbac (batik) și cearceaf de bumbac reutilizat, două elemente asimetrice, 108 × 250 cm. Photo / foto: YAP studio

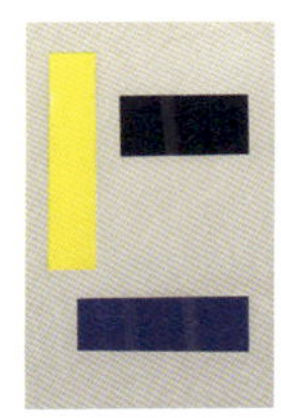

Opticks (*Transcript* / *Visual Spectrum Extract*) *2*, 2023
Cast concrete, inlaid art magazine cutouts / beton turnat, inserții de decupaje din reviste de artă, 41.2 × 25.5 cm.
Photo / foto: YAP studio

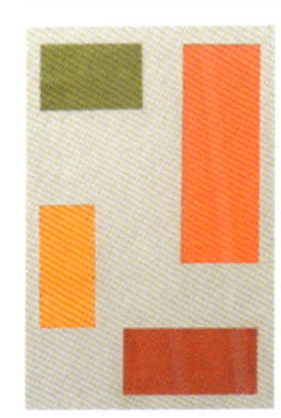

Opticks (*Transcript* / *Visual Spectrum Extract*) *3*, 2023
Cast concrete, inlaid art magazine cutouts / beton turnat, inserții de decupaje din reviste de artă, 41.2 × 25.5 cm.
Photo / foto: YAP studio

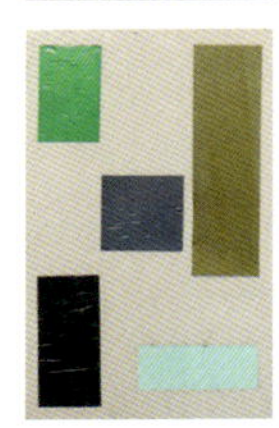

Opticks (*Transcript* / *Visual Spectrum Extract*) *1*, 2023
Cast concrete, inlaid art magazine cutouts / beton turnat, inserții de decupaje din reviste de artă, 41.2 × 25.5 cm.
Photo / foto: YAP studio

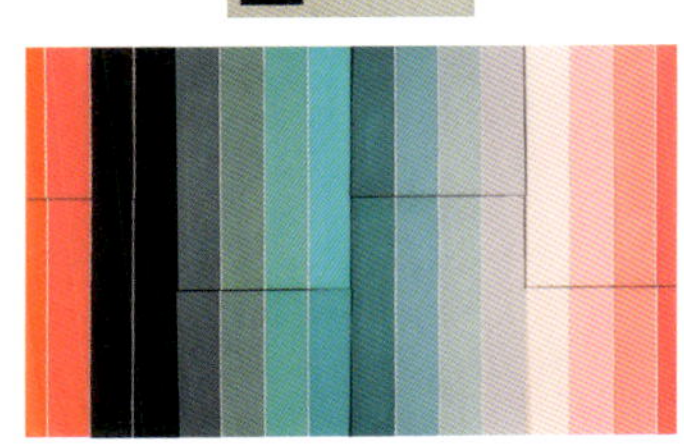

Opticks (*Tritanopia*), 2023
Acrylic dispersion on cotton canvas (batik), eight joined asymmetrical elements / dispersie acrilică pe pânză de bumbac (batik), opt elemente asimetrice, 175 × 300 cm.
Collection of / colecția Mariana Florescu. Photo / foto: YAP studio

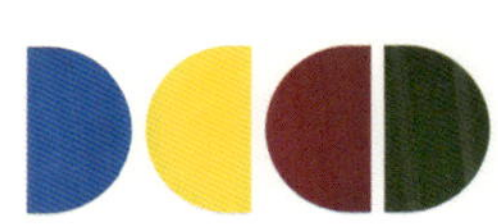

Opticks (*Sequence* / *Impossible Colors*), 2023
Acrylic dispersion on cotton canvas, four elements / dispersie acrilică pe pânză de bumbac, patru elemente, 66.7 × 41.2 cm (each / fiecare). Photo / foto: YAP studio

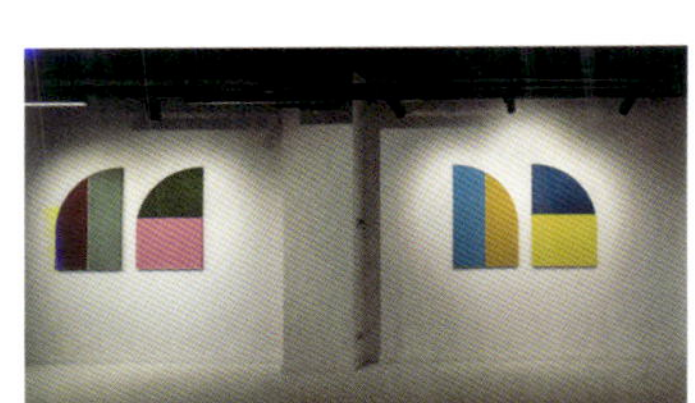

OPTICKS. I love your red shoes. They are yellow, 2023
Exhibition view / vedere din expoziție, The H Gallery, Bucharest / București. Photo / foto: YAP studio

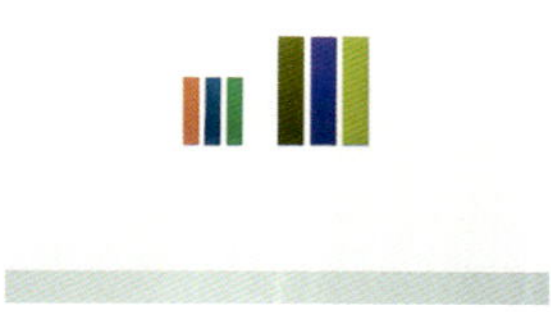

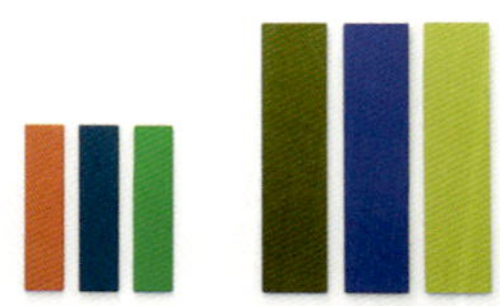

Left / stânga: ***RGB** (**Red-blind/ Protanopia**)*, 2023
Synthetic coating thermoformed ABS plastic, three adjacent boards / plastic ABS termoformat vopsit sintetic, trei plăci alăturate, 66.7 × 47 cm
Right / dreapta: ***RGB** (**Blue cone monochromacy/ Achromatomaly**)*, 2023
Synthetic coating thermoformed ABS plastic, three adjacent boards / plastic ABS termoformat vopsit sintetic, trei plăci alăturate, 108 × 76.5 cm.
Photo / foto: Alexandru Paul

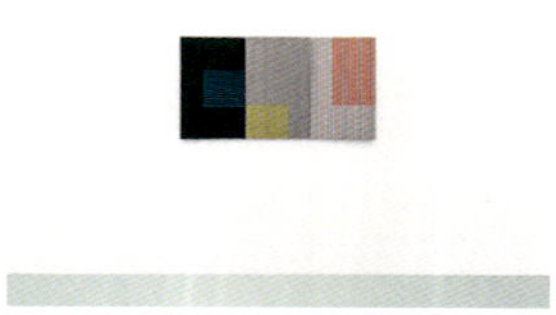

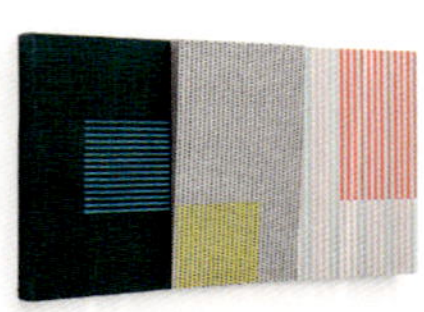

Recycled Geometries, 2023
Acrylic marker on repurposed fabric, three joined asymmetrical elements / marker acrilic pe material textil reutilizat, trei elemente asimetrice, 66.7 × 124.5 cm.
Photo / foto: Alexandru Paul

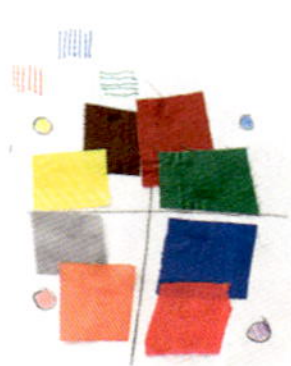

Preparatory Sketch for Chromatic Module, 2023
Fabric scraps, pencil and marker on paper / resturi textile, creion și marker pe hârtie, 27 × 20 cm.
Photo / foto: YAP studio

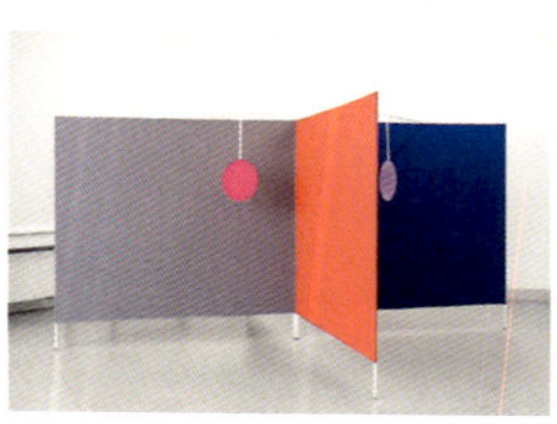

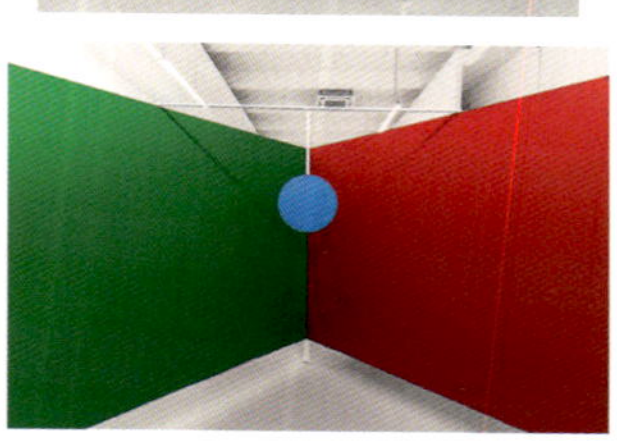

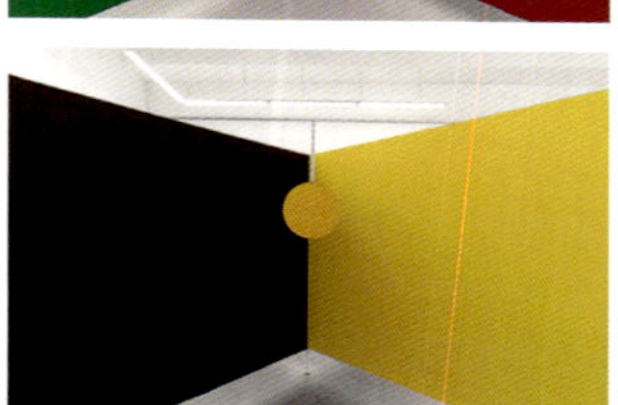

Chromatic Module, 2023
Powder coated aluminum, cotton fabrics / aluminiu vopsit în câmp electrostatic, țesături de bumbac, 230 × 460 × 460 cm. Courtesy of the artist and Arsmonitor / prin amabilitatea artistului și a Arsmonitor, Bucharest / București. Photo / foto: Alexandru Paul

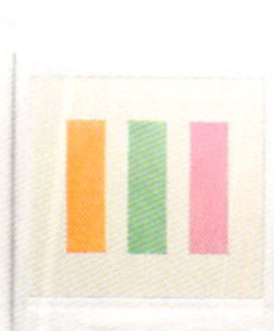

Instant Chromatology, 2023
Pencil on paper (laminated), thermoformed ABS plastic / creion pe hârtie (laminată), plastic ABS termoformat, 42 × 35 cm. Photo / foto: YAP studio

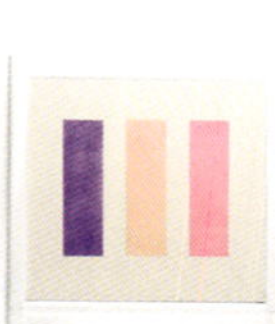

Instant Chromatology, 2023
Pencil on paper (laminated), thermoformed ABS plastic / creion pe hârtie (laminată), plastic ABS termoformat, 42 × 35 cm. Photo / foto: YAP studio

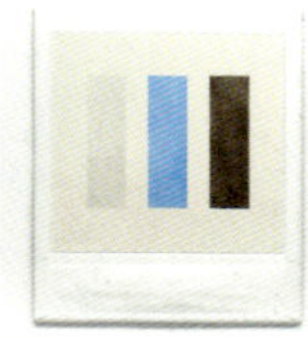

Instant Chromatology, 2023
Pencil on paper (laminated), thermoformed ABS plastic / creion pe hârtie (laminată), plastic ABS termoformat, 42 × 35 cm. Photo / foto: YAP studio

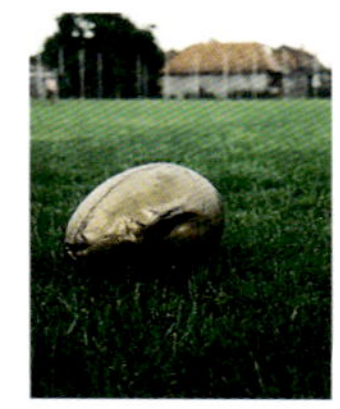

Neuf, 2023
Leather rugby ball, metallic paint / minge de rugby din piele, vopsea metalizată, 30 × 18 × 18 cm. Collection of / colecția Geanina and / și Tudor Grecu. Photo / foto: YAP studio

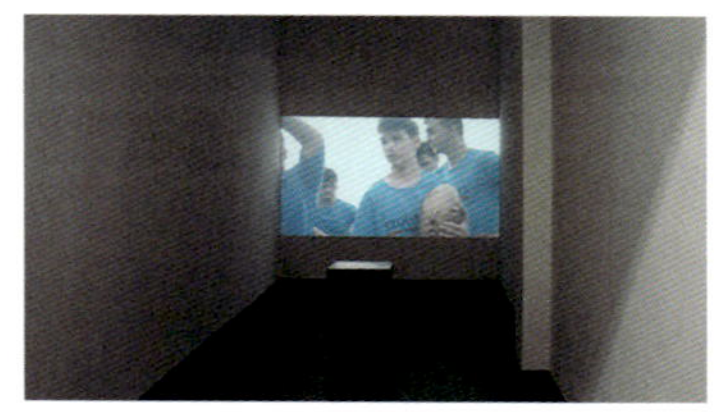

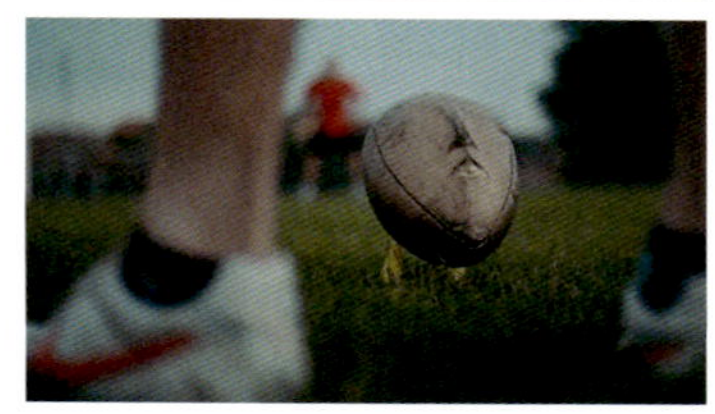

Neuf, 2023
HD video, color, sound / video HD, culoare, sunet, 01:33. Collection of / colecția Geanina and / și Tudor Grecu. Shooting, video editing, photo / filmare, editare video, foto: Starkovsky

Painting by Other Means
Painting by Any Means
Painting by Radu Comșa
BOGDAN IACOB

Between 2010 and 2012, an artist was born, destroyed, and metamorphosed. Radu Comșa went from embodying, in a series of tondo paintings, what it's like *Being Radu Comșa* (the title of his 2010 solo exhibition at Sabot in Cluj-Napoca) to ambitiously—but, more importantly, deceivingly—voiding his artworks of that old, "personal" touch of the artist in order to reach some essence and put before us nothing less than *Things as They Are* (as his 2012 solo exhibition at Sabot was titled). It was the individual, late—so late—modernist equivalent of the journey that fueled a certain history of art itself: from figurative sensuousness and mimetic prowess to abstraction, to minimalism, to certain oxymoronic, tensed, yet eye-arresting pairings of a sort of visual asceticism with uncompromising aesthetic pursuits.

In *Being Radu Comșa*, the artist proved himself as a painter, specifically as a painter who was technically second to none among his peers—namely his generation of Cluj-based painters who were successfully bursting onto the international art scene around that time. The works for the exhibition were prepared in secret, and each one successfully mimicked the style, down to the particular brushstrokes, of one of those peers. More than (fragmentary) copies, his small, round paintings were demonstrations and at the same time a collective source of questions. Among those questions, paradoxically, it was not "What is it like to be Radu Comșa?" that glaringly stood out, but rather, "What can it actually mean to be a master painter under contemporary circumstances?" His days as a journeyman of the noble craft of painting had come to a spectacular end.

In *Things as They Are*, the master painter seemed to have had actually decided to put the very craft of painting behind him. The featured works were abstract, slender in all meanings of the term, cheeky, and minimalist, while also—almost despite their apparent, almost emphatic humbleness—visually seductive. There were colorful sculptures (for lack of a better word) in the exhibition, made out of colorful sticks. There were collages made out of colored fabric. There were circles of text on the wall. There were structures. The whole ensemble seemed to be simultaneously daring, fragile, and tantalizingly beautiful. Apparently, according to Comșa, if you search for things as they are, you will find that structure is fundamental, while substrate is incidental. Things—as they essentially are—are gestalts.

Yet this was hardly the whole story. Undoubtedly, the story of the mature master painter Radu Comșa started right there, in 2012, and it has so far been a thrilling one. In the aforementioned exhibition, after careful scrutiny, one was gripped by the realization that no single tone of color had been picked randomly: every primary color and every pale, graceful gradient of green (for example)

Pictura prin Alte Mijloace
Pictura prin Orice Mijloace
Pictura lui Radu Comșa
BOGDAN IACOB

Între 2010 și 2012, un artist s-a născut, distrus și metamorfozat. Radu Comșa a trecut de la întruparea, într-o serie de tablouri tondo, a ceea ce înseamnă *Să fii Radu Comșa / Being Radu Comșa* (titlul expoziției personale din 2010, de la galeria Sabot din Cluj), la golirea lucrărilor sale, în mod ambițios – dar, mai ales, înșelător –, de acea veche atingere 'personală' a artistului, pentru a ajunge la o anumită esență și a ne pune în față nimic mai puțin decât *Lucrurile așa cum sunt / Things as They Are* (expoziție personală la aceeași galerie Sabot, în 2012). A fost ecoul individual, modernist tardiv – atât de tardiv – al călătoriei care a alimentat o anumită istorie a artei însăși, cu decenii în urmă: de la senzualitatea figurativă și iscusința mimetică la abstracție, la minimalism, la o îmbinare oximoronică, tensionată, care ne reține privirea, un fel de asceză cu aspirații estetice fără compromisuri.

În *Being Radu Comșa*, artistul a dovedit că este un pictor și, mai precis, un pictor care nu se întrece din punct de vedere tehnic cu niciunul dintre colegii săi din generația pictorilor clujeni, care izbucneau cu succes pe scena artistică internațională din acea perioadă. Lucrările expuse au fost pregătite în secret și fiecare dintre ele imita cu succes stilul sau tușele particulare ale unuia dintre acei colegi. Mai mult decât niște copii (fragmentare), picturile sale, mici și rotunde, erau demonstrații și, în același timp, o sursă colectivă de întrebări. Dintre aceste întrebări, în mod paradoxal, nu „Ce înseamnă să fii Radu Comșa?" a ieșit în evidență, ci, mai degrabă „Ce poate însemna, de fapt, să fii un maestru pictor în circumstanțele contemporane?". În mod cert, zilele sale de meșter al nobilei meserii de pictor se încheiaseră spectaculos.

În *Things as They Are*, maestrul pictor pare să se fi hotărât să lase în urmă însăși pictura. Lucrările prezentate în expoziție erau abstracte, subțiri în toate înțelesurile termenului, insolente și minimaliste, fiind în același timp aproape seducătoare din punct de vedere vizual, în ciuda aparentei, aproape emfaticei lor smerenii. Existau în expoziție sculpturi colorate (în lipsa unui cuvânt mai bun), realizate din bețe colorate, existau colaje, realizate din țesături colorate, erau cercuri de text pe perete. Erau structuri. Întregul ansamblu părea să fie în același timp îndrăzneț, fragil și ispititor de frumos. Se pare că, potrivit lui Comșa, dacă descoperi lucrurile așa cum sunt, vei constata că structura este fundamentală, în timp ce substratul este întâmplător. Lucrurile – așa cum sunt ele în esență – sunt *gestalt*-uri.

Și totuși, aceasta nu a fost deloc întreaga poveste. Fără îndoială, povestea maestrului pictor matur Radu Comșa a început chiar acolo, în 2012, și a fost până acum una palpitantă. În expoziția menționată, după o examinare atentă, ajungeai la concluzia că niciun ton de culoare nu a fost ales la întâmplare: fiecare culoare primară, fiecare palid,

had been carefully sought after. They were not necessarily *things as they are*, but things as they should be in order for an eerie, improbable, even implausible beauty to arise. Substrate was not indifferent, color was not decorum, structure was not the impassible king of existence, as happens in much of Minimalism. The work was not the work of a minimalist, of an intellectual persona, of a visual hermit, of one who belongs to the tribe of the Duchamps and the Judds of the art world, but rather of one awkwardly akin to the Maleviches and the Vermeers—themselves being weirdly, implausibly, yet profoundly akin to one another. It was painting, albeit painting by means other than the usual, other than the traditional ones, the mastery of which he had already proven previously. It was an endeavor in painting and in structure, in building gestalt out of color, never deeming it incidental. It was painting carried out subtly, carefully, by a painter who takes delight in sophistication, attained in this case by the interlacing of self-imposed constraints and elegant sensuousness. Radu Comșa had become to painting what a *chanoyu* master is to ceremonial tea making.

For the last twelve years, Comșa has continued his journey of incessant grappling with painting's potential to illuminate at least some important aspects of how things really are. He never returned to figuration, but embraced abstraction almost as a spiritual vocation in itself. At the same time, he never gave up the goal of making sensuousness emerge out of order, out of sophisticated elaborations, out of algorithms. Intellectual and sensorial at the same time, his works from *Optiks - I love your red shoes. They are yellow* (his 2023 solo exhibition at The H Gallery in Bucharest), for example, arrest the eye and offer unhinged aesthetic pleasure. Instead of being windows onto reality, they are windows *of* reality, of a reality that is primarily geometry and gradient—and, yes, some works were displayed in the windows of the venue, facing the street and mesmerizing the passersby. Some works were shaped as half-arcades or windows and faced each other on the walls of the gallery, each its own entity, yet eagerly engaging in dialogue with its companions in a way that made it difficult, at least for anyone half-familiar with the history of Western art, to not be reminded of groups of apostles on the walls of sacred edifices. The greens were again something special in themselves, but then again, the sporadic oranges actually stole the show every now and then. Or perhaps the grays, symphonically used in the most immediate sense of the word, shamelessly and in a quietly triumphant manner, reigned supreme. Every artwork in the exhibition possessed the uncanny ability to become one's favorite for the duration of its contemplation. You may like gestalts or not, since this is a matter of opinion and taste, but it was impossible to deny the uncompromising quality and calm sophistication of the pursuit.

Comșa's pieces featured in *Reductionist Debate in 4 Colours* (his 2020 solo exhibition at MNAC, the National Museum for Contemporary Art in Bucharest) brought blazing colors and structured beauty in a setting of mad

grațios gradient (de exemplu, verde) au fost atent căutate. Nu erau tocmai *lucrurile așa cum sunt*, ci lucrurile așa cum ar trebui să fie, pentru ca o frumusețe stranie, improbabilă, chiar neverosimilă să se ivească. Substratul nu era indiferent, culoarea nu era de decor, structura nu era regele impasibil al existenței, așa cum se întâmplă de fapt în mare parte din minimalism. Aceasta nu era opera unui minimalist, a unei personalități intelectuale, a unui pustnic vizual, nu a unuia care face parte din tribul Duchamp și Judd din lumea artei, ci este mai degrabă ciudat de apropiat de Malevici și Vermeer (ei înșiși fiind ciudat, neverosimil, dar profund apropiați unul de celălalt). Era pictură, deși o pictură prin alte mijloace decât cele obișnuite, tradiționale, a căror măiestrie o dovedise deja anterior. A fost un efort de pictură și de structură, de construire a *gestalt*-ului din culoare, nu de a o considera accesorie. A fost o pictură realizată cu subtilitate și grijă de un pictor care se bucură de rafinament, atins în acest caz particular prin împletirea constrângerilor autoimpuse și a unei senzualități elegante. Radu Comșa devenise pentru pictură ceea ce un maestru *chanoyu* este pentru ceremonialul preparării ceaiului.

În ultimii 12 ani, Comșa și-a continuat călătoria și a luptat neîncetat cu potențialul picturii de a ilumina cel puțin unele aspecte importante ale modului în care sunt lucrurile cu adevărat. Nu s-a mai întors niciodată la figurație, îmbrățișând abstracția aproape ca pe o vocație spirituală în sine. În același timp, nu a renunțat niciodată la obiectivul de a face ca senzualitatea să iasă la iveală din ordine, din elaborări sofisticate, din algoritmi. Intelectuale și senzoriale în același timp, lucrările sale din *Optiks - I love your red shoes. They are yellow*, de exemplu (o expoziție personală găzduită de The H Gallery din București, în 2023), arestează privirea și oferă o plăcere estetică dezlănțuită. În loc să fie ferestre spre realitate, ele sunt ferestre ale realității, o realitate care este în primul rând geometrie și gradient (și da, unele lucrări erau chiar expuse în ferestrele locației, cu fața spre stradă și hipnotizând ochiul trecătorului). Unele lucrări aveau forma unor jumătăți de arcade/ferestre și se confruntau între ele pe pereții galeriei, fiecare fiind o entitate de sine stătătoare, dar angajându-se cu nerăbdare în dialog cu tovarășii săi, într-un mod care face dificil, cel puțin pentru oricine este pe jumătate familiarizat cu istoria artei occidentale, să nu-și amintească de grupurile de apostoli de pe pereții unor edificii sacre. Verdele este din nou ceva special în sine, dar, din nou, poate că portocaliul sporadic fură de fapt spectacolul din când în când, sau poate că griul, folosit simfonic în sensul cel mai imediat al cuvântului, cu nerușinare și într-un mod liniștit triumfător, pare să domnească suprem. Fiecare lucrare/ serie din expoziție are capacitatea stranie de a deveni favorita cuiva pe durata contemplării sale. Îți pot plăcea sau nu *gestalt*-urile, deoarece aceasta este o chestiune de opinie și de gust, dar pur și simplu nu poți nega calitatea fără compromisuri și sofisticarea calmă a căutării.

Lucrările lui Comșa prezentate în *Discuție reducționistă în 4 culori* (expoziția personală din 2020, de la MNAC, Muzeul Național de Artă Contemporană din București) au adus

monumentality and eerie, cold, fake classicism, considering that MNAC is housed in a wing of People's House, the gigantesque building constructed at the orders of Romania's Communist dictator, Nicolae Ceaușescu. Despite its title, the exhibition was anything but reductionist. Again, the *chanoyu*-like approach to art that characterizes Comșa's endeavors worked impressively: he used cylinders as weird yet solemn mannequins on which hoodies and other pieces of clothing were displayed. They appeared uncannily familiar and decidedly ceremonial, like both urban clothing and sacred robes: monochrome, saturated, starkly present. That was an exhibition about presence, not representation, about being and seeing, not about debating. Or, better said, if the works and the ensemble of the exhibition embodied any debate, it was only a maieutic one, ending unavoidably in a praise of beauty as a fundamental element of existence.

There is an almost obvious, essential—"essence," again—yet not flamboyantly spiritual vein in Comșa's art of the last few years. In a manner similar to both Zen approaches to existence and Christian traditions of appreciating the gloriousness hidden in simplicity and humbleness, as well as reading the sacred in beauty, his art is pointing toward a *beyond*. Although it is impossible to fully grasp and articulate such a *beyond* in words—it can be mutilated with explanations—it nevertheless can be approximated in observational experience, taking into consideration that such observation should be highly focused and patient. Furthermore, it comes as no surprise that Comșa is fascinated by the magic of numbers in relation to shape and color. One of the spiritual traditions to which he pertains started with Pythagoras and Thales and was epitomized in Western art, maybe paradoxically, both by Renaissance artists and thinkers like Leon Battista Alberti and by vanguard heroes like Kazimir Malevich, Wassily Kandinsky, and Piet Mondrian. All in all, twelve years after *Things as They Are*, if asked "Do you now see things as they truly are?" Comșa might well answer with the words of Gloucester from Shakespeare's 1606 play *King Lear*: "I see it feelingly."

Comșa's art commands respect while concomitantly offering sophisticated pleasure. Paradoxically, his art is for everyone and for initiates, it is plain and elusive, it is simple and deeply sophisticated. A Hamlet à *rebours*, Comșa shows again and again not that there is method to his madness, but that there is madness to his method. An amazingly skilled trickster turned joyful, exuberant priest of painting, of art as gestalt and gradient, he has ended up—much like the medieval Christian thinkers who saw symbols everywhere in the realm of the visible—seeing painting everywhere in the world and making it by any means, with the only (crucial) constraint being that such means adequately serve his art's quest for sophistication and meaning. Finally, after his long and arduous formative journey, for more than a decade now Radu Comșa has uncompromisingly and arduously been Radu Comșa.

culori aprinse și o frumusețe structurată într-un decor de monumentalitate nebună și de clasicism sinistru, rece și fals – MNAC este găzduit de o aripă a Casei Poporului, clădirea gigantică ridicată la ordinul dictatorului comunist al României, Nicolae Ceaușescu. În pofida titlului, expoziția a fost orice, dar nu reducționistă. Din nou, abordarea de tip *chanoyu* a artei ce caracterizează demersurile lui Comșa a funcționat în mod impresionant: a folosit cilindri pe post de manechine ciudate, neutre, dar solemne, pe care au fost expuse 'hanorace' și alte piese de vestimentație. Acestea par neașteptat de familiare și hotărât ceremoniale, aducând deopotrivă a îmbrăcăminte urbană și veșminte sacre: monocrome, saturate, foarte prezente. Aceasta a fost o expoziție despre prezență, nu despre reprezentare, despre a fi și a vedea, nu despre dezbateri. Sau, mai bine spus, dacă lucrările și ansamblul expoziției întruchipează vreo dezbatere, aceasta nu poate fi decât una maieutică.

Există un filon spiritual aproape evident, esențial – esență, din nou –, dar nu flamboaiant, încorporat în arta sa din ultimii ani. Într-o manieră asemănătoare atât cu abordările Zen ale existenței, cât și cu tradițiile creștine de apreciere a gloriei ascunse în simplitate și umilință, precum și de citire a sacrului în frumusețe, arta sa arată spre un *Dincolo* care, deși este imposibil de înțeles și articulat pe deplin în cuvinte – dar, din păcate, poate fi mutilat cu explicații –, poate fi totuși aproximat în experiența observațională, cu condiția ca observația să fie extrem de concentrată și răbdătoare. Și nu e de mirare de ce Comșa este fascinat de magia numerelor în relație cu forma și culoarea: una dintre tradițiile spirituale de care aparține a început cu Pitagora și Thales, fiind întruchipată în arta occidentală, poate în mod paradoxal, atât de artiști și gânditori renascentiști precum Leon Battista Alberti, cât și de eroi de avangardă precum Kazimir Malevici, Wassily Kandinsky sau Piet Mondrian. Una peste alta, la doisprezece ani de la *Things as They Are*, dacă ar fi întrebat „Vedeți acum lucrurile așa cum sunt cu adevărat?", Comșa ar putea la fel de bine să răspundă cu cuvintele lui Gloucester din piesa lui Shakespeare din 1606, *Regele Lear*: „Le văd simțindu-le".

Arta lui Comșa impune respect, oferind în același timp o plăcere sofisticată. În mod paradoxal, arta sa este pentru toată lumea și pentru inițiați, este limpede și evazivă, este simplă și profund sofisticată în același timp. Un Hamlet *à rebours*, Comșa demonstrează din nou și din nou nu că există o metodă în nebunia lui, ci că există nebunie în metoda lui. Un scamator uimitor de priceput transformat într-un bucuros și exuberant preot al picturii, al artei-ca-gestalt-și-gradant, el a ajuns – la fel ca gânditorii medievali, creștini, care vedeau simboluri în tot tărâmul vizibilului – să vadă pictura peste tot în lume și să o facă prin orice mijloace, cu singura și cruciala constrângere ca acestea să servească în mod adecvat căutării de sofisticare și sens a artei sale. În cele din urmă, după lungul și anevoiosul său parcurs formativ, de mai bine de un deceniu, Radu Comșa este, fără compromisuri și cu ardoare, Radu Comșa.

I would like to start this text with a disclaimer: when Sabot opened in Cluj-Napoca in 2009, and when the exhibition *Being Radu Comșa* was presented there in 2010, I was twelve and thirteen years old, respectively. This realization came suddenly, and with it a kind of fragility preemptively attaching itself to any textual contribution I was about to make regarding Radu Comșa's early art production. Even now, it seems inappropriate to retroactively impose a fixed artificial route on a process that is otherwise self-explanatory and contextual by nature. In the case of Comșa's works, such an attempt would prove not only imprecise, but borderline nonsensical, because the work involves concepts in continuous evolution via transcription, translation, permutation, intentionally deployed appropriation, and controlled recurrence. Following certain moments in his practice, one may arrive at an alternative to any kind of narrative linearity underlying it. Such moments shouldn't be noted according to the (cliché) formula of "turning points," but as cursive movements of a *single point* that constantly turns upon and around itself.[1]

On this topic of creating or arbitrarily imposing meaning, it seems that a certain type of discourse has freshly reemerged related to what I'd hoped was a long-gone dictum, "the curtains were blue,"[2] which tends to simplify art interpretation to a ridiculously reductive, almost blindsided degree. But there is an important insight seeping through that polished topcoat of cynicism. Yes, those curtains may just be plain blue, but the very fact that these words—traces on paper and pixels on screen, sounds in the air and hand movements—make us all "see" it at the same time and in the same place is something entirely different. Right here, through the most mundane everyday actions, a kind of trans-mediation takes place—perhaps the barest form of interpretation. In the face of such a vacuum of thought—we wonder what kind of objective observation a system can emit about itself from within itself—the sometimes-senseless noise of the clash of exaggerated analogies seems, if only for a moment, refreshing, comfortable, even worthy of consideration.

All these theoretical aspects needlessly attached to some inconsequential and angstily framed "blue curtains," otherwise insignificant, can be understood as parallel examples of the upside-down way in which Comșa constructed some of his early works. Going beyond their material character, to the extent that they retain some of the turmoil of the present, the word "art-works" (intentionally split) seems inappropriate and "art-acts" preferable. Tactfully overcoming immediately accessible artistic trends by using them against what they represented at the time—an impulse highlighted in *Being Radu Comșa*[3]—Comșa uses his own image as bait to evade and subvert the most common categorical and programmatic definition of what it means to be an artist in a contemporary and marketable sense. Later abstractions

Încep acest text cu un avertisment general: în perioada în care Sabot se deschidea la Cluj-Napoca în 2009, eveniment urmat de vernisajul expoziției *Being Radu Comșa* în 2010, eu aveam doisprezece, respectiv treisprezece ani. Această conștientizare a survenit brusc și, odată cu ea, un fel de fragilitate care s-a atașat anticipat oricărei contribuții textuale pe care urma să o aduc creațiilor de început ale lui Radu Comșa. Chiar și acum, pare impropriu să impun retroactiv un traseu artificial fix unui proces care este, de altfel, auto-explicativ și contextual prin natură. În cazul lucrărilor lui Comșa, o astfel de încercare s-ar dovedi nu doar imprecisă, ci și la limita nonsensului, având în vedere faptul că ele presupun concepte volatile precum translația, permutarea, recurența și aproprierea controlată. Urmărind anumite momente din practica sa, se poate ajunge la o alternativă pentru acest tip de liniaritate narativă a procesului. Asemenea momente nu ar trebui înregistrate conform formulei (clișeu) „punctelor de turnură", ci ca o mișcare cursivă a unui *singur punct* care se întoarce continuu asupra și în jurul său.[1]

Pe această temă a creării sau impunerii arbitrare de sens, se pare că avem de a face cu revenirea unui anumit tip de discurs, legat mai nou de ceea ce speram să fie un dicton demult dispărut – „perdelele erau albastre"[2] –, care tinde să simplifice interpretarea artei în mod excesiv, până la obliterare. Există, însă, o abordare notabilă care izvorăște din acel strat lăcuit de cinism. Da, draperiile respective pot să fie, fără probleme, pur și simplu albastre, dar însuși faptul că aceste cuvinte – urme pe hârtie și pixeli pe ecran, sunete și mișcări ale mâinilor – ne fac pe toți să 'vedem' în același timp și în același loc este cu totul altceva. Chiar aici, prin cele mai banale acțiuni zilnice, are loc un fel de trans-mediere – poate cea mai goală formă de interpretare. Pe lângă un astfel de vid al gândirii – ne întrebăm ce fel de observație obiectivă poate emite un sistem despre sine din interiorul său –, zgomotul uneori lipsit de sens al ciocnirii unor analogii exagerate pare, fie și numai pentru un moment, răcoritor, confortabil și chiar demn de luat în calcul.

Toate aceste aspecte teoretice atașate în mod inutil unor *draperii*-în-mod-bosumflat-*albastre*, de altfel neînsemnate, pot fi înțelese, prin bunăvoința interpretării, ca exemple paralele pentru modul în care Comșa își construia unele dintre lucrările de început. Trecând peste caracterul lor material, în măsura în care ele rețin ceva din tumultul actualității, pare nepotrivit cuvântul „lucrări", preferabil fiind cel de „acte". Depășind cu tact tendințele artistice imediat accesibile prin folosirea lor împotriva a ceea ce reprezentau în acea perioadă – impuls evidențiat în *Being Radu Comșa*[3] –, artistul se folosește de propria sa imagine ca momeală pentru a evita și submina cea mai comună definiție categorială și programatică pentru ceea ce înseamnă să fii artist într-un sens contemporan și comercializabil. Abstracțiile ulterioare și tranzițiile de

and medium transitions should not be understood as mere manifestations of an underlying shift in his artistic engagement while facing the most recent challenges and changes happening in the art scene, but as procedural necessities, intrinsically intertwined with his way of being.

On the heels of *Being Radu Comșa*, his 2012 exhibition at Sabot carried an even more inaccessible hope in its title: *Things as They Are*. Whereas, historically, the term "ready-made" denotes the act of artistically reframing common objects as references to lofty ideas, Comșa reverses this process, aiming to prove the purpose of things in a way that counteracts representation. In the performance *Blue*[4] (2013), this reverse became increasingly obvious. Starting from a common but deeply relevant observation about how industrialization and mass production discard the meanings of things in favor of function, then acting with recuperative artistic instinct, he turned his attention to the object-as-meaning. In other words, it no longer matters whether the curtain is blue or not; all that remains is the blue that signals the curtain "as it is."

This resurfacing of meaning is accomplished through an act of translation that presents itself as a double-edged sword. While providing a navigational mode related to that previously mentioned vacuum of thought, it marks and recognizes the obstacle for what it is: an unbridgeable distance. What is most likely to get "lost in translation" are things as they are, highlighting the ironically inaccessible objectivity of objects. Comșa seems hyper-aware of this fact, and is constantly trying to develop a broader perspective through various methods. One of the most confrontational was *Blue*. Others include the series *Transcriptions* (2003–ongoing), which involves the abstract decoding and recoding of certain sign-based systems such as language—specifically Basa Walikan[5] and Scripor's chromatic alphabet[6]—music, geometry, and architecture.

Among many other such systems, Le Corbusier's well-known Modulor[7] immediately springs to mind as a historically significant attempt to universally translate optimal human proportions and related measurements through a visual approximation that contains and combines the otherwise incompatible metric and imperial systems. In this example, the graphic module acts as a binding medium. Completely different in purpose and magnitude, Comșa's translations take shape in a more intuitive and less functionally oriented way. However, the guiding principle of analog conversion is still present in a similar sense. Whether it is painting on canvas, cloth or batik, cast cement inlays, or other object-centered installations, the driving impulse to dismantle and then rebuild the same thing using entirely different means draws attention to the hard edge of comprehension while simultaneously assessing the status of the image and its whole apparatus: perception, representation, interpretation, theorization.

mediu nu trebuie înțelese doar ca simple manifestări ale unei schimbări subiacente în angajamentul său artistic față de cele mai recente provocări și schimbări din peisajul artistic, ci drept necesități procedurale, intrinsec legate de modul său de a fi.

Curând după *Being Radu Comșa*, expoziția din 2012 de la Sabot poartă o speranță și mai inaccesibilă în titlu: *Things as they are*. Deși, în mod istoric, termenul „ready-made" denotă actul de recontextualizare artistică a obiectelor comune (cu trimitere la idei înalte), Comșa inversează acest proces, urmărind să demonstreze scopul lucrurilor prin anularea reprezentării. În performance-ul *Blue*[4] (2013), reversul a devenit evident. Plecând de la o observație comună, dar profund relevantă, cu privire la modul în care industrializarea și producția în masă decartează sensul lucrurilor în favoarea funcției, apoi acționând în baza unui instinct artistic recuperator, el și-a orientat atenția asupra obiectului-ca-sens. Cu alte cuvinte, nu mai contează dacă perdeaua e albastră sau nu – tot ceea ce rămâne este albastrul care semnalizează draperia „așa cum este".

Această reapariție a sensului este realizată printr-un act de traducere care se prezintă ca o sabie cu două tăișuri. În timp ce oferă o modalitate de a naviga prin acel vid al gândirii menționat anterior, marchează și recunoaște obstacolul pentru ceea ce este: o distanță insurmontabilă. Ceea ce se pierde prin traducere este lucrul așa cum este, evidențiind obiectivitatea ironic-inaccesibilă a obiectelor. Comșa pare hiperconștient de acest fapt și încearcă să dezvolte constant o perspectivă mai largă prin metode variate. Una dintre cele mai provocatoare este *Blue*. Altele, precum seria *Transcriptions* (începută în 2013), presupun decodificarea abstractă și recriptarea anumitor sisteme bazate pe semne ca limbajul – mai precis *Basa Walikan*[5], alfabetul cromatic Scripor[6] –, muzica, geometria și arhitectura.

Dintre multe asemenea sisteme, bine-cunoscutul *Modulor*[7] al lui Le Corbusier ne vine cel mai ușor în minte, ca o încercare istoric semnificativă de a traduce universal proporțiile/măsurile umane optime printr-o aproximare vizuală care conține și combină sistemele metric și imperial, altfel incompatibile. În acest exemplu, modulul grafic funcționează ca liant. Cu totul diferite în scop și amploare, traducerile lui Comșa prind formă într-un mod mai intuitiv și mai puțin orientat funcțional. Cu toate acestea, principiul director al conversiei analogice este prezent într-un sens similar. Fie că este vorba de pictură pe pânză, batik, inserții în ciment turnat sau alte instalații centrate pe obiecte, impulsul principal de a demonta și apoi reconstrui același lucru prin mijloace complet diferite atrage atenția asupra limitei dure a înțelegerii, evaluând concomitent statutul imaginii și al întregului ei aparat: percepție, reprezentare, interpretare, teoretizare.

Referințele textuale în diverse formate chestionează activ locul hiperlinkului textual al imaginilor în arta contemporană: de la volumul *Dictionnaire de l'art contemporain* de Raymond Charmet[8], inclus ca ready-made, la trimiterea

Textual references in various formats actively question the place of the textual hyperlink in contemporary art: from Raymond Charmet's 1965 volume *Dictionnaire de l'art contemporain*[8] incorporated as a readymade to the reference in the title *Apres le Disco*[9] and even the cutouts from art magazines in the *Transcriptions* series. Lately this activity seems even more relevant, considering the formation and consolidation of an infinite self-generated pool of knowledge and ideas along with the so-called Web 3.0.[10]

Nevertheless, none of these words are necessary to truly "get" Radu Comșa's artworks, which simply exist and will continue to do so in a spontaneously calculated way. If anything, this text may create more confusion than clarity. But as far as the teachings of the "simply blue curtains" go, perhaps a carefully crafted bewilderment is preferable to deadpan certainty in carrying forward our encounter with art.

1. In the first book of his mathematical treatise *The Elements*, the ancient Greek mathematician Euclid writes that "a point is that of which there is no part," continuing that "a line is a length without breadth," and "the extremities of a line are points," concluding that a "straight line is (any) one which lies evenly with points on itself." Points are so much part of our reality—which is still pretty much understood through Euclidian geometry, even though *The Elements* was written circa 300 BCE—that language is full of idioms in which the point plays a major role: "point in time," "point of no return," "point of view," "point out," "point the finger at," "point up," "pointless," and of course "turning point." Therefore, I feel comfortable adding a new idiom that describes a situation in which an apparently static position is in fact dynamic in ways that are not perceivable according to what we know, or what we think we know. Such a position, which some might argue is anti-progressive, is the most suitable position for contemporary artists; as a matter of fact (or *to make a point*), even the very word "contemporary" defines a suspension in time in which things move without registering as such. Comșa's practice is a prime example of such a position. His point is turning, but not around anything. It turns around, around itself, in itself.
2. "The curtains were blue" is an idiom used to describe the act of finding specific symbolism where none was intended. While, as with many idioms, its origin is not certified, it may have sprung from a story in which students at a literary reading tell the author that while reading his book in class, their professor insisted that the repeated references to blue curtains indicate the author's depression. To this, the author replies that blue is simply his favorite color. The teacher saw specific meaning where none such was meant, transforming without proofs something completely arbitrary into something meaningful—producing false knowledge through a vantage point driven by authority.
3. In *Being Radu Comșa*, the artist's first exhibition at Sabot in 2010, Comșa copied recognizable compositional elements from certain figurative paintings by his colleagues at a 1:1 scale. Presented as a large-scale installation in which circular cutout paintings were inserted into two wooden display tables tilted at a forty-five-degree angle, Comșa's work represented both an act of rebellion against the aesthetic uniformity that had become increasingly evident among the Cluj-Napoca-based artists and his exit from the so-called Cluj School of Painting.
4. A performative work that exists only through photographic documentation, *Blue* captures the artist's action of folding a piece of blue fabric.
5. In *Basa Walikan Batik Transcriptions*, Comșa's 2015 solo exhibition at Kayu, Lucie Fontaine's branch in Bali, the artist decided to integrate his artistic practice into the Indonesian context. The title of the exhibition refers to one of Indonesia's language registers, the Basa Walikan (reverse language) from Yogyakarta, which is based on the *ngoko* register of the Javanese language. The result of Comșa's exploration of Basa Walikan was the creation of seven new "transcriptions," which the artist translated into fabric paintings and consequently sewed onto deck chairs.
6. The concept of a tactile standardization of colors, known as the Scripor alphabet, is based on an extension of the Braille alphabet. This innovative, easy-to-learn, and universal chromatic standardization allows every visually impaired person to recognize colors efficiently. In a new series still in progress, Comșa inserted Scripor's color symbols into tactile works that translate paintings into 3D shapes.
7. Modulor is an anthropometric scale of proportions devised by architect Le Corbusier as a visual bridge uniting two virtually incompatible systems, the imperial and the metric. It was employed by Le Corbusier in the design of several of his buildings and was later codified into two books, *Le Modulor* (1948) and *Modulor 2* (1955).
8. Raymond Charmet's *Dictionnaire de l'art contemporain*, published by Larousse in 1965 was appropriated by the artist as part of his work *Body-Painting [free-standing cylinder and Larousse]* (2017).
9. *Après le Disco*, the title of Comșa's 2017 exhibition at Galerie Emmanuel Hervé in Paris, operates at the same time as an umbrella term for an ongoing series of works whose making involves play. The title refers to the artistic manifesto of Purism, written in 1918 by artist Amédée Ozenfant and Le Corbusier as the book *Après le Cubisme*, where they advocated a *return to order*. In Comșa's case, *Après le Disco* alludes to a possible *return to playfulness*.
10. Web 3.0 is the third generation of the World Wide Web, meant to be decentralized, open to everyone, and built on top of blockchain technologies and developments in the so-called Semantic Web. Based on a specific set of principles that distinguish it from earlier iterations of the World Wide Web, Web 3.0 envisions a world without centralized companies, where people are in control of their own data.

din titlul *Après le Disco*[9] și chiar la decupajele din reviste de artă incluse în seria *Transcriptions*. Mai nou, odată cu așa-zisul Web 3.0[10], această raportare practică pare să capete o și mai mare relevanță prin formarea și consolidarea unui bazin de cunoștințe și idei infinit și autogenerat.

Desigur, niciunul dintre aceste cuvinte nu este necesar pentru a înțelege cu adevărat lucrările lui Radu Comșa, care există pur și simplu și vor continua să facă asta într-un mod spontan-calculat. Totuși, conform învățăturilor „draperiilor pur și simplu albastre" și în susținerea acestui text care poate induce mai multă confuzie decât claritate, probabil că o nedumerire atent elaborată ne-ar servi mai bine decât convingerea impasibilă în continuarea întâlnirii noastre cu arta.

1. În prima carte a tratatului său de matematică, *Elementele*, matematicianul grec antic Euclid scrie că „un punct este acela în care nu există nicio parte", continuând că „o linie este o lungime fără lățime" și că „extremitățile unei linii sunt puncte", concluzionând că „linia dreaptă este cea care se află în mod egal între punctele sale". Punctele fac atât de mult parte din realitatea noastră – încă percepută prin intermediul geometriei euclidiene, chiar dacă *Elementele* a fost scrisă în jurul anului 300 î.Hr. –, încât limba este plină de expresii în care punctul joacă un rol major: „punct de plecare", „punct de vedere", „punct de fugă", „punct pe i", „pus la punct", „punctual" și, desigur, „punct de turnură". Prin urmare, consider potrivit să adaug o nouă expresie, care definește situația în care o poziție aparent statică este de fapt dinamică în moduri care nu ne sunt perceptibile în conformitate cu ceea ce știm sau credem că știm. O astfel de poziție, despre care cineva ar putea spune că este anti-progresivă, este cea mai potrivită pentru artiștii contemporani; de fapt, chiar cuvântul „contemporan" definește o suspendare în timp în care lucrurile se mișcă fără a fi înregistrate ca atare. Practica lui Comșa este un prim exemplu al unei astfel de poziții; punctul lui este de întoarcere, dar nu în jurul a ceva; el se întoarce împrejur, în jurul său, în sine.
2. „Draperiile erau albastre" (*The curtains were blue*) este o expresie folosită pentru a descrie situația în care găsim simbolism acolo unde el nu există. Deși originea sa nu este limpede, la fel ca în cazul multor altor expresii, aceasta pare să se refere la un episod petrecut la o lectură de carte unde studenții i-au transmis autorului că, în timp ce-i citeau cartea la curs, profesorul a insistat că autorul a făcut în mod repetat referiri la draperiile albastre pentru că era deprimat. La această afirmație, autorul a replicat că albastrul este pur și simplu culoarea lui preferată. Răspunsul său relevă faptul că profesorul a văzut sens specific acolo unde un astfel de sens nu era intenționat de autor, transformând ceva complet arbitrar, fără dovezi, în ceva obiectiv, producând falsă cunoaștere printr-un punct de vedere dirijat de autoritate.
3. În *Being Radu Comșa*, prima expoziție a artistului la Sabot în 2010, Comșa copiază pe pânză, la scară 1:1, elemente compoziționale recognoscibile din picturile figurative ale colegilor săi. Prezentată ca instalație de mari dimensiuni *în care picturi*-decupaje circulare erau inserate în două mese-suport din lemn înclinate la un unghi de 45°, lucrarea lui Comșa a reprezentat deopotrivă un act de frondă față de uniformizarea estetică care devenea tot mai evidentă printre artiștii din Cluj *și ieșirea sa de pe scena* așa-zisei „Școli de Pictură de la Cluj".
4. Lucrare performativă care există doar ca documentare fotografică, *Blue* surprinde acțiunea artistului de a împături o bucată de material albastru.
5. În *Basa Walikan Batik Transcriptions* (2015), expoziția personală a lui Comșa la Kayu, 'filiala' Lucie Fontaine din Bali, artistul a decis să-și integreze practica artistică în contextul indonezian. Titlul expoziției se referă la unul dintre registrele lingvistice ale Indoneziei, Basa Walikan (limba inversă) din Yogyakarta, care se bazează pe registrul *ngoko* al limbii javaneze. Rezultatul explorării de către Comșa a argoului Basa Walikan a fost crearea a șapte noi „transcripții", pe care artistul le-a tradus în picto-țesături și, în consecință, le-a cusut pe șezlonguri.
6. Conceptul standardizării tactile a culorilor, cunoscut sub numele de *alfabet Scripor*, este bazat pe extinderea alfabetului Braille. Această standardizare cromatică inovatoare, ușor de învățat și universală, permite fiecărei persoane cu deficiențe de vedere să recunoască eficient culorile. Într-o nouă serie la care lucrează în continuare, Comșa a inserat simbolurile de culoare Scripor în lucrări tactile care traduc pictura în forme 3D.
7. *Modulor* este o scară antropometrică de proporții concepută de arhitectul Le Corbusier ca punte de legătură între două sisteme practic incompatibile, sistemul imperial și cel metric. A fost folosit de Le Corbusier în proiectarea mai multor clădiri și, ulterior, codificat în două cărți, *Le Modulor* (1948) și *Modulor 2* (1955).
8. Volumul *Dictionnaire de l'art contemporain*, de Raymond Charmet, publicat de Larousse în 1965, a fost apropriat de artist ca parte a lucrării sale *Body-Painting* [*cilindru de sine stătător și Larousse*] din 2017.
9. *Après le Disco* – titlul expoziției lui Radu Comșa de la galeria Emmanuel Hervé din Paris în 2017 – funcționează și ca termen-umbrelă pentru o serie [în curs] de lucrări care folosesc *jocul* în realizarea lor. Titlul trimite la manifestul artistic al purismului, scris în 1918 de artistul Amédée Ozenfant și de Le Corbusier în eseul *Après le Cubisme*, care pledează pentru *revenirea la ordine*. În cazul lui Comșa, *Après le Disco* face aluzie la o posibilă *revenire la ludic*.
10. Web 3.0 este a treia generație a World Wide Web, menită să fie descentralizată, deschisă tuturor și construită pe baza tehnologiilor blockchain și a dezvoltărilor din așa-numitul Web Semantic. Bazat pe un set specific de principii care îl deosebesc de iterațiile anterioare ale World Wide Web, Web 3.0 prevede o lume fără companii centralizate, în care oamenii dețin controlul asupra propriilor date.

A Child Doodling With a Stick in The Mud
AN INTERVIEW WITH RADU COMȘA

Nicola Trezzi: Let's start with your 2012 exhibition *Things as They Are*, which represented a turning point in your path as an artist. What can you tell me about it?

Radu Comșa: My intention has always been to turn painting away from itself. At that time, I was thinking that it would be enough to simply cross over from figurative painting into abstract, and reduce all the tools that painting amassed across its history to mere absurdity. I got rid of the oil-based colors, the stretcher, the rectangular shape, the gesture, the paintbrush. I retained color, and molded it into unconventional shapes: recycled fabrics mounted on metallic structures, textile collages, industrial paints, readymades, cutouts, assemblages, mobile wooden structures. I conceived it all around a deconstruction of Piet Mondrian's *Composition with Red, Yellow, and Blue* (1928), which was presented as a puzzle made of painted canvas mounted on MDF boards. The work was lying on the ground, the boards laid one atop the other and tied with modernist twine (red-yellow-blue). It was meant to be a manifesto, in fact an opportunity to let the public know about my work philosophy and the new journey I was embarking upon.

NT: For many artists, the transition from figuration to abstraction is quite smooth. In contrast, you abruptly declared it as the beginning of a new era. Did you see it as a drastic change?

RC: Not really. Was it smooth for John Baldessari? I don't know. In my case, the transition happened naturally. I have always been more concerned with composition, space, and color—even when the canvas is deliberately gray—than the materiality of the painting. Over time, I came to the conclusion that my ideas were not orbiting around any sort of narrative. Then there was also the "narrative" of the so-called Cluj School of Painting, which started to become uncomfortable for any artist who did not see themselves as an exponent of ostalgia* packaged to please the Western art collector. I easily planned the transition to abstraction, as my trajectory had been established beforehand.

NT: Abstraction seems to offer you far more freedom, allowing you to be more playful, especially with the use of materials. Do you agree? Which materials do you enjoy the most?

RC: The view is better from the outside, so you might be right. I am just trying to systematically translate different compositions from one medium to another via permutations. What effect do the formal qualities of a work have on the content? This is the question. I devotedly work with new and recycled materials, sometimes with readymades. I embrace both recent techniques and traditional crafts that have long been abandoned

Un copil mâzgălind cu bățul în noroi
UN INTERVIU CU RADU COMȘA

Nicola Trezzi: Să începem cu expoziția *Things as They Are* din 2012, care a însemnat un moment de cotitură pentru parcursul tău artistic. Ce îmi poți spune despre ea?

Radu Comșa: Am încercat mereu să scap pictura de ea însăși. La vremea aceea, îmi imaginam că e suficient să o scot din figurativ și să o duc în abstract sau, mai degrabă, să reduc la absurd toate instrumentele cu care se identifică pictura din punct de vedere istoric. Am făcut să dispară vopseaua de ulei, șasiul, cadrul rectangular, gestul, pensula, am păstrat culoarea și am 'turnat-o' în forme neconvenționale: pânze reciclate montate pe structuri metalice, colaje textile, vopsele industriale, elemente ready-made, decupaje, asamblaje și structuri mobile din lemn. Am gândit expoziția în jurul deconstrucției unei lucrări de Mondrian, *Compoziție cu Roșu, Galben și Albastru* (1928), prezentată sub forma unui puzzle din pânză cașerată pe decupaje din MDF. Lucrarea stătea pe jos, plăcile așezate una peste alta și legate cu sfoară modernist (roșu-galben-albastră). Să zicem că a fost o expoziție-manifest, în care mi-am declarat intențiile de lucru.

NT: Pentru mulți artiști, trecerea de la figurativ la abstract e oarecum lină. Tu, în schimb, ai declarat brusc începutul unei noi ere. A fost o schimbare drastică pentru tine?

RC: N-aș spune drastică. Pentru John Baldessari o fi fost lină? Nu știu. În mintea mea, tranziția s-a petrecut organic. Am fost mereu preocupat mai degrabă de compoziție, de spațiu, de culoare – chiar și atunci când pânza e gri cu bună știință –, decât de materialitatea picturii. În timp, am realizat în plus că ideile mele nu se învârt defel în jurul narațiunii. Apoi, mai era și 'narațiunea' așa-zisei Școli de Pictură de la Cluj, care a început să devină incomodă pentru orice artist care nu se vedea exponentul ostalgiei* ambalate pe placul colecționarului de artă din vest. Am plănuit cu ușurință mutarea în abstract, pentru că traseul era marcat cu mult timp înainte.

NT: Se pare că abstractul îți oferă mai multă libertate, îți îngăduie să te joci în special cu alegerea materialelor. Ești de acord? Cu care dintre materiale îți face cea mai mare plăcere să lucrezi?

RC: Se vede mai bine din afară decât din interior; cred că e posibil să ai dreptate. Ce încerc să fac e un exercițiu de traducere sistematică a diverselor compoziții dintr-un material în altul, după logica permutărilor. Ce efect are modificarea calităților formale ale lucrării asupra conținutului? Asta e întrebarea. Lucrez cu plăcere egală cu materiale noi, cu materiale reciclate, uneori ready-made, în tehnici recente sau după metode tradiționale abandonate sau insuficient explorate în artă. Am folosit mult tehnica batik în ultimii ani, după expoziția pe care am avut-o în 2015 în Indonezia, la Kayu,

or insufficiently explored in art. I have used the batik technique a lot in the years since my 2015 exhibition in Indonesia at Kayu, Lucie Fontaine's "branch" in Bali. That said, I work as much with cement, with metal, with wood. I weave carpets, sew curtains, compose and recompose spaces. Finally, as relevant as the play involved in the choice of materials or techniques, as great as the pleasure of using each material in a surprising way, just as important is the place the work occupies in space.

NT: You mentioned woven carpets and sewn curtains; it seems that among the new materials you employ, fabric has become a favorite of yours. But I have a feeling that this fascination started much earlier.

RC: Fabrics have fascinated me since I was a student. I was attracted by their propensity toward being cut, by their flexibility and rigidity, by their transparency and opacity. One simple gesture, and fabric borrows a shape or hides it. Around 2001, I started to work with stage design and theater costumes. Maybe the opportunity to deal with the stage and its elements left a mark on my understanding of art itself. It was then that I learned to negotiate with space, both inside the artwork and outside it. My interest in one type of material or another is, after all, secondary. The material, like the words in a sentence, must be chosen according to the nature of the idea, not preceding it.

NT: Speaking of words, *Basa Walikan Batik Transcriptions*, your exhibition at Kayu, whose title comes from a kind of Indonesian slang, took your fascination to new horizons. Can you speak about this project and the role collaboration played?

RC: *Basa Walikan Batik Transcriptions* was an unusual challenge: to exhibit in a cultural context that I had only encountered through readings, and in a space (the House of Masks and Puppets Setia Darma from Ubud in Bali) that I had only seen in photographs, works that would be made by local artisans based on my sketches. All of that was completely new to me. It was no easy task for an artist who is used to creating everything by himself. And yet, the chance to work with an atypical space like a *joglo*, a type of traditional vernacular Javanese house, which is part of a cultural complex that houses a fantastic museum of masks and puppets, encouraged me to confidently leave my comfort zone. It was a perfect excuse to work in the spirit of a place.

I decided to "stage" a theater-of-the-absurd scenario: to relocate a fragment of the outside world inside the exhibition space, to internalize the external. The scenography I designed looked like a "frangipani beach scene" furnished with deck chairs, among which hung huge sails swaying in the wind. Following my drawings inspired by some Balinese vernacular architecture, the batik sails and the beach chairs were the result of the Balinese master craftspeoples' work. In the end, the

'filiala' Lucie Fontaine din Bali. Totuși, cred că lucrez la fel de mult cu ciment, cu metal, cu lemn, țes covoare, cos draperii, compun și recompun spații. În final, pe cât de relevant e jocul pe care îl presupune alegerea materialului sau a tehnicii, pe cât de mare plăcerea de a folosi fiecare material în mod surprinzător, pe atât e de important locul pe care îl ocupă lucrarea în spațiu.

NT: Dacă tot ai adus vorba despre despre covoare și draperii, observ că, printre noile materiale cu care lucrezi, țesăturile ocupă un loc privilegiat. Am totuși senzația că fascinația pentru ele a început mult mai devreme.

RC: M-au interesat țesăturile încă din studenție. Eram fascinat de capacitatea lor de a fi tăiate și compuse, flexibile sau rigide, transparente sau opace. Un simplu gest și țesătura poate lua forma sau o poate ascunde. Prin 2001 am început să fac scenografii și costume pentru teatru. Probabil că șansa de a lucra cu scena și cu elementele care o compun a influențat modul în care înțeleg practica artistică astăzi, ca muncă de negociere cu spațiul – și în interiorul lucrării de artă, și în afara ei. Interesul meu pentru un material sau altul e totuși o chestiune secundară. Materialul, precum cuvintele dintr-o frază, trebuie ales după măsura ideii, nu să o preceadă.

NT: Apropo de cuvinte, *Basa Walikan Batik Transcriptions*, expoziția ta la Kayu – al cărei titlu e inspirat de un soi de argou indonezian – te-a purtat pe cărări nebătute. Poți vorbi despre acest proiect și despre rolul pe care l-a jucat colaborarea?

RC: *Basa Walikan Batik Transcriptions* a fost o provocare neobișnuită: să expun într-un context cultural cu care nu m-am întâlnit decât prin intermediul lecturilor, într-un spațiu pe care nu-l văzusem decât în fotografii (The House of Masks and Puppets Setia Darma din Ubud, Bali), lucrări care aveau să fie realizate de către artizani locali după schițele mele. N-a fost puțin lucru pentru un artist care obișnuiește să facă totul cu mâna lui. Și totuși, șansa de a lucra cu un spațiu atipic, un *joglo*, o casă tradițională javaneză din lemn, parte dintr-un complex cultural care găzduiește un fantastic muzeu al măștilor și marionetelor, m-a ajutat să ies cu încredere din zona de comfort. A fost pretextul perfect pentru a lucra în spiritul locului.

Am decis să 'pun în scenă' un scenariu absurd: să aduc un fragment din natură, din lumea de afară, în interiorul spațiului expozițional, să interiorizez exteriorul. Scenografia care a rezultat părea o 'scenă de plajă cu frangipani', mobilată cu șezlonguri printre care atârnau pânze imense mișcate de vânt. Pânzele-batik și șezlongurile au fost realizate de meșteșugari balinezi, după desenele mele inspirate de arhitectura vernaculară balineză. În final, expoziția a devenit loc de meditație și siestă, vizitatorii - mulți dintre ei, tineri localnici - descifrând-o de pe șezlonguri, cu o carte în mână. Am plecat din Bali îndrăgostit de tehnica batik și întrebându-mă

exhibition became a place for meditation and siesta, with visitors, many of them young locals, deciphering it from the point of view of the deck chairs, perhaps with a book in hand. I left Bali in love with the batik technique and wondering if contemporary art shouldn't look for answers in craft more often.

NT: Back in Romania, *Reductionist Debate in 4 Colours*, your 2020 exhibition at MNAC, the National Museum for Contemporary Art in Bucharest, continued some of the ideas developed in Bali, while being completely different. Both exhibitions were presented in spaces with specific features, not white cubes. How do you see them? Related? Unrelated?

RC: The two exhibitions happened, after all, five years apart, and things had evolved in the meantime. Regarding the technique, some analogies are certainly noticeable, as batik and the scenographic approach to the space were part of both projects, and even the overall impression that the whole construction leaned more toward a playground than an art exhibition. Although I may use similar strategies and materials, I hold dear my freedom to answer the same questions in different ways every time. After Bali, I took up again my study of theories on perception and color, and rekindled my passion for architecture and my interest in our relations with the spaces we live in. I believe that all these moments of introspection were clearly visible in *Reductionist Debate in 4 Colours*. Maybe less obvious was the fact that I had intended to embody the passage of painting toward 3D following the formula of "color becomes form becomes content."

NT: I've always wanted to ask you how you see your work outside the Romanian context. You have a gallery in Marseille that was previously in Paris, Emmanuel Hervé, and thanks to the "miracle of Cluj," your work—either figurative, abstract, or "objectual"—has been included in several group exhibitions. What did you get from those experiences?

RC: There are no contexts for my work other than the studio or the exhibition. The fact of my work being on view in Romania versus Paris has the same meaning to me, and I am convinced that my presence in the Romanian and international art scenes is rather in spite of the "Cluj miracle." I feel at ease in galleries and group exhibitions alongside artists that I admire or am intrigued by. This happened many times at Emmanuel Hervé. The "Cluj School of Painting" applies today to a small group of figurative painters who have nothing more in common than geographical coincidence.

NT: Your work has become more and more versatile. Do you think there is anything specific that encapsulates your work?

dacă arta contemporană n-ar trebui să caute mai des răspunsul în meșteșuguri.

NT: Înapoi în România, *Discuție Reducționistă în 4 Culori*, expoziția ta din 2020 la MNAC, Muzeul Național de Artă Contemporană din București, a continuat o parte dintre ideile pe care le-ai dezvoltat în Bali, fiind, în același timp, complet diferită. Ambele expoziții au fost prezentate în spații cu caracteristici distincte, nu 'cuburi albe'. Cum vezi relația dintre cele două expoziții? Există ea?

RC: Sunt totuși cinci ani distanță între cele două expoziții, timp în care m-am străduit să nu bat pasul pe loc. Putem vedea asemănări dacă ne uităm la tehnică (există batik și aici), la abordarea scenografică a spațiului și chiar la impresia că întreaga construcție e loc de joacă mai mult decât expoziție. Deși folosesc strategii și mijloace asemănătoare, îmi rezerv libertatea de a da mereu alt răspuns acelorași întrebări. După Bali, m-am reîntors la studiul teoriilor despre percepție și culoare și am revenit la pasiunea pentru arhitectură și relația noastră cu spațiul locuit. Cred că toate aceste căutări se văd destul de limpede în *Discuție reducționistă în 4 culori*. Ce se vede, probabil, mai puțin, e faptul că mi-am dorit să întruchipez trecerea picturii în tridimensional după formula 'culoarea devine forma devine conținutul'.

NT: Am vrut mereu să te întreb cum îți vezi opera în afara contextului românesc. Ai o galerie la Marsilia, care a fost înainte la Paris, Emmanuel Hervé, și, grație „miracolului Cluj", lucrările tale – fie ele figurative, abstracte sau 'obiectuale' – au fost incluse în mai multe expoziții de grup. Ce ai avut de câștigat de pe urma acelor experiențe?

RC: Nu există alte contexte pentru lucrările mele decât atelierul sau expoziția. A expune în țară are calitate egală cu a expune la Paris pentru mine, deși sunt convins că și în țară, și în afară, ajung să expun mai degrabă în pofida „miracolului Cluj". Mă simt bine în galeriile și în expozițiile de grup în care stau lângă artiști pe care îi admir sau care mă intrigă, iar asta s-a întâmplat deseori și la Emmanuel Hervé. Sintagma „Școala de la Cluj" cred că se aplică astăzi unui grup restrâns de pictori figurativi pe care îi leagă nimic mai mult decât coincidența geografică.

NT: Opera ta a devenit din ce în ce mai versatilă. Crezi că există ceva anume care îi surprinde caracterul pe de-a-ntregul?

RC: Caietul de schițe, care e o colecție de însemnări, calcule, desene, fantezii, teorii, colaje, ilustrații. E invizibil publicului și totuși prezent în fiecare lucrare.

NT: Cine sunt eroii tăi? Ce artiști te-au ajutat să înțelegi că vrei și tu să faci artă?

RC: Nu-mi amintesc să fi avut modele în copilărie; dacă ar fi fost, probabil c-ar fi fost anti-eroi. M-a inspirat însă

RC: The sketchbook, which is a collection of thoughts, calculations, drawings, fantasies, theories, collages, illustrations. It is invisible to the public and yet present in every work.

NT: Who are your heroes? Which artists made you realize that you also wanted to make art?

RC: I cannot recall having any particular heroes in childhood. If they were, they would probably be antiheroes. My great-grandfather was an inspiration, though. To my delight, he used to make fantastic objects out of any useless junk he could find around the house. Even today, many years since it was produced, the faucet-walking-stick is proof that my artistic origins are somehow humorous and that I still have the tendency to do things upside down. Despite my wide and multicultural areas of interest—although I look with great pleasure at the works of Kurt Schwitters and Anni and Josef Albers, at the costumes created by Oskar Schlemmer, at Le Corbusier's Cabanon and at Jean Prouvé's modular systems, at the minimalism of Mies van der Rohe, at the Bauhaus, at György Ligeti's musical score drawings, at Alfred Hitchcock, Jacques Tati, and Louis de Funès—all in all, I make art with the pleasure of a child doodling with a stick in the mud.

NT: A child doodling with a stick in the mud—what a great image! And what is this "child" preparing for the future?

RC: I am preparing for my fourth solo exhibition at Sabot in the autumn of 2024, and I am working on a series of tactile works that I started during the pandemic. They are inspired by the Scripor alphabet, which is an extension of the Braille system adapted to colors. I translate painting into 3D shapes for the visually impaired. In a sense, I try to "format" the invisible by making art from mathematics and design.

* "Ostalgia" is the anglicized equivalent of the German word *ostalgie*, which refers to nostalgia for aspects of life in the former Communist East Germany, and by extension in Central and Eastern European countries that were under the influence of the USSR or part of it. The word is a portmanteau of the German words *ost* (east) and *nostalgie* (nostalgia).

străbunicul, care meșterea obiecte fantastice din orice lucru nefolositor care se găsea prin casă, exclusiv pentru amuzamentul meu. Robinetul-baston a rămas, de-a lungul anilor, dovada că originile mele artistice sunt oarecum neserioase și, drept urmare, voi fi înclinat să fac lucrurile mai degrabă pe dos. Chiar și astăzi, în ciuda intereselor mele largi și multiculturale, deși mă uit cu plăcere la Kurt Schwitters, la Anni si Josef Albers, la costumele lui Oskar Schlemmer, la Cabanon-ul lui Le Corbusier și la modulele lui Jean Prouvé, la minimalismul lui Mies van der Rohe, la Bauhaus, la desenele-partituri ale lui György Ligeti, la Alfred Hitchcock, Jacques Tati și Louis de Funès, fac artă cu aceeași plăcere cu care un copil mâzgălește cu bățul în noroi.

NT: Un copil care mâzgălește cu bățul în noroi – ce imagine grozavă! Oare ce pregătește "copilul" pentru viitor?

RC: Mă pregătesc pentru a patra expoziție personală la Sabot în toamna lui 2024 și, între timp, continui seria de lucrări tactile pe care am început-o în pandemie, inspirat de alfabetul Scripor, un alfabet al culorilor, extensie a alfabetului Braille. Traduc pictura pentru nevăzători, mutând-o în tridimensional - încerc să 'formatez' invizibilul, să fac artă din matematică și design.

* În cultura germană, *ostalgie* este nostalgia pentru traiul din Germania de Est comunistă. Prin extensie, termenul poate fi folosit și în contextul țărilor Europei Centrale și de Est, care au fost sub influența URSS sau parte a ei. Este un portmanteau al cuvintelor germane *ost* (est) și *nostalgie* (nostalgie). *Ostalgia* este echivalentul său anglicizat.

Radu Comșa (*1975, Sibiu, Romania; lives and works in Cluj-Napoca, Romania) is an artist whose work has been the subject of solo exhibitions at the National Museum of Contemporary Art (MNAC) in Bucharest, Cluj Art Museum, Galerie Emmanuel Hervé in Paris, Sabot in Cluj-Napoca, The H Gallery in Bucharest, H'art Gallery in Bucharest, Kayu – Lucie Fontaine's Branch in Bali (Indonesia), Citric in Brescia (Italy), Centrul Cultural Sindan in Cluj-Napoca, Galeria Ataș and Galeria Casa Matei at the University of Art and Design in Cluj-Napoca. He participated in group exhibitions at Museum of Recent Art (MARe) in Bucharest, Arken Museum of Contemporary Art in Copenhagen, Ujazdowski Castle Centre for Contemporary Art in Warsaw, Műcsarnok :: Kunsthalle in Budapest, Marianne Boesky Gallery in New York, Peles Empire in London, Trafó Gallery in Budapest, SpazioA in Pistoia (Italy), Lucie Fontaine in Milan, as well as recurring exhibitions like the Prague Biennale and Art Encounters Biennial in Timișoara (Romania). His work is included in the collections of FRAC-Artothèque Nouvelle-Aquitaine in Limousin (France), MNAC in Bucharest, MARe in Bucharest, James Keith Brown and Eric Diefenbach, Arthur Taubman Trust, Artur Trawinski, Răzvan Bănescu, Tudor and Geanina Grecu, and Ovidiu Șandor. His work is represented by Sabot in Cluj-Napoca and Galerie Emmanuel Hervé in Marseille (France).

Bogdan Iacob (*1979, Hunedoara, Romania; lives and works in Cluj-Napoca, Romania) is an art historian and curator. He is professor at the University of Art and Design in Cluj-Napoca and has curated exhibitions in institutions such as Cluj Art Museum, Brukenthal Museum in Sibiu (Romania), MODEM in Debrecen (Hungary), Mie Lefever Gallery in Ghent (Belgium), Sector 1 Gallery in Bucharest and Jecza Gallery in Timișoara (Romania). A blogger on art (see his *Iacob's review* on iacobbogdan.wordpress.com), he has authored several essays, articles and books, the latest being *A Coat of Many Colors: Essentialism versus Constructivism in Recent Definitions of Art*, published by Editura ASCR (Cluj-Napoca) in 2019.

Nicola Trezzi (*1982, Magenta, Italy; lives and works in Tel Aviv-Yafo) is a curator, writer, editor and educator. He is director and curator at CCA Tel Aviv-Yafo and has curated exhibitions in institutions such as Palais de Tokyo in Paris, Ujazdowski Castle Centre for Contemporary Art in Warsaw, Kunsthaus Baselland in Muttenz/Basel (Switzerland), HVMOCA in Peekskill NY, Cluj-Napoca Art Museum, the National Museum of Contemporary Art (MNAC) in Bucharest, Tel Aviv Museum of Art, and has held curatorial roles in the 2007, 2009, 2011, and 2013 editions of the Prague Biennale. A former US editor of *Flash Art International* and a former faculty member at Bezalel Academy of Art and Design, Jerusalem, he has written for *artnet*, *artpress* and *Monopol* and taught at the Yale School of Art in New Haven CT and Independent Curators International in New York.

Tea Vindt (*1997, Bucharest, where she lives and works) is a curator and art critic working as a museographer at the National Museum of Contemporary Art (MNAC) in Bucharest. A former curator at The H Gallery in Bucharest, she contributes to *Revista Arta*, among other publications.

Radu Comșa (*1975, Sibiu, România; trăiește și lucrează în România) este un artist a cărui operă a fost subiectul unor exp sonale la Muzeul Național de Artă Contemporană (MNAC) în Buc Muzeul de Artă Cluj, Galerie Emmanuel Hervé în Paris, Sabot în C Napoca, The H Gallery în București, Galeria H'art în București, Kayu – filiala Lucie Fontaine în Bali (Indonezia), galeria Citric în Brescia (Italia), Centrul Cultural Sindan în Cluj-Napoca, Galeria Ataș și Galeria Casa Matei, în cadrul Universității de Artă și Design din Cluj-Napoca. Artistul a participat la expoziții de grup la Muzeul de Artă Recentă (MARe) în București, Arken Museum of Contemporary Art în Copenhaga, Centrul de Artă Contemporană Ujazdowski Castle din Varșovia, Műcsarnok :: Kunsthalle în Budapesta, Marianne Boesky Gallery în New York, Peles Empire în Londra, Trafó Gallery în Budapesta, SpazioA în Pistoia (Italia), Lucie Fontaine în Milano, precum și la expoziții recurente, ca Bienala de la Praga și Bienala Art Encounters din Timișoara. Lucrările sale fac parte din colecțiile FRAC-Artothèque Nouvelle-Aquitaine Limousin (Franța), Muzeul Național de Artă Contemporană al României (MNAC), Muzeul de Artă Recentă (MARe) București, Colecția James Keith Brown și Eric Diefenbach, Colecția Arthur Taubman Trust, Colecția Artur Trawinski, Colecția Răzvan Bănescu, Colecția Tudor și Geanina Grecu, Colecția Ovidiu Șandor. Opera sa este reprezentată de Sabot în Cluj-Napoca și de Galerie Emmanuel Hervé în Marsilia (Franța).

Bogdan Iacob (*1979, Hunedoara, România; trăiește și lucrează în Cluj-Napoca, România) este istoric de artă și curator. Profesor la Universitatea de Artă și Design din Cluj-Napoca, a curatoriat expoziții la Muzeul de Artă Cluj, Muzeul Brukenthal în Sibiu, MODEM în Debrețin (Ungaria), Mie Lefever Gallery în Gent (Belgia), Galeria Sector 1 în București și Galeria Jecza în Timișoara. Este creator al unui blog de critică de artă (vezi *Iacob's review* la iacobbogdan.wordpress.com) și autor al mai multor eseuri, articole și cărți, cea mai recentă fiind *A Coat of Many Colors: Essentialism versus Constructivism in Recent Definitions of Art*, publicată la Editura ASCR (Cluj-Napoca) în 2019.

Nicola Trezzi (*1982, Magenta, Italia; trăiește și lucrează în Tel Aviv-Yafo) este curator, scriitor, editor și cadru didactic. Director și curator al CCA Tel Aviv-Yafo, a curatoriat expoziții în instituții precum Palais de Tokyo în Paris, Ujazdowski Castle Centre for Contemporary Art în Varșovia, Kunsthaus Baselland în Muttenz/Basel (Elveția), HVMOCA în Peekskill NY, Muzeul de Artă din Cluj-Napoca, Muzeul Național de Artă Contemporană (MNAC) în București, Tel Aviv Museum of Art și a ocupat funcții curatoriale în cadrul edițiilor din 2007, 2009, 2011 și 2013 ale Bienalei de la Praga. Fost editor al ediției americane a revistei *Flash Art International* și cadru didactic al Bezalel Academy of Art and Design din Ierusalim, a scris pentru *artnet*, *artpress* și *Monopol* și a predat la Yale School of Art în New Haven CT și la Independent Curators International în New York.

Tea Vindt (*1997, București, unde trăiește și lucrează) este curator și critic de artă. Fost curator la The H Gallery în București, ea ocupă în prezent poziția de muzeograf la Muzeul Național de Artă Contemporană (MNAC) și colaborează frecvent cu *Revista Arta*, printre alte publicații.

…tributed by / Publicat și distribuit de
…g
…l.
…Decembrio 28,
…ilano

Available through / Disponibil prin
Mousse Publishing, Milan
moussemagazine.it
DAP | Distributed Art Publishers, New York
artbook.com
Idea Books, Amsterdam
ideabooks.nl
Les presses du réel, Dijon
lespressesdureel.com
Antenne Books, London
antennebooks.com
Libro Co. Italia, Firenze
Libroco.it

Editor / Editor
Nicola Trezzi

Publishing editor / Director editorial
Ilaria Bombelli, Mousse

Design / Grafică
Matteo Gualandris, Mousse

Copyediting / Corectură
Emma Passarella, Mousse

Translation / Traducere
Daria D. Pervain and / și Tudor Vlădescu

First edition / Prima ediție
2024

Printed in Italy by / Tipărit în Italia de
Grafiche Antiga

ISBN 978-88-6749-651-8

€ 30 / $ 35

Unless otherwise indicated, all works are courtesy of the artist and Sabot, Cluj-Napoca. Measurements are given in centimeters, height×width×depth, and durations in minutes and seconds. / Dacă nu există altă mențiune, toate lucrările sunt prezentate prin amabilitatea artistului și a galeriei Sabot, Cluj-Napoca. Dimensiunile sunt notate în centimetri, înălțime×lățime×adâncime, iar duratele, în minute și secunde.

The artist would like to thank / Mulțumirile artistului pentru Geanina and / și Tudor Grecu, Nicola Trezzi, Bogdan Iacob, Tea Vindt, Daria D. Pervain, Emmanuel Hervé, Marius Farcaș, Benedict Dumitrescu, Răzvan Bănescu, Renata and / și Mihai Tretelnițchi, Lucia and / și Radu Ciorba, Olimpia Schugar, Dan Popescu, Horațiu Lipot, Elena Braslă, Marco Cassani, Călin Dan, Dan Breaz, Áron Fenyvesi, Lavinia Muscat, Tudor Vlădescu, Tudor Scripor, YAP Studio – Pavel Curagău and / și Mădălin Mărgăritescu, Vlad Moldovan, Sebastian Pîslaru, Vlad Rus.

This publication is supported by / Volum publicat cu sprijinul KPMG România

KPMG

Additional support is provided by / Susținere suplimentară asigurată de către Invitro and / și Sabot, Cluj-Napoca

invitro SABOT